Registers
of the French Church
of New York

REGISTERS

OF THE

BIRTHS, MARRIAGES, AND DEATHS,

OF THE

"Eglise Françoise à la Nouvelle York,"

FROM 1688 TO 1804,

EDITED BY THE

REV. ALFRED V. WITTMEYER,

Rector of the French Church du Saint-Esprit

CLEARFIELD

Reprinted from

*Collections of the
Huguenot Society of America
Volume I*

New York, 1886

Reprinted
Genealogical Publishing Co., Inc.
Baltimore, Maryland
1968

Reprinted for
Clearfield Company, Inc. by
Genealogical Publishing Co., Inc.
Baltimore, Maryland
1994, 2003

Library of Congress Catalogue Card Number 68-20805
International Standard Book Number: 0-8063-0380-8

Made in the United States of America

From the Introduction

The records here published comprise only the still existing baptismal, marriage and death records of the Huguenot church of New York from 1688 to 1804, together with a few other records belonging to the New Rochelle "Annex." Even as such, however, they are far from being entirely complete. Not only do they not contain any of the records of the church established by Mr. Daillé in 1682, nor, of course, any of those of the church which existed in the time of Governor Lovelace; but they are incomplete even for the period which they professedly cover. This is more particularly true of the marriage and death records. During the forty years of Mr. Rou's pastorate there is, with the exception of the deaths recorded of five of his own children, only a single death record to be found; and towards the end of this same period, when Mr. Rou had become infirm, records of all kinds are very scanty. Other *lacunæ* occur during the vacancies occasioned by the death or resignation of the pastors, and during the revolutionary period, when the church was closed for many years. Others, finally, seem to be wholly due to negligence. The latter, so far as they can be detected by the blanks left in the registers, are all marked. Many of the records of this church must therefore be sought in the registers of other New York churches, especially in those of Trinity Church and of the Dutch Church. But, incomplete as they are, these records form a mine of inestimable value for genealogists; and it is to be hoped that similar publications of other churches will soon complete them.

To render this publication as reliable and as valuable as possible, the records are here printed *verbatim et literatim*. Nothing has been added, nothing has been taken away, from them. Not only has the old French, such as it is found in the originals, been everywhere preserved; but even evident mistakes in punctuation, accentuation, orthography, and, in a few instances, in single words and dates, have been scrupulously followed. But in the latter case, as in the case of evident omissions of records, attention is called to the fact by occasional notes. In the same way, the order of the signatures, which is sometimes helpful in determining the relationship of the signers, has been strictly maintained. A little inspection will show, for example, that the relatives and friends of a couple usually sign the record of the marriage in two separate columns. And this literal exactitude has been carried so far as to reproduce, as nearly as possible, the exact "marks" of those who could not write their own names. At first these are very few, and this fact speaks well for the quality of the refugees who came here; but later on, when the means of education were scarcer and more difficult to obtain, they become more numerous.

Nor has it been deemed best to translate the records into English. The language in which they are couched is generally so simple that even those who do not read French can understand it without any serious difficulty. The formula for a baptism, for example, which, with slight variations, constantly recurs, is as follows : "Baptesme—Le dimanche quatriesme nouembre mil six cent quatre vingt huit madelayne fille denbroise Sicard et de jeanne perron ses peres et mere a esté presentéé au baptesme par andré Jolin parin et madelayne Vincent marenne et baptisse par monsᵣ peiret nostre ministre, la ditte madelayne néé le lundy vingt deux d'octobre derᵣ ." That is: "Baptism—On Sunday, the 4th of November, one thousand six hundred and eighty-eight, Magdalena, daughter of Ambrose Sicard and Jane Perron, her father and mother, was presented for baptism by Andrew Jolin, godfather, and Magdalena Vincent, godmother, and baptised by Mr. Pieret, our minister. The said Magdalena born on Monday, the twenty-second of October last."—And so of the formulas for marriages and burials.—Besides, wherever an unusual term or expression occurs, which happens very seldom, they are explained in foot notes.

But it will be well in this connection to caution the reader against a special difficulty caused by the orthography of the proper names. It is very seldom that a name, which occurs often in the records, is always spelled alike. A striking example of this fact is furnished by the name of Mr. Peiret, who was nevertheless one of the principal ministers of the church. Besides the form of Peiret, which is no doubt the ordinary form, it is found also as Pairet, Payret and Perret. The index, which may serve as a guide in this matter, reveals still greater differences in writing the names of persons. The fact can be readily explained. At that time the spelling of proper names, like the spelling of words in general, was far from being as definitely fixed as it is now. Not only so, but the members of the church consisted of "Normands, Picards, Rochelers, Poitevins, Lanquedocians, Xaintongers, Gascons, Bretons, Angoumoisins, Béarnois, Dauphinois,"* &c., and all these provinces then still retained some of their peculiarities of speech and writing. In identifying the names of persons, too much stress must not, therefore, be laid upon exact correspondence in the spelling.

---

* Documentary History of New York, Vol. III., p. 1173.

AU NOM DE DIEU À NEW YORK.*

Baptesme—Le dimanche quatriesme nouembre mil six cent quatre vingt huit madelayne fille denbroise Sicard et de jeanne perron ses peres et mere a estó presentéó au baptesme par andró Jolin parin et madelayne Vincent marenne et baptisse par mons.ʳ peiret nostre ministre, la ditte madelayne néé le lundy vingt deux doctobre der.ʳ

PEIRET, ministre. ANDRE JOLIN
ELIE BOUDINOT, ancien. MADELENE VINCENT
ESTIENNE DE LANCEY, Diacre.

Baptesme—Le dit jour dimanche quatrieᵐᵉ nouembre, Il a estó baptisse en cette Eglize Estienne fils de Jean membru et de sarra gaignieu ses pere et mere, néé le Samedy vingtió doctob der.ʳ presentéó au baptesme par le sieur Estienne dousinet cordonnier de ce lieu et par†
sa femme parain et marenne baptissó par mons.ʳ peiret nostre ministre.

PEIRET, ministre.
ELIE BOUDINOT, ancien. ESTIENNE DE LANCEY, Diacre.

Enterrem.ᵗ —Le samedy vingt deuxieᵐᵉ dessemb. au y an‡ M.ʳ Jean pineaud imprimeur est decedé sur les quatre heures du matin et le landemain Inhumé dans le simetiere publicq§ Les soubsignes ont assisté a son Enterremant.

PEIRET, ministre. J. BARBERIE, anc.
GABRIEL LE BOISTEULX, an. ESTIENNE DE LANCEY, an.

---

* Here begins the first, and main, register. The same, or a similar, heading is frequently reproduced at the top of the pages. The first few pages are numbered, and these show that nothing is lacking at the beginning of the register, excepting perhaps the title-page.

† The name here, as in all similar instances, is omitted in the original.

‡ The reading is doubtful, but the expression is evidently equivalent to " an que dessus" frequently used later, and meaning the *same year as above*.

§ The cemetery of Trinity Church.

Enterem^t—Le Lundy dernier de lan quatre vingt huit marie pellerin femme de monsieur massiot Est decedéé en ce lieu sur les quatre heures du soir Et le landemain Inhumé dans le simetiere publicq les sousignes ont assisté a son Enterement.

PEIRET, ministre. J. BARBERIE, ancien.
GABRIEL LE BOISTEULX, ancien.

Baptesme—Le mardy premier de lan mil six cent quatre vingt neuf a esté baptiszéé en lEglize de ce lieu Ester fille de rené Rezeau Et de anne coursier ses pere et mere, presentéé au baptesme par luy rezeau et la ditte coursier. La ditte Ester néé le samedy vingt deuxie^{me} du passé baptiszéé par mons^r peiret nostre ministre.

RENÉ REZEAU PEIRET, ministre
GABRIEL LE BOISTEULX, anc. J. BARBERIE, anc.
E. BOUDINOT, anc. E. DE LANCEY, anc.

Enterremant—Le Vandredy cinquie^{me} apuril mil six cent quatre vingt neuf sur les huit heure du matin, Jeanne Boiselet femme du sieur casrouge natiuve de la ro^{lle} en le royaume de france est decedéé en ce lieu Et le landemain sur les quatre heure du soir, Inhumé dans le Simetiere publicq les soubsignes ont assiste a son Enterremant.

PEIRET, ministre. ELIE BOUDINOT
J. BALLEREAU J. BARBERIE

Baptesme—Le Dimanche septiesme Jour dapuril mil six cent quatre vingt neuf, Madelaine fille de poncet stelle sieur des Loriers Et de Egine legereau demeurant en ce lieu ses pere et mere, la ditte madelaine néé le dimanche dixseptie^{me} mars passé sur les dix heure du soir Et a esté presentéé au baptesme par mons^r Jean boibelleau mar^t parin et madeleine Vincent femme de mons^r pelletrau mar^t de ce lieu et baptisséé par monsieur peiret nostre ministre.

PEIRET, ministre. PONCET STELLE.
MADELENE VINCENT BOYSLLAUD.

Mariage—Le Dimanche septiesme apuril mil six cent quatre vingt neuf a laction du soir, cest presanté pour E'pouzer monsieur Gabriel le Boisteulx ancien de cette Eglise et mar͏t͏ demeurant en cette ville Et mademoizelle marquize fleuriau, après la publication de leurs anonce faitte en cette ditte Eglize par trois diuers dimanche, sans aucune oposition, ainsy ont recut la Benedicôn nuptialle par mons͏r͏ peiret nostre ministre. Et a hut luy G. le Boisteulx pour assistant messieurs Gedeon Le royer son couzin germain du costé maternel et Elie Boudinot son amy Et de la part de la ditte dem͏lle͏ fleurilleau messieurs pierre fleuriau et Louis Carré frère et beau frère marchant demeurant en cette ville tous soubsignés.

MARIE BERTHON   GABRIEL LE BOYTEULX
GEDEON LE ROYER   MARQUISE FLEURIAU
PIERRE FLEURIAU   LOUIS CARRÉ
                     ELIE BOUDINOT, ancien.
                     PEIRET, ministre.

Enteremant—Le Vendredy douze apuril mil six cent quatre vingt neuf sur les dix heure du matin Benjamin Tadourneau natif de Marenne en le royaume de france Est decedó en ce lieu et le landemain sur les quatre heure du soir Inhumé dans le Simetiere publicq les soubsignes ont assisté a son Enteremant.

J. BALLEREAU.   ELIE BOUDINOT
J. VINCENT.   PEIRET, ministre.

Baptesme—Le dimanche quatorzie͏me͏ jour dapuril mil six cent quatre vingt neuf Suzanne fille de Samuel bourdet absant et de Judicq piaud ses pere et mere nćó hier au soir samedy sur les dix heure du soir presentćó au baptesme par pierre Bourdet et Jeanne piaud femme du s͏r͏ Soumain parin et marenne et baptissée par monsieur peiret nostre ministre.

PEIRET, ministre.   PIERRE BOURDET
                     ELIE BOUDINOT, an.

Baptesme—Le dimansse vingt et unie^me jour d'auril mil six cent quatre vingt neuf Daniel fils de Daniel Potreau present et de marthe cousseau ses pere et mere néé hier sur les trois heures du matin presentée au baptesme par Mr Pierre Belin et Mad^lle Suzanne Dhariette parrain et marraine et baptisée par Mr Courdille ministre.

COURDIL, ministre. D. POUTREAU
P. BELIN
S. DHARIETTE

Baptesme—Le dimanche cinquesme jour de may an que dessus a esté baptissé en cette Eglize par monsieur Peiret nostre ministre daniel fils de pierre massé et de Elizabet mercereau ses pere et mere presenté au baptesme par daniel mercereau parain et marie parré femme du sieur Ezechiel Grazilly marenne le dit daniel né le vingt neuf apuril dernier sur les dix heure du soir.

PIERRE MASSE. DANIEL MERCERRAU
PEIRET, ministre. MARIE PARÉ

Enterremant—Aujourdhuy dimanche cincquiesme jour de may mil six cent quatre vingt neuf sur les quatre heures du soir Marie Billard vefue de Estienne Jamin de la ro^lle en france a esté Enteréé en le simetiere publicq de ce lieu et est decedéé le jour dhier sur les huit heure du soir, les soubsignes ont assisté a son enterremant.

J. BARBERIE, an. ELIE BOUDINOT
PEIRET, ministre

Baptesme—Le dimanche deuxie^me jour dapuril an que dessus a esté baptiszé en cette Eglize par monsieur peiret nostre ministre Ezechiel fils de daniel Jouet, et de marie coursier ses pere et mere né le Vandredy vingt quatre may dernier presenté au baptesme par Ezechiel Grazilly et Suzanne dhariette parin et marenne.

DANIEL JOUET. EZECHIEL GRAZILLIER.
SUZANNE DHARIETTE
PEIRET, ministre.

Enterremant—Le Vandredy vingt uni^me Juin au dit
an sur les cinq heure du soir francois Laurans natif de
la ro^lle en france Est decedé en ce lieu et le landemain a
esté Enterré en le simetiere publicq de ce lieu les soubsignez ont assisté a son Enterremant.

J. BARBERIE, an.   E. BOUDINOT
                             PEIRET, ministre

Baptesme—Le Mecredy dix septiesme Juillet mil six
cent quatre vingt neuf Jour arresté pour sasembler Ex-
traordinairem^t pour randre a Dieu nos tres haute ac-
tions de Grauce de ce qu'il luy a pleu Eslever sur le
trone deng^re Le roy et la raine apresant regnant a esté
baptiszé en cette Eglize par mons^r peiret nostre ministre
Suzanne fille dElie boudinot et de suzanne papin ses
pere et mere née le vendredy douziesme duy mois sur
les trois a quatre heure du matin presentéé au baptesme
par Elie boudinot son frere et marie broussard sa
cousine parrin et maranne.

ELIE BOUDINOT.   MARIE BROUSSARD
ELIE BOUDINOT, a.   PEIRET, ministre.

Baptesme—Le Dimanche vingt uni^me Juillet mil six
cent quatre vingt neuf a esté batiszé en cette Eglize par
monsieur peiret nostre ministre Elzabeth fille de Louis
Carré et de pregente fleuriau ses pere et mere née le
vandredy dix neuf duy sur les dix a onze heure du
matin presentée au baptesme par monsieur Gabriel
le Boisteulx ancien de cette Eglize et marquize fleuriau
sa femme pairein et marenne.

LOUIS CARRÉ.   PEIRET, ministre.
GABRIEL LE BOYTEULX
MARQUISE FLEURIAU

Baptesme—Le Dimanche premier jour de septembre
mil six cent quatre vingt neuf a esté baptiszé en cette
Eglize par monsieur peiret nostre ministre, Suzanne fille
de francois Basset absent et de marie madelaine nuquerque

ses peres et meres née le vandredy du passé sur les vuze du matin presentéé au baptesme par Jean Vincent mar^t de ce lieu et Suzanne nuquerque femme duy sieur Vincent pairain et marene.

J. Vincent
Peiret, ministre

Enterremant—Le Samedy neufiesme sep^{re} mil six cent quatre vingt neuf sur les quatre heure du matin marie chapon natifue de poutou en france femme de andré balourdet demeurant en ce lieu, est decedéé, Et le landemain dimanche sur les quatre heure du soir a esté enterréé en le simetiere publicq de ce lieu les soubsignes ont assisté a son Enterremant.

Gabriel Le Boyteulx.   J. Barberie   E. Boudinot

Mariage—Le Dimanche vingt et neufie^{me} sep^{re} mil six cent quatre vingt neuf auant laction du soir cest presenté pour Espouzer monsieur Aman Bonnin mar^t Et Suzanne Valleau, apres la publicaôn de leurs anonces faitte en cette Eglise par trois dimanches sans oposition, Ainsy ont recut la Benedicôn nuptialle par mons^r peiret nostre ministre et a heu luy Bonnin et la ditte Valleau pour assistant les soubsignés.

Aman Bonnin   Susanne Valleau   F. Valleau
pelletreau   Valleau jeune
P. Valleau   Blanchard.
Peiret, ministre.

Baptesme—Le dimanche sixiesme octobre mil six cent quatre vingt neuf a esté baptiszé en cette Eglize par mons^r peiret nostre ministre Simeon pierre fils de Goncet Bonin et de marie pontin né en la prouince de pensiluanie le seize Januier dernier presenté au baptesme par pierre Godefroy et marie Jamin pairain et marenne Luy Bonin pere absent.

Pierre Godefroy
Marie Jamain
Peiret, ministre

Baptesme—Le Dimanche treisiesme octobre mil six cent quatre vingt neuf a esté baptisé en cette Eglize par monsieur peiret nostre ministre Laurans fils de Laurans Corniffleau et de marie anne nuquerque ses pere et mere né le Vandredy matin a trois heure, troisme du mois presenté au baptesme par Laurans Cornifleau son pere et Suzanne Gladu Grand mere de l'enfant parin et maraine leu merenne ne sait signer.

LAURENC CORNIFLEAU.   PEIRET, ministre.

Enterrem. —Le vingt trousme octob. an que dessus est decedéé en ce lieu marie douce natifue de S. Cristople fille de Gerard douce et de allette hersbergen et le vingt cinq du courant a esté enterréé en le Simetiere de ce lieu les soubsignes ont assisté a son enterrem.

PIERET, ministre.   J. BARBERIE.   E. BOUDINOT.

Enterrem. —Le Jeudi vingt quatre octob. an que dessus est decedé en ce lieu Nicollas Vignon natif de mes en france et le landemain a esté enterré en le Simetiere publicq de ce lieu les soubsignes ont assisté a son enterremant.

J. BARBERIE.   E. BOUDINOT.

Mariage—Le mecredy sixieme Jour de nouanbre mil six cent quatre vingt neuf auant la priere Cest presenté pour Espouzer monsieur Jean hastier mart. a la nouielle rolle Et Elizabeth perdriau apres la publicaôn de leurs anonce faitte en cette Eglize et celle aussy faitte en l'Eglize de la ditte nouielle rolle suiuant le Certifficat que nous en na porté luy sr. hastier sans aucune opopicôn Ainsy ont recue la Benedicôn nuptialle par mor. peiret nostre ministre et ont heu luy hastier et la ditte perdriau pour assistant les soubsignes.

PEIRET, ministre.   J. HASTIER
J. BOUTEILLIER   ELIZABET PERDRIAU
E. BOUDINOT   J. M. GOULARD
S. BROUSSARD   DE BONREPOS

Baptesme—Le vingt cinquie^{me} x^{bre} et Jour de noel mil six cent quatre vingt neuf a esté baptiҫze en cette Eglize par mons^r peiret nostre ministre Jean fils de paul drouillet et de suzanne La Vabre ses pere et mere né lundi vingt troizie^{me} duy a quatre heure du matin presanté au baptesme par monsieur Jean papin mar^t et doratéé Vanensberque parin et marenne.

PEIRET, ministre   PAUL DROUILLET
                                      PAPIN
                    DOROTHEA VAN HERTSBERGEN

Enterrem^t—Notta du vingt troisieme dessembre an que dessus Est decedé en le haure de ce lieu dans le Kech * des S. menille et bondun venant de Londre Jean Egnier marinier natif de la Trenblade en france et le landemain a esté enterré en le Simetiere publicq de ce lieu les soubsignes ont assisté a son enteremant.

PEIRET, ministre.   JEAN ROUX

Enterrem^t —Le seiziesme jour de Janvier mil six cent quatre vingt dix Est decedé en ce lieu René Gilbert natif de la ville Niort prouince de poutou en france le landemain enterré en le Simetiere publicq de ce lieu les soubsignes ont assisté a son Enterrem^t

PEIRET, ministre
GABRIEL LE BOYTEULX, ancien

Enterrem^t —Le quatre Feburier an que dessus madelaine hullin vefue de Jean poupin natiue de la ville de La ro^{lle} en france est decedéé en ce lieu et le landemain a esté enterréé en le Simetiere publicq de ce lieu les soubsignes ont assisté a son Enterem^t

GABRIEL LE BOYTEULX, ancien

Enterrem^t —Le Samedy premier mars an que dessus sur les quartre heure du matin nicollas fillou natif de

---

* A corruption of *Caiche*, said to be derived from the English *Ketch*.

lisle de ré en france Est decedé en ce lieu et a esté enterré le landemain les sousignez ont assiste a son
Enterrem.

PEIRET, ministre.   ELIE BOUDINOT
                          GABRIEL LE BOYTEULX, an.

Mariage.—Le mecredy Cinqieme Jours de mars an
que dessus auant la priere Cest presenté pour Epouzer,
Zacarie Engeuin m.t Tailleur dhabits demeurant en ce
lieu Et marie naudin apres la publication des anonce
faitte en cette Eglize par trois dimanche sans aucune
oposition, ainsy ont recu la Benedicôn nuptialle par
mons.r peiret nostre ministre Et ont les dict Engeuin et
naudin pour assistant les soubsignez.

marque de *f* ZACARIE ANGEUIN.   MARIE ONNODINE
  PEIRET, ministre   × marque D'ANDRÉ NAUDIN
  J. BARBERIE, an.   ELIE BOUDINOT.

Baptesme—Le Dimanche neufie.me Jour de mars mil
six cent quatre vingt dix, A esté Baptizé en cette Eglize
par monsieur peiret nostre ministre, Marthe, fille de
Jean Melet, absent, et dElizabeth Eler ses pere et mere née
le Lundy Troisie.me du prest mois presentéé au baptesme
par le sieur Ezechiel Grazilly mart de ce lieu Et madame
prégenté fleuriau femme de mons.r Louis Carré mart en
cette ville parin et marenne.

EZECHIEL GRAZILLIER.   PREGEANTE FLEURIAU
                          PEIRET, ministre.

Baptesme—Le dimanche quatriesme Jour de may an
que dessus a esté baptizé en cette Eglize par mons.r peiret
nostre ministre, Marie fille de Gabriel le Boisteulx et de
marquize fleuriau ses pere et mere née le Lundy vingt
huit du passéé presentéé au baptesme par m.r Louis Carré
mert du lieu et madame marie le Berton vefeu de feu
monsieur fleuriau parain et marenne.

MARIE BERTH   LOUIS CARRE
                     GABRIEL LE BOYTEULX
                     PEIRET, ministre.

Baptesme—Le Dimanche premier jour de Juin an que dessus a esté baptisséé en cette Eglize par monsᵣ peiret nostre ministre, suzanne fille de monsᵣ Jean Vincent marᵗ du lieu et de suzanne nuquerque ses pere et mere néé le Vandredy trantiesme may dernie sur les dix a vuze heure du soir presentéé au baptesme par moᵣ Laurant cornifleau et madelaine Vincent parain et marenne.

LAURENT CORNIFSE   J. VINCENT
PEIRET, ministre.   MADELENE VINCENT

Enterremᵗ —Le Lundy matin deuxié Juin sur les deux heure Izaacq Broussard natif de ce lieu est decedé en ce dit lieu et a esté enterré dans le simetiere publicq du lieu les soubsignes ont assisté a son Enterrem.

Bapteme—Le dimanche huitieme jour de Juin 1690, a eté batizé en cette Eglize par monsieur Peirret Ministre Susanne hunt fille de Jacques hunt of new york et de Rachel Barcheley ses pere et mere née le 3ᵐᵉ de Mars dernier Presentee au Bateme par guillaume howard et Susanne Beriman pareins et mareinne.

PEIRET, ministre.   WILLIAM HOWARD
     SUSAN BURRAMMAN

Bapteme—Aujourd'huy 21ᵉ Juin 1690 a eté baptisée en cette Eglise Susanne freind fille de Joseph freind et de Susanne Brutel ses pere et mere née le 11ᵉ du present mois de Juin presentée au Sᵗ Bapteme par Oliuier Bely et Susanne Papin parrin et marreine.

PEIRET, ministre.   JOSEPH FRIEND
     OLLIUIER BESLY
     SUZANNE PAPIN

Bapteme—Aujourd'huy 24 Juillet 1690 a eté baptisée en cette Eglise Marie fille de Pierre Bontecour et Margueritte bontecour ses pere et mere, née le 21ᵉ du d'mois, presentée au S. bapteme par Daniel Poutrhau et Marie Perdrieau ses parrin et marreine.

PEIRET, ministre.   D. POUTREAU
     MARIE PERDRIAU

Bapteme—Aujourd'huy 24 Juillet 1690 a eté baptisée Rrachel fille de pierre Bontecour et Margueritte Bontecour ses pere et mere née le 21ᵉ du d'mois et presentée au Sᵗ bapteme par André paillet et Judiq Piau ses parrin et marreine.

ANDRE PAILLET   JUDHIT PIAUD
              PEIRET, ministre

Bapteme—Aujourd'huy 17ᵉ d'aoust 1690 a eté baptisé dans cette Eglise Amant fils d'Amant Bounin et de Susanne Valleau né le 16ᵉ du d'mois a six heures du soir et presenté au Sᵗ Bapteme par Esaie Valleau et Susanne descart ses parrain et marraine.

                    AMAN BONNIN
                    E. VALLEAU
                    PEIRET, ministre

*Enterem*ᵗ —Jean Vincent âgé de huit ans fils de Jean Vincent et de Susanne Nuquerque ses pere et mere est decedé en cette ville le 14ᵉ d'aoust 1690, et Inhumé dans le Cemetiere publiq de la d'ville le 15ᵉ du d'mois.

                    PEIRET.

Bapteme—Aujourd'huy 5ᵉ d'octobre 1690 a eté baptisée dans cette Eglise Marie Magdeleine fille d' Ezechiel Grasilier et de Marie Paré ses pere et mere, née le 23ᵉ de Septembre a onze heures du soir, et presentée aü Sᵗ Bapteme par les sus dits Ezechiel Grasillier et Marie Paré ses parrain et marraine.

        MARIE PARÉ.   EZECHIEL GRAZILLIER
        PEIRET, ministre.

Bapteme—Aujourd'huy 19ᵉ d'octobre 1690 a eté baptisé dans cette Eglise Charles fils de George Derier et de Magdeleine Derier né le quinsiéme du d'mois d'octobre, et presenté au saint baptéme par Charles Deniso et Lea Ouilmen ses parrain et marreine.

            marque de ✕ GEORGE DERIER
        marque de *O* CHARLE DENISO
marque de *Ѵ* LEA OUILMEN.   PEIRET, ministre

Bapteme—Aujourd'huy 28ᵉ nouembre 1690, a etté baptisée dans cette Eglise suzanne fille de Mʳ Pierre Perret
ministre et de Marguerritte Latour, née le 18ᵉ du d'mois
et presentée au Sᵗ Baptesme par Mʳ Jean Barberye et
Madᵉ Suzanne papin Boudinot parrain et marraine.

PEIRET　　　　　　　　SUZANNE PAPIN
　　　　　　　　　　　　JEAN BARBERIE

Bapteme—Aujourd'huy 22ᵉ nouembre 1690 a eté baptisé dans cette eglise Augustin Carle fils de françois Car-
lié et de Marie Maurisset, né le 20ᵉ du d'mois, et a eté
presenté au Sᵗ bapteme par Augustin hublé et——poupain ses parrain et marraine.

PEIRET, ministre.

Bapteme—Aujourd'huy 10ᵉ de decembre a eté baptisé
dans cette Eglise Isâc fils de Poncet Stelle et d'Eugene
de Laurier né le 8ᵉ du d'mois et presenté au Sᵗ bapteme
par Jean pierre Melot et Catherine de Lorier ses parrain
et marraine.

J. P. MELOT　　　　　PONCET STELLE
　PEIRET, ministre　CATHERINE STELLE.

Mariage—Le Dimanche vingt sixieᵐᵉ jour dapuril
mil six cent quatre vingt vuze auant laction du soir Cest
presanté pour Espouzer dans lEglise de ce lieu Pierre
Belin marᵗ de ce lieu et Suzanne dhariette apres la publication de leur anonce faitte en cette Eglize par trois divers
dimanche sans aucune oposition. Ainsy ont recut la
Benedicôn nuptialle par monsieur peiret nostre ministre
et ont heu les dits Belin et la ditte Dhariette pour otori-
zant les soubsignes.

ELIE BOUDINOT, an.　　P. BELIN.
SUSANNE PAPIN　　　SUZANNE DHARIETTE
ELIE PAPIN　　　　　PEIRET, ministre.

Bapteme—Aujourd'huy 17ᵉ Mai 1691 a eté baptisé
dans cette Eglise Samuel fils de Samuel Bourdet et de

Judiq Pieau, né le 2ᵉ du d'mois de may, et a eté presenté au Sᵗ Baptéme par Ezechiel Grazilier et Marie Jamain ses parrain et marraine.

PEIRET, ministre.   EZECHIEL GRAZILLIER.

MARIE JAMAIN.

Bapteme—Aujourd'huy 24ᵉ May 1691 a eté baptisé dans cette Eglise Marie fille de Daniel Poutreau et de Marthe Cousson, née le 10ᵉ du d'mois et presentée au Sᵗ Bapteme par Mʳ Pierre Thauuet et Daˡˡᵉ Marie perdriau ses parrain et marraine.

PEIRET, ministre.   D. POUTREAU

MARIE PERDRIAU

P. THAUUET.

Baptéme—Aujourd'huy 7ᵉ Juin 1691 a eté baptisé dans cette Eglise Daniel Coudret fils de Jean Coudret et de Marie guiton ses pere et mere, né le 25ᵉ du mois de May et presenté au Sᵗ bapteme par Daniel Lambert et Marie tebaux ses parrain et marraine par moy

PEIRET, ministre.

Baptéme—Aujourdhuy dimanche vingt et uniᵐᵉ Juin mil six cent quatre vingt vuze, a esté baptisée en cette Eglise par monsieur peiret nostre ministre, Jeanne fille de Theophille Bourestier et de Jeanne Gouein ses pere et mere née le 15 du presᵗ mois parain Jean manbrut et marie chadaine marenne.

PEIRET, ministre.

Baptéme—Aujourdhuy dimanche dix neufié Juillet an que desus a esté baptizée en cette Eglise Suzanne fille de paul drouillet et de suzanne de la Vaure, nee le Jeudy matin a sept heure du presᵗ mois presentee au Sᵗ baptesme par ses pere et mere parain et marenne.

PEIRET, ministre.   PAUL DROUILHET

Bapteme—Aujourdhuy dimansse jour et an que desus a esté baptisée en cette Eglise Anne fille de Jean Pierre

Melot et de Marie Bellemain ses pere et mere, nee le Mercredy p^{er} de ce moys sur les sept heures du soir presentée
au St Bapteme par Mr Pierre Morin et Mad^{lle} Mariane
Melot parrain et marraine.

P. MORIN.   J. P. MELOT
          PEIRET, ministre

Bapteme—Aujourdhuy dimansse seisiesme jour du
mois d'aoust 1691 a esté baptisé en cette Eglise Elie fils
de Jean mambru et de sarra Gueneau né le cinquiesme
de ce moys a un heure apres mydy presenté au Saint
bapteme par le d. Jean mambru pere et parrain et Lydie
Meterau marraine.

                    marque M du d. JEAN MAMBRU
                              PEIRET, ministre.

Bapteme—Aujourdhuy dimansse jour et an que dessus
a esté baptisé en cette Eglise Josué et Pierre anfans de
Josué Dauid et de marie audebert nez le jour dhier a dix
heures du matin et presenté au St Bapteme scauoir,
le d^o Josué par Josué Dauid son pere et anne hill femme
de Pierre newkerk et le d^o Pierre par Pierre newkerk et
Marie Gallais parrain et marraine.

PEIRET, ministre.   JOSUÉ DAUID
                                   PIERRE NEWKERKE
                                   MARIE GALLAIS
                                   ANN HILL

Bapteme—Aujourdhuy Dimansse vingt septiesme jour
de Septembre mil six cens quatrevingt onze a Esté Baptisée en cette Eglise Elizabet fille de Gabriel Le Boyteulx et de marquise fleuriau, nee le Samedy au soir
entre onze heure et minuit dixneufie^{me} de ce moys et
presentée au St Bapteme par Mr Elye Boudinot ancien
de cette Eglise et Mad^e pregeante fleuriau femme de
Mr Louis carré parrain et marraine.

ELIE BOUDINOT.   GABRIEL LE BOYTEULX
                                PREGENTE FLEURIAU
                                PEIRET, ministre.

Enterrement—Le mardy 29ᵉ Septembre 1691 sur les trois heures du matin Denis Lambert natif de La Ville de Bergerac en France est decedé en ce Lieu, Et Le premier Octobre en suivant a été Enterré au Simetierre public de cette ville. Les Soubsignés ont assisté a son Enterrement.

HELIE BOUDINOT.   JEAN BARBERIE

Enterrement—Le Vendredy deuxieme d'Octobre 1691 sur les quatre heures du matin
de la ville de   en france est decedée en ce lieu Et le troisiême du dit mois a eté Enterrée au Simetiere publicq de cette ville Les Soubsignes ont assisté a Son Enterrement.

ELIE PAPIN.   JEAN BARBERIE.

Bapteme—Le dimansse Dix huitiesme octobre mil six cent quatrevingt onze a Esté baptisée en cette Eglise par Mᵣ Perret Ministre suzane Marie fille de Laurens cornifleau et anne Marie newkerk sa femme née du mardy 13ᵉ du present mois sur les six heures du soir presentée au Sᵗ Bapteme par Pierre newkerk et susanne newkerk femme de Jean vincent parrain et Marraine.

LORENS CORNIFLAU. V marque de SUZANNE NEWKERK
PIERRE NUQUERQUE.   PEIRET, ministre.

Bapteme—Le dimansse premier nouembre mil six cens quatrevingt onze a esté baptisé en cette Eglise par Mᵣ Perret ministre Jean fils de Daniel Jouet et de Marie Courcier, né le 28ᵉ octobre et presenté au Sᵗ Bapteme par le Sᵣ René Rezeau et suzanne ratier femme du Sᵣ Doucinet parrain et Marraine.

RENÉ REZEAU. DANIEL JOUET.   PEIRET, ministre.

Mariage—Le dimanche huietiesme nouembre mil six cens quatrevingt onze auant laction du soir a esté Beny solennellement le mariage Entre Daniel Lambert natif de Sᵗ Palay et Marie tebaut natifue de niord, Leurs annonces ayant Esté publiées en cette Eglise par trois dimansses consecutifs sans opposition.

ANDRÉ FOUCAULT   DANIL LENBERT
par PEIRET, ministre.   marque *nnmr* de MARIE TEBAUT
                                      DAUID POUPIN

Bapteme—Le vendredy premier jour de l'annee 169½ a esté baptisé en cet Eglise aprez l'action du matin par Mr Perret ministre Jean fils de Jean hatier et d'Elizabet perdriau né le treiziesme decembre dernier presenté au St Bapteme par Mr Elye Boudinot et Mad.^{lle} Dorothea van Hertsbergen femme de Mr Jean Papin parrain et marraine.

ELIE BOUDINOT   J. HASTIER.
            DOROTHEA VAN HERTSBERGEN

Bapteme—Le dit jour vendredy premier jour de lannée 169½ a Esté baptisé en cette Eglise apres la priere du soir par Mr Peiret ministre Louis fils de Louis carré et de pregeante fleuriau né le treiziesme de decembre de^r et presenté au St Bapteme par le d. s.^r carré et dame fleuriau ses pere et mere.

LOUIS CARRÉ   PREGENTE FLEURIAU

Batéme—Le Dimansse quatorsiesme jour de feurier mil six cens quatre vingt douze apres laction du soir a Esté baptisé en cette Eglise par Mr Perret nostre ministre Pierre fils de Jean Roux et de Jeanne Leclerq presenté au St Bapteme par Pierre abrard Et Suzanne Roux parrain et marraine Le d. anfant est né le septiesme de ce moys.

PIERRE EBRARD   SUSANNE ROUX
                         PEIRET, ministre.

Batéme—Aujourdhuy dimanche troisiesme auril mil six cens quatre vingt douze apres laction du matin a Esté baptisée en cette Eglise par Mr Perret ministre Isabeau fille de Pierre fougere et de anne Jaulin née le

28ᵉ Mars 1691 presentée au Sᵗ Bapteme par Estienne Lavigne et Elizabet pinet parrain et marraine qui ont declaré ne scauoir signer.

PEIRET, ministre.

Bateme — Aujourdhuy dimanche dixiesme jour du moys d'auril mil six cens quatre vingt douze, apres la priere du soir a Esté baptisé en cette Eglise par Mʳ Perret ministre Samuel fils d'Elie vembert et de Jeanne Coulombeau né le premier de ce moys presenté au Sᵗ Bapteme par samuel Bourdet et judic Jamain parrain et marraine.

    ELIE VANBERT   PEIRET, ministre
    SAMUEL BOURDET
    JUDITH GAMAIN

Bapteme — Aujourdhuy dimanche dixseptieᵐᵉ auril mil six cens quatre vingt douze, apres la priere du soir a Esté baptisé en cette Eglise par Monsʳ Perret ministre Francois fils de francois Basset et de marie madelaine newkerk né le Vendredy au soir dixhuitieᵐᵉ Mars derʳ presenté au Sᵗ Batéme par le dᵗ sʳ Basset son pere et anne marye newkerk femme de Laurens cornifleau.

    F. BASSET   PEIRET, ministre.

Bateme — Aujourdhuy Mercredy vingtieᵐᵉ jour D'auril apres La priere du matin a Esté baptisé en cette Eglise par Mʳ Perret Ministre Getié fille de Jean Borton anglois de nation et de helgon ses pere et mere demᵗ a penbrepok* presenté au Sᵗ Bapteme par Bartle Clase Et la dᵉ helgon sa mere, née le vingtiesme Marc Dernier mil six cens quatre vingt douze.

BARTHELEMY CLASSE (?)
PEIRET, ministre

Mariage — Aujourdhuy dimanche vingt quatriesme jour d'auril mil six cens quatre vingt douze auant la

---

* Apparently for Pemrepogh (Pamrapo), New Jersey.

priere du soir a Esté solemnellement Beny le mariage
d'entre Pierre Das Et Jeanne Ballet tous deux natifs de
la prouince de xaintonge au Royaume de france Leur
anonces ayant Esté publiées en cette Eglise et en celle
de la nouuelle rosselle par trois dimansse consecutifs
sans opposition.   Les d.t s.re das et Jeanne Ballet ont
declaré ne sauoir signer.

PETER BELIN.   LOUIS CARRÉ.   ELIE BOUDINOT
PREGENTE FLEURIAU   SUZANNE PAPIN
SUZANNE DHARIETTE   MARQUISE FLEURIAU
GABRIEL LE BOYTEULX   PEIRET, ministre

Bateme—Aujourdhuy dimanche vingt quatrie.me auril
mil six cens quatrevingt douze apres la priere du soir a
Esté Baptisé en cette Eglise par M.r Perret Ministre Benjamin fils de salomon de seure et de anne de Lescluse né
le vingtie.me de ce moys presenté au S.t Bapteme par
Benjamin dhariette et marie Broussard parrain et marraine.

PEIRET
SALOMON DE SAYURE
BENJAMIN DHARIETTE
MARIE BROUSSARD

Mariage—Auiourdhuy mecredy vingt et sept d'Avrille
1692 aprest la prierre du matin a Esté solennel. Beny
le mariage dentre Jean Coullon et marie du Tay. Le dit
Coullon de la ville de Nyort en Poytou et la ditte du
tay de Lisle de Ré au Royaume de France leurs anonces
ayant Esté publiées en cette Eglize par trois dimanches
consecutifs sans oposition.

BESLY   JEAN COLLON
D. POUTREAU.   Le marc de la *m* ditte DU TAY
ELIE BOUDINOT   J. VINCENT
GABRIEL LE BOYTEULX.   P. CHAIGNEAU
PIERRE THAUUET

Mariage—Auiourdhuy mecredy vingt et sept d'Avrill 1692 aprest la prierre du matin a Esté Sollennellem! Beny le Mariage dentre Jean Pierre Richard et Marthe Ponte touts deux de la Province de Languedoc au Royaume de France leurs anonces ayant Esté publiees en cette Eglize par trois dimanches consecutifs sans oposition.

ISAAC GARNIER   JEAN PIERRE RICHARD
                 Le merc de la ⋀ ditte PONTE

Batême—Auiourdhuy dimanche quinsieme jour de May 1692 aprest la priere du soir a Eté Batisée en cette Eglise par mr Peiret notre ministre Anne fille de Daniel Malson et Judith logwood née le quatrieme de ce mois a sept heures du matin presentée au St Batême par Anthony farmer et Christiane Melton ses parrain et marreine.

PEIRET, ministre.   the mark ⌇ of DANIEL MALSON
                       the mark of ✕ ANTH: FARMER
             ⌇ mark of CH: MELTON

Mariage—Auiourd'huy douzieme jour de Juin 1692 avant la prierre du soir a Esté Solennellement Beny Le mariage dentre Pierre Morin natif de la Rochelle au Royaume de France fils de Pierre Morin marchand au dit Lieu Et Marie Jamain fille de deffunt Etienne Jamain aussy marchand a la dite Rochelle Et de deffunte Marie Billard Leurs anonces ayant Esté publiées en cette Eglize par trois dimanches consecutifs sans oposition.

Le merc du M sr JEAN MANBRU.   P. MORIN
ELIE VANBERT   MARIE JAMAIN
JUDITH JAMAIN   ESTIENNE JAMAIN
PREGENTE FLEURIAU   SAMUEL BOURDET
             DOROTHEA VAN HERTSBERGEN
                  MARQUISE FLEURIAU
                  JUDHIT PIAU
        Par P. PEIRET, ministre

Batême—Auiourdhuy mecredy 17ᵐᵉ d'Aoust 1692 aprest la priere a Eté Batizée en cette Eglize par monsʳ Peyret Ministre Elizabet fille de henry Jourdain et Elizabet Corbet nee le 16ᵐᵉ de ce mois sur les sept heures du soir presentée au Sᵗ Batême par Claude Bruyes et Marie Perdriau ses parrein et marreine fait le dix septiesme jour d'Aoust lan que dessus.

CLAUDE BRUEYER   MARIE PERDRIAU
    PEIRET, ministre.

Batême—Auiourd'huy Dimanche 21ᵐᵉ d'Aoust 1692 aprest la predication du soir a êté Batisé en cette Eglize par monsieur Peyret notre Ministre Jean fils d'Ezechiel Grazillier Et de Marie Paré né le mecredy dix septieme de ce mois a trois heures aprest midi, Presente au Sᵗ Batême par Jean Grazillier et Judith Paré ses parein et marreine.

            EZECHIEL GRAZILLIER
            JEAN GRAZILLIER
            JUDIT PARE
               PEIRET, ministre

Mariage—Auiourdhuy mecredy 24ᵉ du mois d'Aoust 1692, avant La priere du matin a Esté Sollennellement beny le mariage dentre Elie Chardavoine de Saujon en Sᵗ Onge au Royaume de France, et Anne Valos de L'isle de Ré au dit Royaume de France. Leurs anonces ayant Esté publiées en cette Eglize par trois Dimanches consecutifs sans oposition.

ESTIENNE VALLEAU   ELIE CHARDAVOYNE
A. JOUNEAU   ANNE VALLEAU
        Par PEIRET ministre.

Batême.—Auiourdhuy mecredy 24ᵉ jour d'Aoust 1692 apres La priere du matin a esté Baptisé En cette Eglise par Monsieur Peyret Ministre Pierre fils de Jean Pierro et meta Meby né le neuf de ce mois viron midy presenté au S<u>t</u> Batême par françois vincent et Elizabeth gautier ses parein et marreine.

marque q† de JEAN PIERROT

F. VINCENT

ELIZABETH GAUTIER

PEIRET, ministre

Batême—Auiourdhuy mecredy 31<u>e</u> d'Aoust 1692 aprest la priere du matin a Esté Baptisé en cette Eglise par monsieur Peiret notre Ministre Rachel fille de mele-tié Gaspar et de guertru Janson né au mois de novembre dernier presentée au S<u>t</u> Bateme par Pierre Newkerk et anne hill ses parein et mareine.

PIERRE NWKERKE

ANN HILL

PEIRET, ministre

Batême—Auiourdhuy dimanche onzieme de Septb<u>re</u> 1692 aprest la priere du soir a Esté Baptisee en cette Eglize par Monsieur Peyret Ministre Mariane fille de Daniel marchand et de Catherine sa femme née le 5<u>me</u> de ce mois a une heure de matin presentee au S<u>t</u> Batême par Jean Coutand et Petterlin Elfen Eik ses parein et mareinne.

Le merk du X dit le MARCHAND

PETTERNELLE DE HEK

JEAN COUTANT

PEIRET, ministre.

Mariage—Auiourdhuy dimanche neufiesme d'Octo-bre 1692 avant la predication du soir a Esté sollenne]lem<u>t</u> Beny le mariage dentre Elie Peltreau fils de Paul Peltrau Et d'Ester gouin dvne part Et Marie Benoist fille de Jean Benoist et de Judith Bourdon ses Pere et mere touts deux natifs de Bourg et Paroisse d'Arces en Xaintonge au Royaume de France leurs anonces ayant

Esté publiees en cette Eglize par trois dimanches consecutifs sans oposition.

MARIANE BIGNOUX J. PELLETREAU ELIE PELLETREAU
ANNE POUPIN   MADELENE VINCENT.

le merc de la — dite BENOIST

HELENE GEAUDINEAU   F. VINCENT   J. PELLETREAU
DAUID DESMAIRETT (?)   J. VINCENT
G. GAUDINEAU   MERCIER
P. LEGRAND   BAIGNOUX
P. BERTAIN   ANDRÉ JOLIN
ANDRÉ FOUCAUT   JEAN DAUID
F. BASSET   PEIRET, ministre.

Enterrem! —Auiourdhuy Samedy vingt et deuxieme
d'Octobre 1692 Susanne dariette femme de Pierre Belin
Native de la Rochelle au Royaume de France a Esté
Enterree au Simetiere public de cette ville en presence
de   PIERET ministre
           JEAN BARBERIE
           GILLES GAUDINEAU, ancien.
           ELIE PAPIN, ancien.

Baptême—Auiourdhuy deuxieme jour de Novembre
1692 aprest la priere du matin a Este Baptisé en cette
Eglize par monsieur Peyret notre Ministre Susane Marie
fille de Aman bonain et de Susanne Valos née le neufiesme d'Octobre dernier presentée au S! Baptême par
Pierre valos et Marie Bonein ses parein et mareinne.

P. VALLEAU.   BONNIN.   A. BONNIN.
                                  PEIRET, ministre.

Baptéme—Aujourdhuy dimansse sixiesme jour de
nouembre 1692 apres laction du soir a Este baptisée en
cette Eglise par M! Peiret nostre ministre suzanne fille
d'Elye neau et de suzanne paré née le 27.e octobre der! sur
les quatre heures apres midy presentée au S! Bapteme
par Ezechiel Grazillier Et marie tisseau parrain et marraine.

MARIE TISSEAU   EZECHIEL GRASILLIER
                       PEIRET, ministre.

Baptéme—Aujourdhuy dimansse jour et an que dessus a Esté baptisé en cette Eglise peronne fille de Jean van-loon et de marie vanloon, née le 30.ᵉ octʳᵉ derʳ presentée au Sᵗ Bapteme par charles deniseau et Eltié preuost par-ain et marraine.

marque de *O* CHARLES DENISEAU
marque de ×ʻ ELTIE PREUOST.
PEIRET, ministre

Baptême—Aujourdhuy mecredy neufiesme jour de Novembre 1692 aprest la priere du matin a Esté Baptisée en cette Eglize par monsʳ Peyret notre Ministre Marie fille de Jean Coudret et de Marie quiton de Sᵗ George en Xaintonge au Royaume de France née le 28.ᵉ de Octobre presentée par Jacques many de mechen en la dite Pro-vince et Marie Geneuil de Moyse en la dite Province ses pareins et mareine.

Le merc de ⅂ JEAN COUDRET.   JACQUES MANY
    MARIE GENEUIL   PEIRET, ministre

Batême—Auiourdhuy mecredy saisième iour de no-vembre 1692. aprest la prierre du matin a Esté Baptisé en cette Eglize Jean fils d'Elie Boudinot et de Susanne Papin né le Jeudi dixieme du present mois sur les quatre heures du matin presenté au Sᵗ Batême par Pierre Bou-dinot et dorothee Van Hertsbergen ses parain et mareine.

P. BOUDINOT   ELIE BOUDINOT
        DOROTHEA VAN HERTSBERGEN
        PEIRET, ministre

Batéme—Auiourdhuy Dimanche 4ᵐᵉ de Decembʳ 1692 aprest la predication du matin a Esté Baptisée Susanne fille de Pierre Newkerke et de Anne hile née le 30ᵐᵉ de novembre a quatre heure du matin presentée au Sᵗ Batéme par le dit Newkerke et Susanne gladeu ses parein et mareine.

PEIRET, ministre.   PIERRE NWKERKE

Batême—Aujourdhuy dimanche premier jour de Lannée 1693 a Esté Baptisé en cette Eglise par Mʳ Perret ministre auant L'action du soir Elisabet fille de Jean vincent et de suzanne newkerk née 27ᵉ de decembre derʳ presentée au Sᵗ Bapteme par Liue vincent Et catherine newkerk perrain et marraine.

LIUE VINCENT   J. VINCENT
PEIRET, ministre.

Batême—Aujourdhuy dimanche an et jour que dessus auant laction du soir a Esté baptisée, Judith fille de Samuel Bourdet et de Judith piaud née le 18ᵉ decembre derʳ presentée au Sᵗ Bapteme par nicolas Jamain et Judith piaud sa mere parrain et marraine.

PEIRET, ministre.   NICOLAS JAMAIN
         SAMUEL BOURDET
         JUDIT PIAU

Batême—Aujourdhuy dimansse jour et an que dessus a Esté Baptisée en cette Eglise par Mʳ perret ministre auant laction du soir Marie, fille de françois carretié et de Marie Morisiet, née le vendredy 29ᵉ Decembre derᵉʳ et presentée au Sᵗ Bapteme par Jean chadaine et marie dorfurer ses parrain et marraine.

PEIRET, ministre.

Batême—Aujourdhuy dimansse jour et an que dessus a Esté baptisé en cette Eglise par Mʳ Perret ministre, Elye fils de francois vincent et de anne guerry né le dousieᵐᵉ decembᵉ derᵉʳ sur les neuf heure du soir presenté au Sᵗ Bapteme par ses dᵗ pere et mere parrain et marraine.

PEIRET, ministre.   F. VINCENT N° 10
        ANNE GUERRY

Batême—Aujourdhuy dimansse quinzieᵐᵉ jour de janvier 169⅔ a Esté baptisée en cette Eglise apres laction du soir par M.ʳ Perret ministre, marguerite fille de zacarie Lengeuin et de marie naudin née le 2.ᵉ de ce moys presentée au S.ᵗ Bapteme par andré naudin et marguerite Leuesque parrein et marraine.

Le merc de ANDRÉ –|– NODIN.   ZACARIE ANGEUIN.

le merc de MARG. *CM* LEVESQUE

PEIRET, ministre.

Batêpme—Auiourd'huy dimanche cinquieme de febvrier 169⅔ a Esté baptisée en cette Eglize aprest l'action du soir par M.ʳ Peiret Ministre Elizabet fille de Daniel Jouet et de Marie Coursier née le 28.ᵉ Decembre dernier presentée au S.ᵗ Baptême par Pierre filleux et Susane Rezeau parrain et Maraine.

DANIEL JOÜET

PIERRE FILLEUX

Le merc de lad. SUSANE *Ɑ* REZEAU.

PEIRET, ministre

Baptême—Auiourdhuy dimanche cinquieme de febvrier 169⅔ a Esté Baptisée en cette Eglise aprest laction du soir par M.ʳ Peiret Ministre Marie fille de Jacques Morice Et de Rose Morice née le dernier du mois de Janvier dernier viron a lapointe du iour presentée au S.ᵗ Baptême par Pierre Bertin dit la Ronde et Marie lucas parrain et marreine.

PEIRET, ministre   JACQUES MORICE

P. BERTAIN

MARIE LORANT

Baptéme—Aujourdhuy dimanche douzié.ᵐᵉ feurier 169⅔ apres l'action du soir a Esté baptisé en cette Eglise par M.ʳ Perret ministre Paul fils de Paul Drouillet et de Suzanne Lavabre né le 29.ᵉ Jan.ᵉʳ der.ᵉʳ presenté au S.ᵗ Bapteme par le d. S.ʳ Drouillet son pere et par Mad.ᵉ françoise Brinkman parrain et marraine.

F. BRINQUEMAND   PAUL DROILHET

PEIRET, ministre.

Baptême—Aujourdhuy dimansse .26ᵉ feurier 169⅔ a
Esté batisé en cette Eglise par Mʳ Perret nostre ministre
apres laction du soir Marquise fille de Gabriel Le Boyteulx et Marquise fleuriau née le 16ᵉ de ce moys sur les
trois heures du matin presentée au Sᵗ Bapteme par les
d. pere et mere.

GABRIEL LE BOYTEULX
MARQUISE FLEURIAU.

Batême—Auiourdhuy Dimanche cinquiême de Mars
169⅔ aprest laction du soir a Eté Batisé en cette Eglize
Judith et Susanne Madelaine filles de Pierre Bertin,
Boucher et de Judith Roy, par monsieur Peyret, Ministre, Nées le 28ᵉ febvrier dernier, la dite Judith presentée
au Sᵗ Batême par le dit Pierre Bertin son Pere et Parain
et Jeane fiat sa Maraine, et la dite Susanne Madeleine
presentée au Sᵗ Batême par Gisles Gaudineau son Parain
et Madelaine Vincent sa maraine.

PEIRET, ministre.

Batême—Aujourdhuy dimansse dix neufieᵐᵉ Mars
169⅔ apres laction du soir a Esté baptisé en cette Eglise
par Mʳ Perret Ministre Jean fils de Jean coulon Et de
Marie Dutay né le 11ᵉ de ce moys presenté au Sᵗ Bapteme par Jean vincent et Madⁿᵉ Vincent femme de Mʳ
Pelletreau parrain et marraine.

PEIRET, ministre.   J. VINCENT.
                          MADELENE VINCENT
                              JEAN COLLON

Batême—Aujourdhuy dimansse 19ᵉ Mars 169⅔ a Esté
Baptisé en cet Eglise par Mʳ Perret ministre Daniel fils de
Josué Dauid et de Marie audebert né le 12ᵉ de ce moys
presenté au Sᵗ Bapteme par Daniel targé et sarra Gueneau femme de Jean mambru parrain et marraine.

PEIRET, ministre   JOSUÉ DAUID

Baptême—Aujourdhuy Lundy 20ᵉ Mars 169⅔ a Esté baptisée en cette Eglise par Mʳ Perret ministre Elizabet fille d'Isaac Garnier et d'Elizabet doublet nee le 19ᵉ de ce moys presentée au Sᵗ Bapteme par Jean dubois et Madeleine genou parrain et marraine.

Baptême—Aujourdhuy dimanche 2ᵉ auril 1693 a Esté baptisée en cette Eglise par Mʳ Perret ministre apres laction du soir Marie fille de Pierre Morin Et Marie Jamain presentée au Sᵗ Bapteme par Mʳ nicolas Jamain et Mᶦˡᵉ Jeanne Bardewick parrain et marraine, née Le 28ᵉ Mars derᵉʳ au matin.

NICOLAS JAMAIN   P. MORIN
                                 JEANNE BARDEUUIQ
                                 PEIRET, ministre.

Auiourdhuy Septieme de May 1693,

Francois le comte natif du pont Levêque en Normandie Royaume de france né Et Elevé dans la Religion Romaine ayant demandé diverses fois dÊtre receu a faire abjuration du Papisme Dieu lui ayant fait la grace den conoître la fausseté par la Lecture de lecriture Sᵗᵉ et autres livres et a faire profession de la Religion Protest ante dont Il a pareillemᵗ reconnu la verité aprest diverses Epreuves a Enfin Êté receu aujourdhuy a la face de cette Eglise ou il a protesté quil Reiette sincerement toutes les Erreurs et touts les faux Cultes du dit Papisme et quil desire aussi de tout son Coeur de professer toutes les doctrines de la Religion Protestante en foy de quoy le present acte a Eté dressé fait en consistoire le dit an et jour que dessus.

F. LE CONTE   PEIRET, ministre.
GABRIEL LE BOYTEULX an
GILLES GAUDINAU ancien
PAUL DROILHET ancien
ELIE PAPIN ancien
JEAN BARBERIE ancien

Baptême—Aujourdhuy dimansse 14ᵉ Jour de May 1693 apres Laction du soir A Esté Baptisé en cette Eglise par Mʳ Daillé ministre, Pierre, fils de Jean andrieux et de toinette Bassier né le 8ᵉ May presenté au Sᵗ Bapteme par Laurens cornifleau et marie newkerk parrain et marraine.

DAILLÉ

Baptême—Aujourdhuy mardy 30ᵉ May 1693 a Esté baptisé en cette Eglise par Mʳ Daillé ministre Jean fils de poncet stelle dit desloriers et de Eugene Legereau né le 8ᵉ octobre derᵉʳ presenté au Sᵗ Bapteme par Mʳ Jean vincent et Madˡˡᵉ francoise Brinkman dᵉ Lambert parrain et marraine.

DAILLÉ   F. BRINQUEMAND   J. VINCENT
                EUGENNE LEGERO

Mariage—Aujourdhuy mecredy 31ᵉ May 1693 auant La priere a Esté solennellement beny par Mʳ Daillé ministre Le mariage d'entre francois Leconte natif du pont Leuesque au royaume de france fils de francois Le compte et de marie amon, Et catherine Lauandier vᵉ de Daniel Marssand natif de caen en france fille de Josias Lauandier et d'anne Dufour apres la publication de leurs anonces par trois dimansses consecutifs en cette Eglise sans opposition.

F. LE CONTE
CATERINE LE MARCHAND
DUMONT
G. BONNIN

Bapteme—Aujourdhuy dimansse 11ᵉ Juin 1693 a Esté baptisé en cette Eglise par Mʳ Daillé ministre Elisabet fille de Jean dufour et Jeanne dufour née le 13ᵉ May derʳ presenté au Sᵗ Bateme par Jean thomasen et Jeanne Janson parrain et marraine.

Batéme—Aujourdhuy dimansse 25ᵉ Juin 1693 apres la priere du soir a Esté baptisé en cette Eglise par Mʳ

Perret ministre Marie fille de John hatton et de susanne hatton nee le 22ᵉ de ce moys presentée au Sᵗ Bapteme par thomas Boys et marie Schart parrain et marraine.

THOMAS BOYS   JOHN HATTON
        PEIRET, ministre.

Batême—Aujourdhuy dimansse 25ᵉ Juin 1693 apres la priere du soir a Esté baptisé en cette Eglise par Mʳ Perret ministre pierre fils de pierre Massé et d'Elisabet mercereau né le 17ᵉ de ce moys presenté au Sᵗ Bapteme par Jean Latourette et Marie susanne doucinet parrain et marraine.

PIERRE MASSÉ   JEAN LA TOURETTE.
marque de MARIE (SUSANNE DOUCINET.
                        PEIRET, ministre.

Bateme—Aujourdhuy dimansse 2ᵉ Juillet 1693 apres l'action du matin a Esté Batisé En cette Eglise par Monsʳ Peiret Ministre thimotée fils de Pierre Bontecoux et de Marguerite Bontecoux, né le 17ᵉ Juin derᵉʳ presenté au Sᵗ Bateme par thimotée archambaud et Elisabet hulin parrain et marraine.

THIMOTHÉÉ ARCHAMBAUD
ELIZABETH GOURDON
PEIRET, ministre

Batême—Auiourdhuy dimanche saise de Juillet 1693 aprest laction du soir a Eté Baptisée En cette Eglise par monsieur Peyret Ministre Marie fille de Jean le Chevallier et de Marie de la Plaine née le 6ᵉ de Juin 1693. presentée au Sᵗ Bateme par Jean de la Tourette et Marie Mercereau Parain et maraine.

JEAN LA TOURETTE.   JEAN LE CHEUALIER.
MARIE MERCEREAU.   PEIRET, ministre.

Mariage—Auiourdhuy Dimanche saise de Juillet 1693 avant la priere du soir a Esté Sollennellemᵗ Beny par

mons.ʳ Peyret Ministre le mariage de Jean la tourette et
Marie Mercereau le dit la tourette dOsse en Bearn et la
dite Mercereau de Moise en Sᵗ onge au Royaume de
france aprest la publication de leurs anonces par trois
dimanches consecutifs en cette Eglise sans oposition.

PIERRE MASSE
D. MERCEREAU   JEAN LA TOURETTE
JOSUÉ MERCEREAU   MARIE MERCEREAU
ELIE BOUDINOT   PEIRET, ministre.
J. BARBERIE

Mariage—Auiourdhuy saisieme de Juillet 1693 avant
la priere du soir a Esté Sollennellement beny par Monsieur Peyret Ministre le mariage de Josué Mercereau de
Moise en Sᵗ onge et de Marie Chadaine de yers en Sᵗ
onge au Royaume de france aprest la publication de
leurs annonces publiées par trois dimanches consecutifs
sans opposition.

JEAN CHADEAYNE   JOSUÉ MERCEREAU
MARIE BOUCHRIS   MARIE CHADEYNE
JEAN LA TOURETTE   PEIRET, ministre.
ELIE BOUDINOT   JEAN CHADEAYNE
J. BARBERIE   HENRI CHADEAYNE
                                ELIE VANBERT
                                PIERRE MASSE

Bapteme—Aujourdhuy mercredy 26.ᵉ Juillet 1693 a
Esté Baptisé en cette Eglise par Mʳ. Perret ministre
Elizabet Marie fille de Guillᵐᵉ moyou et de marie perdriau née le mardy 18.ᵉ de ce moys presentée au Sᵗ Bapteme par Mʳ. Elie Boudinot ancien de cette Eglise et
Madᵐᵉ Elisabet perdriau femme de Mʳ. hatier parrain et
marraine.

                    marque 𝓰 𝓶 de GUILLᴹᴱ MOYOU
ELIE BOUDINOT   ELIZABET PERDRIAU
                            PEIRET, ministre

Mariage—Aujourdhuy dimanche sixie^{me} jour d'aoust 1693 auant la priere du soir a Esté solemnellement beny par Mr. Perret ministre Le mariage de Daniel mercereau et suzanne Marie Doucinet, Le d. mercereau du bourg de Moise en xaintonge au Royaume de france et la ditte Doucinet de la ville de la rosselle au d. Royaume apres la publication de leurs annonces par trois diuers dimansses consecutifs sans oposition.

marque — du s^r Doucinet.   D. Mercereau

marque ✕ de Elisabet dubois, marque de Marie
   V^e mercereau.   suzanne † Doucinet.

marque ℰ de susanne Ratier. Josué mercerau

Elie Massé   pierre masse

Ezechiel Grazillier   Jean La tourette

rené rezeau   René Rezeau

Peiret, ministre

Batême—Auiourdhuy dimanche 3e de Septembre 1693 aprest la priere du soir a Esté Batisé en cette Eglise par monsieur Peyret Ministre Louis Bongrand né dans la maison de Louis Bongrand son maitre qui a consenti et s'est chargé de lêlever et de l'instruire dans la Religion Cretienne Reformée presenté au St Batême par Gilles Gaudineau et Margueritte La Tour Peyret ses pareins et marenne

                   Peiret, ministre
                   G. Gaudineau

Mariage—Aujourdhuy 29e 8bre 1693 dimanche auant La prierre du soir a Este Solemnelement benit par monsieur payret Le mariage Jean dubois et marie genouil Le diet dubois du bourg d'abbert en Sentonge et la d^{te} genouil en le bourg demoise en La d^{te} prouince au royaume de france apres la publication de leurs annonces par trois diuers dimanches consequtifs sans oposition.

L. Geneuil   f. le Conte   Jean dubois

Peiret, ministre.   Marie Geneul

Enterrem! —Le 11ᵐᵉ du mois d'octobre 1693. Marquise fleuriau femme de monsʳ Gabriel le Boyteulx a Esté Enterrée au Semetierre commun de cette ville de la Nouvelle york, presents

ELIE BOUDINOT   PEIRET, ministre
ELIE PAPIN. ancien
PAUL DROILHET
G. GAUDINEUX
J. BARBERIE

Mariage—Aujourdhuy dimansse 12ᵉ 9ᵇʳᵉ 1693 auant la priere Du soir a Esté solemnellement Benit par Mʳ Peiret nostre ministre le mariage de Jean Boyer de Bourdˣ au Royaume de france et de madeleine Sozeau de marenne au d. Royaume de france apres la publication de leurs annonces par trois dimansses consecutifs sans opposition.

ELIZABET ARCHAMBAUD   J. BOUYER
F. VINCENT   MADELAINE SAUZEAU
                                 PEIRET, ministre

Batéme—Aujourdhuy dimansse jour et an que dessus a Esté Baptisée en cette Eglise apres la priere Du soir par Mʳ Peiret Ministre Marthe fille De Daniel potreau et de Marthe cousseau presentée au Sᵗ Bapteme par Mʳ francois vincent et matta pierrot perrain et maraine Lenfant Est né le 5ᵉ de ce moys de 9ᵇʳᵉ 1693.

F. VINCENT   D. POUTREAU
                                METTA PYEROS
                                PEIRET, ministre.

Batême—Aujourdhuy dimansse 19ᵉ 9ᵇʳᵉ 1693 apres la priere du soir a Esté Batisé en cette Eglise par Mʳ Peiret ministre Daniel fils de Jacques targer et Jeanne Dutay né le 17ᵉ de ce mois, presenté au Sᵗ Bateme par Daniel targer et anne Guerrie femme de Mʳ francois vincent parrain et marraine.

ANNE GUERRY   marque de ✕ DANIEL TARGER
                                PEIRET, ministre.

Batême—Aujourdhuy dimansse 3ᵉ Decembre 1693 a Esté Baptisé en cette Eglise apres la priere du soir par Mʳ Peiret Ministre, pierre fils de Louis carré Et pregeante fleuriau, né le vingt neufieᵐᵉ de nouembre dernier a une heure du matin presenté au Sᵗ Baptéme par le d. Sʳ carré son Pere Et Madᵉ Marie Le Berton veuue fleuriau, perrain et marraine.

Louis Carré
Marie Berthon
Peiret, ministre

Batême—Aujourdhuy mercredy sixieᵐᵉ jour de decembre 1693 apres la priere a Este Batisée en cette Eglise marie fille de Jean latourette et de marie mercereau née le 23ᵉ septembre derʳ presentée au Sᵗ Baptéme par Abraham canon et marthe poupain parrain et marraine.

Peiret, ministre.

Batême—Le meme Jour..... a Esté Batisée en cette Eglise Elizabeth fille de Jean dufour et de sa femme Jeanne née le 13ᵉ de May dernier presentée au Sᵗ Batême par Jean thomasen et Jeane Janson parrain et maraine.

Peiret, ministre.

Batême—Aujourdhuy dimanche 28ᵉ de Janvier 169¾ aprest laction du soir a Eté Batisé en cette Eglize par monsieur Peyret Ministre Etienne Manbrut et lidie manbrut fils et fille de Jean Manbrut et Sara Gayneau le dit Etienne et la dite Lydie nés le 22ᵉ Janvier 169¾ et presentés au Sᵗ Batême scavoir le dit Etienne par Pierre Morin et Marie Jamain et la d. lydie par Josué David et Susanne Ratier leur parrains et maraines

Peiret, ministre

le merk M du Sʳ Manbru.

P. Morin
Josué Dauid

Batême—Auiourd'huy dimanche 11ᵐᵉ febvrier 169¾ a Esté presenté au Sᵗ Batême Muckhaylle de mackaillys né le 8ᵉ de ce mois presenté par Cornelis vanderburg et Katherine meir parein et mareine.

CORNELIS VANDER BURCH.   PEIRET, ministre.

Batême—Aujourdhuy mercredy 14ᵉ feurier 169¾ apres la priere a Esté baptisé en cette Eglise par Mʳ Pierre Peiret nostre ministre Gabriel fils de Mon d. Sʳ Peiret et de damoiselle Marguerite Latour né le 30ᵉ Januier dernier presenté au Sᵗ Bapteme par Gabriel Le Boyteulx et Madˡˡᵉ Madeleine peiret parrain et marraine.

PEIRET, ministre
MADELLENE PEYRET
GABRIEL LE BOYTEULX

Batême—Auiourdhuy dimanche 4ᵉ de Mars 169¾ a Esté Baptisté en cette Eglise par mʳ Payret notre Ministre francois le conte né le 2ᵐᵉ du d. a huit heures du soir fils de francois le conte et de Catherinne sa femme presentée au Sᵗ Bateme par Goussé Bonin parein et marie l'Ecuier mareine.

the mark × of MARY LECUIER.   F. LE CONTE
GOUSSÉ BONNIN
PEIRET, ministre.

Batême—Auiourdhuy dimanche 4ᵐᵉ de Mars 169¾ aprest la priere du soir a Eté Batisée en cette Eglize par monsʳ Peyret notre ministre Elisabeth fille de Paul Droilhet et de Susanne de la Vavre née le 11ᵐᵉ febʳ dernier a minuit presentée au Sᵗ Bateme par ses pere et mere.

PEIRET, ministre.   PAUL DROILHET.

Batême—Auiourdhuy mecredy 7ᵐᵉ de Mars 169¾ aprest la priere du matin a Esté Batisé en cette Eglise Jean fils de andré Joullain et de madeleine Poupin né le 3ᵐᵉ de mars a sept heures du matin presenté au Sᵗ Batême par

Jean Hien et marthe Poupin parein et mareine Batisé par m^r Peiret notre Ministre.

PEIRET ministre

JOHN HIEN
MARTHE POUPIN.

Batême—Auiourdhuy mecredy 28e de Mars 1694 aprest la priere a Esté Batisé theodore fils de Jean Pierre melot et de marie Melot né le 27me de Janvier dernier a minuit par monsieur Peiret notre Ministre presenté au St Bateme par Jean Sevenhoven et Catherine le Mercier Parain et Mareine.

J. VANSEUENHOUE
CATHERINE. LATY

J. P. MELOT
PEIRET, ministre.

Batême –Auiourdhuy dimanche 8e d'avrill 1694 aprest Lapredication du soir a Eté Batisée par monsieur Peyret notre ministre anne fils* de Peter Laurens et de trintié hans presentée au St Bateme par andries Laurens et annetié hans parain et mareine le d. Enfant né le dernier jour de febvrier dernier.

PIETER LOURENS
PEIRET, ministre.

Mariage—Auiourdhuy mecredy 10e d'Avril 1694 aprest la Priere du matin a Esté Sollennellement beny par Mr Peyret Ministre le Mariage de Jean Barberie marchand a New york et de francoise Brinqueman Veuue de Denis Lambert aprest la publication de Leurs anonces par trois Dimanches Consecutifs sans oposition.

G. C. MINVIELLE
ESTIENNE DE LANCEY.
JACOBUS KIP

JEAN BARBERIE
BRINQUEMAND
PEIRET, ministre

Batême—Auiourdhuy dimanche 22e d'Avril 1694 aprest la priere du soir a Eté Baptisée en cette Eglize par mons^r Peyret Ministre Daniel fils de Jean David et

---

* " Fils " apparently for " fille."

Ester David presenté au St Bateme par Jean David et
Ester David parain et Mareine le dit Enfan né le 2e de ce
mois.

ESTER DAUID   JEAN DAUID
                                  JEAN DAUID
                                  PEIRET, ministre

Batême—Auiourdhuy Dimanche 20me de May 1694
aprest la priere du soir a Esté Baptisée Susanne Grazi-
liere fille de Ezechiel Grazillier Et de Marie Paré par
m.^r Peiret Ministre presentée au St Bateme par le d.
Ezechiel Grazillier et Susanne Paré Parrain et mareine
La dite Susanne est née le 4me du present mois a neuf
heures du matin.

PEIRET, ministre.   EZECHIEL GRAZILLIER
                                SUSANNE PARÉ

Batême—Auiourdhuy mecredy 23.e de may 1694 Aprest
la priere du matin a Esté Batisée par monsieur Peiret
ministre Elizabet madeleine née le 12e du present mois a
11 heures du soir fille de aman Bonnein et de Susanne
Valleau presentée au St Batême par Elie Peltreau et
madeleine Jouneau parein et mareine.

PEIRET, ministre.   E. PELLETREAU.

Batême—Auiourdhuy dimanche 27.e de may 1694 aprest
la priere du soir a Esté Baptisé par mons Peyret Ministre Beniamin fils de Elie Boudinot et de Suzanne Papin
né le Samedy dix neuf de may Sur les deux heures du
matin presenté au St Bateme par Beniamin dariette et
marie Susanne Vergereau Parein et mareine.

BENJAMIN D'HARIETTE.   ELIE BOUDINOT
PEIRET, ministre.   MARIE SUSANNE VERGEREAU.

Batême—Auiourdhuy dimanche 27.e de May 1694
Aprest la priere du soir a Esté Batisée par Monsr Peyret
Ministre Marie fille de Jean Petit et Ester Souseau née

le 15ᵉ Janvʳ dernier Presentée au Sᵗ Bateme par Jean
Chevalier et Marie Moriet Parein et Mareine.

PEIRET, ministre.   JEAN LE CHEUALIER
                            MARIE MORILLET

Batême—Auiourdhuy dimanche 2ᵉ de Juin 1694 aprest
la priere du soir a Esté Batisé henry Jourdain fils de
henry Jourdain Et de Elizabeth sa femme par monsʳ Payret Ministre presenté au Sᵗ Bateme par Goussé Bonain
et Elcé alisson parain et mareine le dit Enfan né le
28ᵉ de may dernier.

ALICE ALLISON   GOUSSÉ BONNIN
                          PIERET, ministre.

Batême—Auiourdhuy mecredy 20ᵉ de Juin 1694 aprest
la priere du matin a Eté Batisée par monsieur Peyret
Isaak fils de Isaak Garnier et de Elizabeth doubled né
le 13ᵉ de ce mois presenté au Sᵗ Bateme par le dit Isaak
Garnier et Elizabeth Bertran Parein et Mareine.

PEIRET, ministre.   ISAAC GARNIER

Batême—Auiourdhuy dimanche 8ᵉ de Juillet 1694 a
Eté Baptisé par monsʳ Peiret Ministre aprest la priere
du soir Nathanael fils de Elie Rambert et de Jeanne
Columbault né le premʳ de ce mois a huit heures du soir
presenté au Sᵗ Batême par le dit Rambert et madᵉ
Jamin Parrein et mareine.

JEANNE JAME   ELIE VANBERT.
                          PEIRET, ministre.

Batême—Aujourdhuy mecredy 17ᵐᵉ Juillet 1694 a
Eté Batisé par monsʳ Peiret Ministre aprest la priere
du matin Jean fils de Elie Peltreau et de marie Benoist
né le 14ᵉ de ce mois a sept heures du matin presenté au
Sᵗ Batême par Jean peltereau et madeleine Vincent parrein et Mareinne.

                          E. PELLETREAU
                          PEIRET, ministre.

Batême—Le Mecredy 11ᵉ Juillet 1694 a Esté Batisée en cette Eglise par monsʳ Peiret ministre Anne coudrette née a 10 heures du soir le 7ᵉ Juillet presentée au Sᵗ Bateme par Jean coudrette son pere Et marie gitton sa Mere Parein et mareine.

PEIRET, ministre.

Batême—Le Dimanche 12ᵐᵉ du mois d'Aoust 1694 aprest la priere du soir a Esté Batizé marguerite Morin née le 30ᵉ Juillet dernier a dix heures du matin par monsʳ Peiret Ministre presentée au Sᵗ Batême par Elie Jamin et Judith Piau parein et Mareine fille de Pierre morin et Marie Jamain.

P. MORIN   ELIE JAMAIN
PEIRET, ministre   JUDHI PIAU.

Batême—Le dimanche 26ᵉ d'Aoust 1694 aprest la priere du soir a Esté Batisé en cette Eglize Joshué Son of Joshué harton et Sofya ses peres et mere né le mois dernier presenté au Sᵗ Bateme par Paul Droilhet et Ester finch parrein et maraine Batisé par monsʳ Peiret Ministre.

ESTER FINCH   PEIRET, ministre
PAUL DROILHET

Enterremt—Elisabeth   femme de francois hullin est decedée le 23ᵉ de ce mois d'Aoust 1694 et Enterrée le 24ᵉ du dit present.

ELIE BOUDINOT   PEIRET, ministre
ELIE PAPIN   GABRIEL LE BOYTEULX an.
                           PAUL DROILHET

Batême.—Aujourdhuy mecredy vingt neufieᵐᵉ jour daoust mil six cens quatre vingt quatorze apres la priere a Esté baptissé Benjamin fils de francois Vincent et de anne guery né le neufieᵐᵉ du dit mois daoust presentée au baptesme par Jean dauid et anne Vincent le dit Enfant baptizé par monsʳ peiret nostre ministre.

JEAN DAUID   F. VINCENT
ANNE UINSANT   PEIRET, ministre.

Bateme—Auiourdhuy dimanche 22ᵉ de septemb. 1694 a Eté presenteé au Sᵗ Bateme marie madeleine fille de Jean du Bois et de marie Geneuil née le 12ᵉ de ce mois Batizée par monsᵗ Peiret Ministre presentee par Jean Barenne et madeleine Geneuil parein et Mareine.

PEIRET, ministre   JEAN DUBOIS
                          JEAN BAREYRE

Batême—Auiourdhuy 10ᵉ du mois d'Octobre 1694 a Eté Batisée, Marie fille de Etienne valleau Et de marie galais née le 30. Septemb. dernier sur les dix heures du matin, par mᵗ Peiret Ministre presentée au Sᵗ Bateme par le sᵗ Ezechiell grazillier et madᵉ la Veue gallais parein et marreine.

LA UEUE GALLAIS   E. VALLEAU
                    EZECHIEL GRAZILLIER
                    PEIRET, ministre

Bateme—Du Dimanche 21ᵐᵉ d'octobre 1694 a Esté presentée au Sᵗ Batême Marie Susanne demerciers fille de francois demerciers et de Judith Gallais Ses Pere et mere Batizée par monsᵗ Peiret Ministre presentée au Sᵗ Bateme par Pierre Newkerke et la veuve Gallais Parain et mareinne.

PEIRET, ministre.   F. DEMERCYERE
                  PIETRE NEWKERKE
                  MARIE GALLEAIS.

Mariage—Auiourdhuy Dimanche 2ᵐᵉ xbre 1694 a Eté celebré en cette Eglize et benit le mariage de Jean Noël et Elizabeth damaris Gisrard par monsᵗ Peiret Ministre.

ISAAC GIRARD   JEAN NUEL
MARIE ROBIN. la marque de ∽⸰ ELIZABETH DAMARIS-
                         GISRARD
ELIE PAPIN. merque de ▽ MARGUERITE DUMONT
Le merke de ꝋ CHARLE DENIZEAU. ELIE VANBERT
PEIRET, ministre.   JEANNE COULOMBEAU
                      JUDHIT PIAU

Batême—Auiourdhuy Dimanche 8ᵉ Decemb: 1694 a
Eté presentée au Sᵗ Batême marie madeleine fille de
Laurens Cornifleau et de anne Marie Newquerque née le
premʳ de ce mois sur les sept heures du matin Batizée par
monsʳ Peiret Ministre presentée au Sᵗ Batême par mʳ
Jean Vincent et marie madeleine Newquerque Parein et
mareine.

PEIRET, ministre.   J. VINCENT.

Batême—Aujourd'huy Dimanche 13ᵐᵉ de Janvier 169⅘
a Eté Batisée par monsʳ Peiret Ministre Susanne fille de
françois Carrelier et de marie Morisset Née le 8ᵉ de ce
mois presentee au Sᵗ Batême par André Auriau et marie
Carrelier Parein et mareine.

PEIRET, ministre.

Batême—Auiourdhuy Dimanche 24ᵐᵉ de Fevrier 169⅘
Eté Batisée par monsʳ Peiret Ministre marie fille de
Zacarie anchevin et de marie Nodin Née le 22ᵐᵉ de ce
mois sur les six heures du matin presentée au Sᵗ Batême
par Paul Droilhet et Susanne Boudinot Parein et mareinne.

SUZANNE BOUDINOT   ZACARIE ANGEUIN
PEIRET, ministre.   PAUL DROILHET

Batême—Auiourdhuy mecredy 20ᵉ de Mars 169⅘ a Eté
Batisé par monsieur Peiret Ministre Jean fils de Jean
andrivet et de anthoinette buvier né le 9ᵉ de ce mois
viron sur les 11 heures du matin presenté au Sʳ Batême
par Pierre Newquerque et sa femme parein et mareine.

PEIRET, ministre.   JEAN ANDRIUET
                           PIERRE NUKERKE.

Batêmes—Auiourdhuy Lundy 25ᵉ de mars 1695 a Eté
Batisé par monsieur Peiret Ministre Isaac et Jeanne
Soumain fils et fille de Simeon Soumain et de Jeane
piaud néz ce jourdhuy et presentés au Sᵗ Batême Scavoir
Isaac Soumain par Nicolas Jamain Et Judith piaud et

Jeanne Soumain par Daniel Potreau et Zuson nicholas pareins et mareines.

PEIRET, ministre.

SIMEON SOUMAIN
NICOLAS JAMAIN
D. POUTREAU.

Batême—Auiourdhuy 3me d'Avrill 1695 a Eté Batisée par monsieur Peiret Ministre Susanne fille de Jean chevallier et de marie le Chevallier née le 11me de mars dernier presentée au St Bateme par Abraham du Pont et Anna oustraven parein et mareinne.

PEIRET, ministre.

JEAN LE CHEUALIER
ABRAHAM DUPONT

Batême—Auiourdhuy 5e de may Jour de dimanche a Eté Baptisée par monsieur Peiret Ministre Anne fille de Daniel Jouet et de Marie Coursier née le Jeudy deuxieme du present mois presentée au St Bateme par René Rezeau et anne Reseau parein et Mareine.

RENÉ REZEAU

PEIRET ministre.

Batême—Auiourdhuy 19me du mois de may 1695. a Eté Batizée par monsieur Peiret Ministre Marie Mercereau fille de Joshué mercereau et de marie Chadene née le 16me de ce mois sur Les neuf heures du matin presentée au St Batême par Jean Chadene et Elizabeth mercereau parein et mareine.

PEIRET, ministre.

Mariage—Auiourdhuy mecredy. 19e de may 1695. a Eté celebré et Beny par monsieur Peiret Ministre Le mariage de Jean ganzell Natif de Rouen au Royaume de france et de Judith le Roy de la Province de Poitou au dit Royaume de france.

PEIRET, ministre.

JEAN GANCEL
JUDITH LE ROY

Batême—Auiourdhuy dimanche 21ᵉ de Juillet 1695 a Esté Batisé par monsʳ Peiret Ministre Jean fils de Joshué Dauid né le 13ᵉ de ce mois a 11 heures de nuit presenté au Sᵗ Bateme par Joshué dauid son grand Pere et marie traverrier parein et Mareine.

PEIRET, ministre.   JOSUÉ DAUID
                                     MARIE TRAUERRIE

Batême—Auiourd'huy dimanche 21ᵉ de Juillet aprest La priere du soir a Eté presenté au Sᵗ Batême Nicholas fils de Jean hastier et dElizabeth perdriau né le 7ᵉ de ce mois Batisé par monsʳ Peiret Ministre et presenté par Nicholas Richard et marie Broussard parrein et marreine.

MARIE BROUSSARD   J. HASTIER
PEIRET ministre   N. RICHARD

Batême—Aujourdhuy mecredy 14ᵉ aoust apres La priere a Esté presenté au Sᵗ Batême Jean fils d'Isaac girard et marie roubin Et Est né Le 26ᵉ Juillet dernier batisé par monsieur pairet ministre et presenté par Jean noé et marie naudin parin et marine.

PEIRET ministre   ISAAC GIRARD
                                     JEAN NUEE
                                     MARIE NODINE

Bateme—Aujourdhuy dimanche 18ᵉ aoust apres Le preche du soyer a Eté presenté au Sᵗ batême Daniel mersereau fils de daniel et marie suzanne dousinet Est né le 10ᵉ du courant batisé par monsieur payret ministre, et presenté par pierre massé et Judy paré parin et marine.

PEIRET, ministre   D. MERCERRAU
                                     PIERRE MASSE
                                     JUDIT PARÉ

Batême—Aujourdhuy dimanche 22ᵉ Sepᵇʳᵉ apres Le preche du soir a Este presenté au Sᵗ Bateme marie garnié fille de Izaac garnier et Izabel dublet Est née Vendredy 13ᵉ du present mois batisée par monsᵣ peiret ministre et presentée par Liue Vincans et marthe goffré parin et marine.

LIUE VINCENT   ISAAC GARNIER
                                 MARTHE GEOFIR
                                 PEIRET ministre

Batême—Aujourdhuy dimanche 22ᵉ Sepᵇʳᵉ apres Le preche du soir a Este presenté au Sᵗ bateme margueritte fille de Jean noué et Elizabet damaris girard Est né Le 19ᵉ du present mois batissée par mᵣ peiret ministre et presentée par Izaac girard et margueritte dumon parin et marine.

PEIRET ministre   JEAN NUEE
                               ISAAC GIRARD

Batême—Aujourdhuy mecredy 16ᵉ 8ᵇʳᵉ apres La prierre a Esté presenté a Sᵗ bateme hery bonnin fils goussé bonnin et de marie sa famme Est nè le 12ᵉ du sudᵗ batisse par monsieur payret ministre et presenté par mᵣ Gilles gaudineau Et Elizabet Jourdain parin et marine.

PEIRET ministre.

Batême — Aujourdhuy dimanche 20ᵉ 8ᵇʳᵉ apres La prierre du soir a Esté presenté au Sᵗ Batême Jean Latourette fils de Jean et de marie merserau sa famme Est né le 6ᵉ dudᵗ batissé par monsieur payret ministre et presenté par dauid bon foy et Elizabet merserau parin et marine.

JEAN LA TOURETTE   DAUID BONNEFOYE
                  PEIRET ministre

Batême—Aujourdhuy dimanche 27ᵉ 8ᵇʳᵉ apres La prierre du soir a Esté presenté au Sᵗ Batême Ellie pelletrou fils de Ellie et marie benoit sa famme Est ne le 25ᵉ dudᵗ batissé par monsieur payret ministre et presenté par haman bonnin et Suzanne Newker parin et marine.

PEIRET ministre   ELIE PELLETREAU
                         A. BONNIN

Batême—Aujourdhuy dimanche 29e 9bre Apres La prierre du soir a Esté presenté au St Batême   fils de Jean coudret et de marie fitond sa famme Est né Le 23e dud^t batisé par m^r payret ministre et presenté par pierre massé et marie Suzanne dousinet parin et marine.

PEIRET ministre.

Batême—Aujourdhuy dimanche 29e x^{bre} 1695. apres La prierre du soir a Esté presenté au S^t bateme Jacob Pierret fils de jean et de marthe mebe sa famme Est né le 27e dud^t batissé par monsieur payret ministre et presenté par daniel poutreau et anne Guarré parrin et marine.

marque I P de JEAN PIEROT.   PEIRET ministre
                                  D. POUTREAU

Batême—Aujourdhuy dimanche 19e Jen^r a Lissue du preche d'apres midy a Esté presenté au S^t batême Jean angeuin fils de zacarie et marie naudin sa famme Est né Le Samedy 11e du present mois batisé par monsieur Payret ministre et presenté par Jean Le cheualier et constance Lebrun parin et marine.

ZACARIE ANGEUIN   PEIRET ministre.
JEAN LE CHEUALIER
CONSTANCE LEBRUN

Bapteme—Aujourdhuy dimanche 2e feu^r apres La prierre du soir a Esté presenté au St Bateme Elizabeth poutreau fille de daniel marthe couson sa famme Este née Le Judy 29e du mois passé a deux heures deuant jour batissé par monsieur payret ministre et presentée par Jean Perot et Elyzabth gautier parin et marine.

marque de I P JEAN PIERROT.   D. POUTREAU
                                 ELIZABETH ARCHAMD
                                 PEIRET ministre

Bapteme—Aujourdhuy dimanche 2ᵉ feuʸ apres La prierre du soir a Esté presenté au Sᵗ batême Thomas Lewis fils de thomas et francoise Leizeler sa famme Est né Le 29ᵉ du mois passé batisé par monsieur payret ministre et presenté par Leonard Lewis et Eltie Leizeler parin et marine.

THO: LEWIS
LEENDERT LEWIS
PEIRET, ministre

Bapteme—Aujourdhuy Dimansse 8ᵉ feb. 169$\frac{4}{5}$ apres la priere du soir a Esté baptisé en cette Eglise par Mʳ Peiret ministre marie fille de Mʳ Esechiel Grasillier et de marie paré, née le mercredy a midy 4ᵉ de ce moys presentée au Sᵗ Baptesme par Mʳ Jacques Maurice et Madᵉ Judith paré vᵉ Robineau parrain et marraine.

PEIRET ministre.

EZECHIEL GRAZILLIER
JACQUES MORICE
JUDIT PARÉ

Bapteme—Aujourdhuy dimansse jour et an sus dit a Esté baptisée en cette Eglise Elisabet Dubois fille de Jean dubois et marie Genou neé le 8ᵉ feurier derᵉʳ presentée au Sᵗ Bapteme par Mʳ Paul Droillet et Madᵉ marie perdriau femme de Mʳ moyon.

PEIRET

PAUL DROILHET
MARIE PERDRIAU

Baptéme—Aujourdhuy dimansse 8ᵉ Mars 169$\frac{4}{5}$ apres la priere du soir a Esté baptisé en cette Eglise par Mʳ peiret nostre ministre Pierre Morin fils de Mʳ Pʳᵉ Morin et de Madᵉ Marie Jamain né le 29ᵉ feb. derʳ presenté au Sᵗ Bapteme par Mʳ Estienne Jamain et Madᵉ Judith Jamain parrain et marraine.

PEIRET ministre

P. MORIN
ESTIENNE JAMAIN
JUDITH JAMAIN

Bapteme—Aujourdhuy dimansse jour et an susd! a Esté baptisé en cette Eglise samuel Bourdet fils de M! samuel Bourdet et de Mad? judith piaud né le 24ᵉ feurier et preseuté au S! Baptesme par M! simeon soumain et Mad? Jeanne Jamain parrain et marraine.

JANNE JAMIN   P.. SOUMAIN
                         PEIRET ministre.

Baptéme—Aujourdhuy dimansse jour et an sud! a Esté Baptisé en cette Eglise par M! peiret Ministre Francoise peiret fille de Mon d! s! peiret et de Dam¹¹ᵉ Marguerite Latour né le pᵉʳ de ce mois sur le soir presenté au S! Bapteme par Mons! Elie Boudinot et dam¹¹ᵉ francoise Bringman femme de M! Barberie parrain et marraine.

            ELIE BOUDINOT
            FRANCOISE BARBERIE
              PEIRET, ministre.

Bapteme—Aujourdhuy dimanche je dis mecredy 18ᵉ Mars 169⅝ apres la prierre a Esté en cette Eglize par m! Payret nostre ministre Jean maurisse fils de Jacques et Cornellias rosze né le 14ᵉ dud! mois et presenté au S! Batéme par Ezechiel grazillier et Suzanne Paré parin et marine.

JACQUES MORICE   PEIRET ministre
EZECHIEL GRAZILLIER
SUSANNE PARÉ.

Batéme—Auiourdhuy dimanche 29ᵉ de Mars 1696, aprest la priere du soir a Eté Batisé en cette Eglize par monsieur Peiret Ministre Susanne Jourdain fille de monsieur henry Jourdain et de Elizabeth Corbet née le 19ᵉ de ce mois presentée au S! Bateme par M! Jaques Burtel ministre et par Mad. Cristianne Melton parrain et mareine.

      JAQUES BURETEL   H. JOURDAIN
      CRISTIANE *Ch* MELTON   PEIRET ministre

Batême—Aujourdhuy mecredy prem.er auril 1696 apres la priere a Esté presenté au S.t Batéme Jean Samuel Lorans fils d'andré et de marie Lucas, Est né le 30.e mars dernier et presenté au S.t Batéme par Samuel, et marie anne.

PEIRET ministre.

Baptême—Aujourdhuy mercredy 8.e auril 1696 apres Laction a Esté baptisé en cette Eglise anne madelaine joulin fille du capp.ne andré joulin et de madelaine poupin, née le 10.e Mars der.r presentée au S.t Bapteme par M.r Jean Pelletreau et anne vincent parrain et marraine.

PEIRET ministre.   ANDRÉ JOLIN
                              JEAN PELLETREAU
                              ANNE UIENCENT

Baptême—Aujourdhuy 3.e May 1696 apres La prierre du soir a Eté presenté au S.t Batéme Estienne Bonnin fils d'aman et de Susanne valeau, né le 25.e auril et presenté par Estienne valleau et Caterine Jauneau ses parins et marine.

PEIRET ministre   ESTIENNE VALLEAU
                              CATRINE JOUNEAU

Bateme—Auiourdhuy 10.me de May 1696 aprest la priere du soir a Eté presenté au S.t Bateme Jean Barberie né le dernier d'avril dernier fils de Jean Barberie et de francoise Brinqueman presenté au S.t Bateme par Etienne De Lancey et hendrica Kipp parein et mareine et Batisé par monsieur Pairet Ministre.

                              JEAN BARBERIE
                              ESTIENNE DE LANCEY
                              HENRICKA KIP
                              PEIRET, ministre

Batême—Aujourdhuy 17.e May 1696 apres La priere du Soir. a Esté presenté au S.t batême gabriel Stren fils de daniel et Charlote Le mestre pres.t au S.t batême par gabriel Le boiteulx et anne Cromellin parein et mareine né le 7. du present mois a l'hure de midy et batisé par m^r Pairet ministre.

DANIEL STREING
GABRIEL LE BOYTEULX
ANNE TELLARE

Baptême—Aujourdhuy 24. Juin 1696 apres la prierre a Esté presenté au S^t batême marie Spenser fille de James Spenser et de marie cariller, presenté au S^t basteme par francois cariller marie cariller parin et marine nee le 23e du present mois a une hure deuant le jour et batisee par monsieur payret ministre.

marque *F C* de FRANCOIS CARILLER   JAMES SPENCER

Baptême—Aujourdhuy ce 5. Juillet 1696 apres le preche du Soir a Eté presenté au S^t bateme guilhaume moyon né le 3. du pres^t mois a trois hures apres midy fils de guilhaume moyon et de marie Perdriau presenté au S^t bateme par Jean hatier et margueritte hugé parin et marine et batisé par m^r payret ministre.

MOYON.   J. HASTIER.   MARGUERITE HUGER.

Baptême—Aujourdhuy ce 5e Juillet 1696 apres le preche du Soir a Eté presenté au S^t batême benjamin moyon né le 3. du present mois a trois hures apres midy fils de guilhaume moyon et de marie perdrieau presenté au S^t batême par benjamin dariette et marie Brossard parin et marine batisé par mons^r payret.

BENJAMIN DHARIETTE.   MARIE BROUSSARD
MOYON

Baptême—Aujourdhuy 5e Juillet 1696 apres le preche du soir a Eté presenté au S^t bateme Ezachil dauid fils de Jean et de Estel vincens né le 3. du present mois et presenté au S^t bateme par Ezachiel grassille et marie Suzane Paré parin et marine et batisé par monsieur payret ministre.

JEAN DAUID   EZECHIEL GRAZILLIER
SUSANNE PARÉ
PEIRET, ministre

Baptême—Aujourdhuy 5ᵉ Juillet 1696 apres le preche du soir a Eté presenté au Sᵗ batême Josué mersereau fils de Josué et de marie chadaine né le 18ᵉ May passé et presenté au Sᵗ bateme par daniel mersereau et marie boucherie parin et marine et batisé par monsʳ payret ministre.

JOSUÉ MERSERAU   D. MERCERRAU

MARI BOUCHRI   PEIRET ministre.

Baptême—Aujourdhuy 5ᵉ Juillet 1696 apres le preche du soir a Esté presenté au Sᵗ bateme Jeanne massé fille de Pierre massé et de Elizabet mersereau né le 22ᵉ May passé et presenté au Sᵗ bateme par daniel Lanbert et marie Suzanne dousinet parin et marine et batisé par monsʳ payret ministre.

PIERRE MASSE   DANIEL LAMBERT

                           PEIRET ministre.

Baptême—Aujourdhuy mercredy apres la priere deuxiéᵐᵉ septembre 1696 a Esté baptisée en cette Eglise par Mʳ Peiret ministre Suzanne fille de Gabriel Le Boyteulx et de constance Lebrun née le mardy 25ᵉ aoust derᵉʳ sur les dix heures du soir presentée au Sᵗ Bapteme par Mʳ Benjamin Godeffroy et Madˡˡᵉ Suzanne papin femme de Mʳ Elie Boudinot parrain et marraine.

SUZANNE PAPIN   GABRIEL LE BOYTEULX

PEIRET ministre.   B. GODEFFROY

Baptême—Aujourdhuy dimansse 15ᵉ 9ᵇʳᵉ 1696 apres la priere du soir a Esté Baptisé en cette Eglise Pierre vambert fils de Elie vambert et de Jeanne coulombeau, né le 11ᵉ de ce moys et presenté au Sᵗ Bapteme par Mʳ Pierre Morin et Madᵉ pregeante fleuriau femme de Mʳ Louis carré parrain et marraine.

PEIRET ministre   ELIE VANBERT

                           P. MORIN

                           PREGENTE FLEURIAU

Baptême—Le jour et an que dessus a Esté baptisé en cette Eglise Daniel coulon fils de Jean coulon et de marie dutay né le 7ᵉ de ce moys presenté au Sᵗ Bapteme par Mʳ Daniel Potreau et Madᵉ Judy gallay femme du sʳ Lasonde parrain et marraine.

JEAN COLLON
D. POUTREAU
JUDIT DEMERCIERE
PEIRET, ministre

Baptême—Aujourdhuy dimanche 6ᵉ xᵇʳᵉ 1696 apres La prierre du soir a Esté batisé en Cette Eglize Izaac fils d'Izaac Lenoir et de anne ses perre et mere Né le 25ᵉ de 9ᵇʳᵉ dernier et presenté au Sᵗ bateme par auguste Grasset et Suzanne hullin parrin et marine et batisé par Mʳ payret ministre.

PEIRET. ministre.   I LENOIR
AUGUSTUS GRASSET   SUANNE HULEN

Baptême—Aujourdhuy dimanche 13ᵉ xᵇʳᵉ 1696 apres La prierre du soir a Esté presenté au Sᵗ bateme marie anne Vinsans fille de mʳ Jean Vinsans et de Susanne Newker née le 6ᵉ du presᵗ mois Entre huit et neuf heures du Soir et presentée au Sᵗ bateme par Jean dauid et marie madelleine Vinsans parin et marine batisée par mʳ payret ministre.

PEIRET ministre   J. VINCENT
                                    JEAN DAUID
                                    MADELON UINCENT

Baptême—Aujourdhuy dimanche 13ᵉ xᵇʳᵉ 1696 apres la prierre du soir a Esté presenté au Sᵗ bateme Elizabet many fille de Jean et de Jeanne machet née le 6ᵉ xᵇʳᵉ du present mois a deux heures apres minuit et presentée par Pierre machet et Elizabet filheut parin et marine batisée par mʳ payret ministre.

PEIRET ministre.   PIERRE MACHET
                                    ELLIZABET FILLEUX

Mariage—Aujourdhuy 25e x^{bre} 1696 a Esté Selebré et benit En Cet Eglize Le mariage de Jean Perlier m^e charpantier et de anne Rezeau Par mons^r payret nôtre ministre.

RENÉ REZEAU	JEAN PERLIER
ANNE COUSJE	ANNE REZEAU
RENÉ REZEAU	JOSUÉ DAUID
PEIRET ministre	

Baptême—Aujourdhuy vandredy 25e x^{bre} 1696 apres le preche au matin a Eté presentée au S^t batême marie madelenne droilhet fille de paul et de susanne de la vabre Née le vandredy 11e du courant Entre Sept et huit hures du soir Et presentée au S^t bateme par m^r gabriel Le boiteulx et mad^{lle} susanne papin famme de m^r boudinot parin et marine batissée par monsieur payret.

SUZANNE PAPIN	PAUL DROILHET
PEIRET ministre.	GABRIEL LE BOYTEULX

Baptême—Aujourdhuy dimanche 27e x^{bre} 1696 apres la prierre du Soir a Esté presenté au S^t bateme Ezechiel manbrut fils de Jean et de sarra Gesneau Est né le 11e du present mois a sept hurres du soir et presenté au S^t bateme par Ezechiel grassillier et Sarra Coslas batisé par m^r payret.

PEIRET ministre.	Marque M de JEAN MANBRUT.
	EZECHIEL GRAZIELLIER
	SARA GERUAIS

Baptême—Aujourdhuy dimanche 3e Jen^r 169$\frac{6}{7}$ apres Le preche du Soir a Esté presenté au S^t bateme Thomas adams fils de thomas et de marie sa famme Est né le 22e de nob^{re} dernier et presenté au S^t bateme par le sud^t thomas adams pere et marguerite Chonvetre parin et marine batisé par m^r payret ministre.

PIERET ministre.	THO. ADAMS.

Baptême—Aujourdhuy dimanche 31e Jen^{r} 169$\frac{6}{7}$ apres La priere au Soir a Eté presenté au S^{t} bateme François Carrilier fils de françois et de marie morisset, Est né le 20e du present mois presenté au S^{t} bateme par allexsandre maurisset et Susanne rezeau parins et marine et batisé par monsieur payret ministre.

A. Morisset. marque F C de francois Cariller pere
susane rezeau. Peiret ministre.

Baptême—Aujourdhuy dimanche 21e feurier 169$\frac{6}{7}$, apres La priere du soir a Esté baptisé en cette Eglise par M^{r} peiret ministre, Josias Lecompte fils de M^{r} francois Le compte et de catherine Le lauandier né le jour dhier 20e de ce moys presenté au St Bapteme par Mr Daniel potreau et Mad^{lle} marie suzanne vergereau parrain et marraine.

Peiret ministre
F. le Conte
D. Poutreau
Marie Susanne Vergereau

Baptême—Aujourdhuy dimansse 28e feurier 169$\frac{6}{7}$, apres la priere du soir a Esté baptisé en cette Eglise par M^{r} peiret nostre ministre, Ester cheuallier fille de Mr Jean Lecheuallier et marie delapleine née le 18e de ce moys presentée au St Bapteme par M^{r} zacarie Engeuin et marie sa femme parrain et marraine.

Peiret ministre
Jean Le cheualier
zacarie angeuin
marie odine

Batême—Aujourdhuy mecredy 3e Mars 169$\frac{6}{7}$ apres La priere a Eté Batisé Abraham Jourdain fils d'henry et Elizabeth sa famme Est né le 18e feu^{r} passé et presenté au St Batême par gilles gaudineau et Ruth Dauid parins et marine Et Batisé par monsieur peiret ministre.

Peiret ministre.

Batême—Aujourdhuy mecredy 10ᵉ Mars 169⁶⁄₇ apres La priere a Eté batisé anthoinne andriuet fils de jean et de sa famme Est né Le 5ᵉ du present mois presenté au Sᵗ bateme par nicolas malherbe et Jeanne fiart parins et marine Et batisé par monsieur Payret ministre.

PEIRET ministre.

Batême—Aujourdhuy Dimanche 21ᵉ Mars 169⁶⁄₇ apres La priere du soir a Eté batisé Jeanne Blanchard fille de Jean blanchard et Jeanne gautier née le vingtjeme de jenuier et presenté au Sᵗ batême par mᵣ gabriel Le boiteulx et madᵉ Elyzabet gautier famme de mᵣ thimotee archambeau parin et marine Et batisée par monsieur payret ministre.

PEIRET ministre.   GABRIEL LE BOYTEULX
ELIZABETH ARCHAMBAUD

Bateme—Aujourdhuy Dimanche 11ᵉ auril 1697 apres La priere du Soir a Eté batisé Daniel Soumain fils de Simeon Soumain et de Jeanne piaud né le 6ᵉ du present mois presenté au Sᵗ bateme par Mᵣ daniel Strain et marthe poutreau parin et marine et batisé par mᵣ Pairet nostre ministre.

PEIRET ministre   S. SOUMAIN
DANIEL STREING
MARTHE COUSSON

Mariage—Aujourdhuy 22ᵉ auril 1697 apres la priere du matin a Esté Solannellement benit par Mᵣ Pairet ministre Le mariage de Pierre dasserex et Susanne bouquet apres la publication de trois annonces concequtiues pandant trois dimanches Sans oposition.

FRANSOIS BOUQUET   PIERRE DASSER
marque (de SUSANNE BOUQUET
PEIRET, ministre

Batême—Aujourdhuy dimanche vingt cinq jeme d'auril 1697 apres la priere du soir a Eté presenté au Sᵗ

bateme francois pelletreau fils de m.ʳ Elie peltreau et
marie Benoit né mecredy dernier 21.ᵉ du present mois
presenté au S.ᵗ batéme par m.ʳ françois vincans et madelenne poupin parins et marine, et batisé par mons.ʳ payret ministre.

E. PELLETREAU
F. VINCENT
MADELENE JOLIN
PEIRET, ministre

Batême—Aujourdhuy Dimanche 23.ᵉ May 1697 apres
La prierre du soir a Esté presenté au S.ᵗ Bateme Louis
dubois fils de Louis dubois et de Ester grasset né le
21.ᵉ du present mois entre dix et onze de la nuit presenté
au S.ᵗ Batême par m.ʳ auguste grasset et marie Lucas
famme de m.ʳ Loraut parains et marine et batisé par
mons.ʳ Payret ministre.

PEIRET ministre

LOUIS DU BOIS
AUGUSTUS GRASSET
MARIE LUCAS

Mariage—Aujourdhuy mecredy 16.ᵉ de juin 1697 apres
La prierre a Esté Celebré et beny par monsieur pairet
ministre Le mariage de Jean vergereau natif de benon
En aunis au royaume de france et de marie maho natiue
de la ville de Larochelle au d.ᵗ roiaume de france.

SUZANNE GIRAULT.
ELIZABETH ARCHAMBAUD.
MARIE SUSANNE VERGEREAU.
PETER BOUDINOT

PIERRE VERGERAU
MARIE MACHAULT
B. VERGERAU
E. MAHAULT

Batême—Aujourdhuy dimanche 18.ᵉ Juillet 1697
apres La prierre du soir a Eté presenté au S.ᵗ batême
Susanne marie merserau fille de daniel et de Susanne
marie dousinet, née le 8.ᵉ du Courant a onze hures du
soir et presentée au S.ᵗ bateme par m.ʳ nicolas Jamain et

mad^{me} marie grasilier parins et marine et batisée par m^r payret ministre.

D. MERCERRAU
NICOLAS JAMAIN
MARIE PARÉ

Bâteme—Aujourdhuy dimanche 5e sept^{re} 1697 apres la priere du soir a Esté baptisé en cette Eglise par Mr Peiret ministre ambroise Sicart fils D'ambroise Sicart et de Jeanne perou demeurant a la nouuelle rosselle, Le d^t anfant né le 22e du moys de juillet der^{er} presenté au St Bapteme par Gabriel Le Boyteulx et dam^{lle} Elizabet perdriau femme de Mr Jean hatier parrain et marraine.

PEIRET ministre.   GABRIEL LE BOYTEULX
                                ELIZABETH HASTIER

Bâteme—Aujourdhuy Dimanche 27e sept^{re} 1697 apres la priere du soir a Esté Baptisé en cette Eglise par Mr Peiret ministre marie fille de Josué Dauid et de marie audebert Le d^t anfant né le 22e de ce moys a 9 heures du soir presenté au St Bâteme par Mr Jacques Magny et Mad^e Marie naudin parrain et marraine.

JOSUÉ DAUID   JAQUES MANY
PEIRET ministre   MARIE NAUDAEN

Mariage—Aujourdhuy dimanche 24e octobre 1697 apres la priere du soir a Esté solemnellem^t Beny par M^r peiret nostre ministre en cette Eglise, Le mariage de Mr Jean blanssard et Susanne Rezeau Le d^t s^r blanssard dem^t a newcastel en painsiluanie.

RENÉ REZEAU   JEAN BLANCHARD
RENE REZEAU   SUSANE REIZAU
ABRAHAM REZEAU   ANNE REZEAU
PIERRE REZEAU   ANNE REZEAU
JEAN PERLIE   MARIYE REZEAU
PITER FILLIEU   MARIE UERGERO
                                JUDIT PARÉ

Baptéme—Aujourdhuy mercredy 17ᵉ 9ᵇʳᵉ 1697 apres la priere du matin a Esté baptisé en cette Eglise par Mʳ Peiret ministre susanne fille de Jacques Lepage et de madeleine dauid presentée au Sᵗ Bateme par Mʳ Jean Le cheuallier et Jeanne Colombeau ses pareins et mareine.

PEIRET ministre   JEAN LE CHEUALIER
                           JEANNE COULOMBEAU

Baptéme—Aujourdhuy dimansse 28ᵉ nouembre 1697 apres la priere du soir a Esté baptisé en cette Eglise par Mʳ Peiret ministre Pierre fils de Mʳ Pierre Latourette et de marie mercereau né le 22ᵉ de ce moys et presenté au Sᵗ Baptéme par Mʳ Pierre dasserx et Marthe Geoffroy parrain et marraine.

                          JEAN LA TOURETTE
                          PIERRE DASSERX
PEIRET, ministre.   MARTHE GEOFRY

Batéme—Aujourdhuy Samedy pᵉʳ Janᵉʳ 169⅞ a Esté Baptisé par Mʳ Peiret ministre Estienne Morin fils de Pierre Morin et de marie Jamain né le 20ᵉ Decembre 1697 sur les deux heures du matin presenté au Sᵗ Bapteme par Elie Rambert et sarra gaineau femme de Jean mambru parrain et marraine.

PIERRE MORIN   PEIRET ministre
ELIE VANBERT

Batéme—Aujourdhuy dimansse 9ᵉ Janᵉʳ 169⅞ a Esté baptisé en cette Eglise par Mʳ Bondet ministre de la nouuelle rosselle, francois Garnier fils de Isaac Garnier et de Elisabet doublet né le troisieᵐᵉ de ce moys, presenté au Sᵗ Bapteme par francois Benech et magdelaine genou parrain et marraine.

Batéme—Aujourdhuy mercredy 2ᵉ feurier 169⅞ a esté baptisée en cette Eglise Marie pierro fille de Jean pierro et Marthe Maybie née le premier de ce moys et presentée au S^t. Bapteme par M^r thimothée archambaud et Mad^e Jeanne archambaud parrain et marraine.

Batéme—Aujourdhuy mercredy 16e. Mars 169$\frac{4}{7}$ a Esté Baptisé par Mr Peiret nostre ministre marie fille de Zacarie Engeuin et de marie naudin née le 15e de ce moys presentée au St Baptéme par Mr Elie Boudinot ancien de cette Eglise et Mad^{lle} suzanne de lavabre femme de Mr Paul Drouillet parrain et marraine.

ZACARIE ANGEUIN.

Batéme—Aujourdhuy dimansse 20e. Mars 169$\frac{7}{8}$ a Esté Baptisée par Mr Peiret Ministre, Madeleine fille de M^r francois Le compte et de catherine Lauandier née le 15e de ce moys presentée au S^t. Bapteme par Mr Elie Boudinot le jeune et Mad^{lle} Madeleine peiret parrain et marraine.

F. LE CONTE

Bateme—Aujourdhuy dimanche 10e. auril 1698 a esté Baptisée par Mr Peiret ministre Jeanne fille de Gabriel Le Boyteulx et de constance Lebrun née le Lundy 4e de ce moys sur les sept heures du soir presentée au St Bapteme par Mr Paul Drouillet et Mad^e Jeanne Doens femme de M^r alexandre allaire parrain et marraine.

GABRIEL LE BOYTEULX
PAUL DROILHET
JEANNE DOENS

Bateme—Aujourdhuy dimansse 8e May 1698 a esté Baptisé en cette Eglise par Mr Peiret, ministre catherine fille de Mr Louis carré et de pregeante fleuriau née le 13e auril der^{er} presentée au St Bateme par Mr Paul Drouillet et Mad^{lle} marie carré parrain et marraine.

LOUIS CARRÉ
PAUL DROILHET
MARIE CATHERINE CARRÉ *

---

* Between this and the next record there is in the original sufficient blank space for another record.

Batéme—Aujourdhuy mercredy 12ᵉ May 1698 a Esté Batisée en cette Eglise par Mʳ Bondet ministre de la nouuelle rosselle Elisabet Dubois fille de Jean Dubois et de marie genou né le 14ᵉ auril presentée au Sᵗ Batéme par Mʳ Jean Pelletreau et marie naudin parrain et marraine.

D. BONDET ministre.

Bateme—Aujourdhuy dimansse 12ᵉ Juin 1698 a Esté Batisé en cette Eglise par Mʳ Bondet ministre de la nouuelle Rosselle Estienne Bourdet fils de samuel Bourdet et de judith piau né le 11ᵉ auril derᵉʳ presenté au Sᵗ Bateme par Mʳ Elie Rambert et marguerite Bontecou parrain et marraine.

D. BONDET ministre.

Bateme—Le d. jour dimansse 12ᵉ Juin 1698 a aussy esté Batisé en cette Eglise par Mʳ Bondet ministre Daniel poutreau fils de daniel poutreau et de marthe cousson né le 2ᵉ de ce moys presenté au St. Bâteme par Mʳ goussé Bonnin et Elisabet hatier parrain et marraine.

D. BONDET ministre.

Aujourdhuy dimansse 3ᵉ Juillet 1698 Isaac Boutineau natif de la tremblade en france a fait sa reconnoissance publique de la faute qᴵ auoit fᵗ en succombant aux tantations qui luy ont esté Liurées en france pour defferer a l'Eglise romaine.

D. BONDET ministre

Bateme—Aujourdhuy dimansse 3ᵉ Juillet 1698 apres Laction du soir a Esté batisé en cette Eglise par Mʳ Bondet ministre de La nouuelle rosselle sarra jourdain fille de Mʳ henry jourdain et de Elisabet jourdain né le 26ᵉ May derᵉʳ et presenté au Sᵗ Batéme par gabriel Le Boyteulx et Madˡˡᵉ susanne Drouillet parrain et marraine.

GABRIEL LE BOYTEULX   H. JOURDAIN
D. BONDET ministre.   SUSANE DE LAUABRE

Batême—Auiourdhuy dimanche 14ᵉ d'Aoust 1698 aprest l'action du soir a Eté Batisé en cette Eglise par mons᷉ Peiret notre Ministre Jean Pierre Barberie fils de Jean Barberie et de francoisse Brinqueman né le 16ᵐᵉ de Juillet dernier sur les deux heures du matin et presenté au St. Bateme par Pierre Barberie et madeleine Peiret parrain et maraine.

PEIRET ministre.   JEAN BARBERIE
                       PIERRE BARBERIE
                       MAGDELAINE PEIRET

Bateme—Auiourdhuy dimanche 14ᵐᵉ d'Aoust 1698 apres laction du soir a Eté batisé en cette Eglise par M᷉ Peiret notre ministre Isaac Cornifleau fils de Laurens cornifleau et danne marie Newkerke né le 7ᵉ de Juillet dernier sur les six heures du soir presenté au Sͭ bateme par francois Basset et anne Newkerke parrain et ma-raine.

         Le Pere a declaré ne scavoir signer.

PEIRET ministre.   FRANCOIS BASSET
                       ANNA NUKERKE

Batême—Aujourdhuy dimansse 4ᵉ Septᴿᵉ 1698 apres la priere du soir a Esté Baptisé en cette Eglise par M᷉ Peiret ministre Jeanne Rambert fille d'Elie rambert et de Jeanne coulombeau née le 29ᵉ aoust derᴿ a deux heures du matin presenté au Sͭ Bateme par M᷉ Benjamin dhariette et Madᵉ Jeanne carré parrain et marraine.

IANNE CARRÉ   ELIE VANBERT
PEIRET ministre   BENJAMIN DHARIETTE

Batéme—Aujourdhuy dimanche 25ᵉ septembre 1698 a Esté Batisé en cette Eglise par Monsᴿ peiret ministre abraham quintard fils de Isaac quintard et de Jeanne fumé presenté au Sͭ Bateme par le sᴿ abraham raizeau et marie raizeau parrain et maraine.

ABRAHAM REZEAU   IZAAC QUINTARD
PEIRET ministre   MARIYE REZEAU

Batéme—Aujourdhuy mercredy 28ᵉ Septᵣᵉ 1698 apres la priere du matin a Esté batisé en cette Eglise par Mᵣ Peiret ministre Jean Magny fils du cappⁿᵉ Jean Magny et de Jeanne Machet, né le 31ᵉ aoust derᵉʳ presenté au Sᵗ Batéme par Mᵣ Jean Pinaud et Madᵉ marianne Machet parrain et marraine.

PEIRET ministre   JEAN MANY
J. PINOS   MARIANNE MACHET

Bateme—Aujourdhuy dimanche 2ᵉ octobre 1698 apres la priere du soir a Esté Batisée en cette Eglise Jeanne canon fille de Jean canon et de marie Legrand née le 24ᵉ Septᵣᵉ derᵉʳ presenteé au Sᵗ Bateme par Mᵣ andré canon et Jeanne de wendell parrain et marraine.

ANDRE CANON   JEAN CANON
             PEIRET ministre.

Baptéme—Aujourdhuy dimanche 23ᵉ octobre 1698 a esté Batisé en cette Eglise par Mᵣ Peiret ministre Elie magnon fils de Jean Magnon et de claude Badaud, né le 10ᵉ de ce moys et presenté au Sᵗ Bateme par Mᵣ Elie Boudinot Lejeune et Madⁿᵉ marie catherine carré parrain et marraine.

PEIRET ministre.   JEAN MAGNON
                             ELIE BOUDINOT, le jeune.
                             MARIE CATHERIENE CARRÉ

Bateme—Aujourdhuy dimanche 23ᵉ octobre 1698 a esté Batisé en cette Eglise par Mᵣ Peiret ministre henry Brown fils de william Brown et de Marthe Bolton né le 2ᵉ de ce moys presenté au Sᵗ Bateme par Mᵣ Daniel Mercereau et Madᵉ Marie Bellemont femme de Mᵣ Pierre Jansson melot parrain et marraine.

PEIRET ministre   D. MERCERRAU

Bateme—Aujourdhuy dimansse 6e nouembre 1698 a esté batisé en cette Eglise par M^r peiret ministre Elie Badaud fils d'Elie badaud et de claude fumé né le 29e octobre der^{er} et presenté au St Bateme par le s^r Liues vincent et anne vincent parrain et marraine.

PEIRET ministre.

Bâteme—Aujourdhuy dimansse 4e Decembre 1698 a Esté batisé en cette Eglise par Mr Peiret nostre ministre Paul Pelletreau fils de Mr Elie Pelletreau et de marie Benoist né le 26e 9bre dernier presenté au St Bateme par Mr Liues vincent et Made^e Ester Dauid parrain et marraine.

PEIRET ministre

ELIE PELLETREAU
LIUE VINCENT
ESTER DAUID

Batéme—Aujourdhuy mercredy 28e Decemb^e 1698 a esté batisé en cette Eglise par Mr Peiret ministre Jacob Bargeau fils de Jacques Bargeau et de Jeanne de lachenal né le 22e de ce moys presenté au St Bateme par M^r francois vincent fils et Mad^{lle} madeleine vincent parrain et marraine

MADELONT VINCENT
PEIRET ministre

JACQUE BARGEAU
FRANCOIS UINCENT

Batéme—Aujourdhuy dimansse 29e Jan^{er} 169$\frac{8}{9}$ a Esté Batisé en cette Eglise par Mr Peiret ministre abraham moyon fils de Mr Guill^{me} moyon et marie perdriau né le 24e de ce moys presenté au St Bateme par M^r abraham jouneau et Mad^{lle} marguerite Bontecoux parrain et marraine.

PEIRET ministre

ABRAHAM JOUNEAU
MARGUERITE BONTECOU

Bateme —Aujourdhuy dimansse 12⁹ feurier 169⅔ apres la priere du soir a Esté Batisé en cette Eglise par M.ʳ Peiret ministre Pierre chagneau fils de pierre chagneau et de alkey smith né le mardy 7⁹ de ce moys a 9 heures du soir presenté au Sᵗ Bateme par M.ʳ Paul Drôuillet et Mad.ᵘᵉ La v⁹ hatier parrain et marraine.

Peiret ministre   P. Chaïgneau
                         Paul Droilhet
                         Elizabet Hastier

Bateme—Aujourdhuy dimansse jour et an que dessus a Esté Batisé en cette Eglise Dauid joulin fils de andre joulin et de madeleine poupain presenté au Sᵗ Bateme par M.ʳ andré canon et Mad.⁹   vincent femme de M.ʳ Jean Dauid parrain et marraine.

                         Andre Canon
                         Ester Uincent
                         Peiret, ministre

Batéme—Aujourdhuy dimansse 26⁹ feurier 169⅔ apres la priere du soir a Esté batisée en cette Eglise par M.ʳ Peiret ministre madeleine fille de Jean Melot et de marie bellamain, née le 14⁹ de ce moys presentée au Sᵗ Batéme par René Rezeau et Madelaine genou parrain et marraine.

Peiret ministre   J. Melot
                         René Rezeau

Batéme—Aujourdhuy dimansse 19⁹ Mars 169⅔ apres la priere du soir a Esté batisé en cette Eglise par M.ʳ Peiret ministre andré andriuet fils de Jean andriuet et de antoinette Buffié ne le 9⁹ de ce moys presenté au Sᵗ Bateme par M.ʳ Jean Le cheuallier et Mad.⁹ Judith gallais v⁹ demerciers parrain Et marraine

Peiret ministre   Jean Andriuet
                         Jean Le Cheualier
                         Judith demercier

Bateme—Aujourdhuy dimanche jour et an que dessus a Esté batisé en cette Eglise par Mr Peiret ministre auguste grasset fils de Mr Samuel grasset et de Marthe poupain né le 15.e de ce moys presenté au St Bateme par M.^r auguste grasset et Mad.^e Madeleine poupain femme du capp.^{ne} Joulin parrain et marraine.

PEIRET ministre   SAMUEL GRASSET
     AUGUSTUS GRASSET
     MADELENE JOLIN

Bateme—Aujourdhuy dimanche 26.e Mars 1699 a Esté Batisée en cette Eglise par Mr. Peiret ministre Elizabet newkerk fille de Mr Pierre newkerk et de anne newkerk né le 20.e de ce moys presentée au St. Bateme par Mr Jean vincent et Elizabet Leister parrain et marraine.

PEIRET ministre   PIETER NEWKERKE
     J. VINCENT
     ELIZABETH LEIST*

Batéme—Aujourdhuy dimansse jour et an sus dit a Esté batisé en cette Eglise par Mr Peiret ministre Judy coulon fille de Jean coulon et de marie dutay presentée au St Bateme par M.^r andré foucault et Mad.^e Judy Desmerciers parrain et marraine.

PEIRET ministre   ANDRÉ FOUCAULT
     JUDITH DEMERCIER

Bateme—Aujourdhuy dimansse 7.e May 1699 apres la priere du soir a Esté batisé en cette Eglise par Mr Peiret ministre Jeanne marie audar fille de daniel audar et de Marthe Jaufrey née le 30.e auril der.^{er} presentée au St. Bateme par Mr Pierre Bontecoux et jeanne audar parrain et marraine.

     PEIRET ministre.

---

* This name is written in the original close to the edge of the page, which accounts, probably, for the absence of the ‘‘ er.’’ The same circumstance occurs in several other places.

Bateme—Aujourdhuy 28ᵉ May 1699 a Este batisé en cette Eglise par Mᵣ Peiret ministre auguste Dubois fils de Mᵣ Louis Dubois et Ester grasset né le 20ᵉ de ce moys, presenté au Sᵗ Bateme par Mᵣ andré Laurans et Madᵉ Marthe grasset parrain et marraine.

MARTHE GRASSET   LOUIS DU BOIS
PEIRET ministre   ANDRÉ LAURANS

Batéme—Aujourdhuy dimansse 14ᵉ May 1698* apres la priere du soir a Esté batisée en cette Eglise par Mᵣ Peiret· ministre marie Le cheuallier fille de Mᵣ Jean Le cheuallier et de marie de la pleine, presentée au Sᵗ Bateme par Mᵣ augustin Greham et Madˡˡᵉ Heleine Godineau parrain Et marraine.

PEIRET ministre   JEAN LE CHEUALIER
                       AUGUS: GRAHAM
                       HELENE GAUDINEAU

Bateme—Aujourdhuy dimansse 11ᵉ Juin 1699 a Esté Batisé en cette Eglise par Mᵣ Peiret ministre Sofie horten fille de Joseph horten et de sofie classen demᵗ a Ray† née le 6ᵉ May derᵉʳ Et presentée au Sᵗ Bateme par Mᵣ Samuel Bourdet et Madˡˡᵉ Jamain parrain et marraine.

PEIRET ministre

Batéme—Aujourdhuy dimansse 2ᵉ Juillet 1699 apres Laction du soir a Esté batisé en cette Eglise par Mᵣ Peiret ministre Isaye Bonnin fils de Mᵣ aman Bonnin et suzanne valleau né le 10ᵉ Juin derᵉʳ sur les six heures du Matin presenté au Sᵗ Bateme par Mᵣ Jean Pelletreau et Madᵉ Jeanne valleau parrain et marraine.

PEIRET ministre   A. BONNIN
                       JEAN PELLETREAU
                       JEANNE UALLEAU

---

* No doubt a mistake for 1699.
† Rye, Westchester Co., N. Y.

Bateme—Aujourdhuy mercredy 5ᵉ Juillet 1699 a Esté batisé en cette Eglise par Mʳ Peiret Ministre Ester de fenne, fille de françois de fenne et de anne marguerite, presenté au Sᵗ Bateme par Barne vantellebourg et Ester blan parrain et marraine, né le 2ᵉ de ce moys a cinq heures du matin.

PEIRET ministre

Mariage—Aujourdhuy dimanche 16ᵉ Juillet 1699 apres la priere du soir a Esté solemnellemᵗ Beny par Mʳ Peiret Ministre le mariage dé Mʳ Estienne perdriau et Madˡˡᵉ Marguerite Bontecoux apres la publication de leurs annonces par trois diuers dimanches.

PIERRE BONTECOU	ESTIENNE PERDRIAU
MARGRITE COLLINET	MARGERITE BONTECA
SARRA BONTECOU	ELIZABETH HASTIER
H. JOURDAIN	MARIE PERDRIAU
ABRAHAM GOUNEAU	P. JOUNEAU
	A. BONNIN PEIRET, min.

Bateme—Aujourdhuy mercredy 19ᵉ Juillet 1699 a Esté Batisé en cette Eglise par Mʳ Pieret marie madeleine fille de Jean Roy et de madeleine massé né le 15ᵉ de ce moys, presenté au Sᵗ Bateme par Daniel Giraud et marie audere parrain et marraine.

PEIRET ministre   DANIEL GIRAUD

Bateme—Aujourdhuy mercredy 26ᵉ Juiliet 1699 a Esté batisée en cette Eglise par Mʳ Peiret ministre Jeanne Laurens fille de Mʳ andré Laurens et de marie Lucas, presenté au Sᵗ Bateme par ses d. pere et mere.

ANDRÉ LAURAN
MARIE LUCAS

Bateme—Aujourdhuy dimansse 6ᵉ aoust 1699 a Esté batise en cette Eglise par Mʳ Peiret ministre marguerite florantin fille de marc florentin et anne carelié presenté au Sᵗ Batéme par Mʳ Pierre vergereau et marie carelié parrain et marraine.

PIERRE VERGERAU

Mariage—Aujourdhuy mercredy 16ᵉ aoust 1699 auant
la priere a Esté solemnellement beny Le mariage de
Jacques viuaux d'aluert en france et anne audebert du
mesme lieu au d. royaume de france, apres la publication de leurs annonces par trois dimanches consecutifs

JOSUE DAUID   JAQUE VIUAUX
            marque ✕ de ANNE AUDEBERT
                                MARI ODEBERT

Bateme—Aujourdhuy Dimanche dixyeme Sepᵇʳᵉ 1699
apres la predication du matin a Esté batizé Elie grazillié
fils de Ezechiel grazeillier et de marie paré et a Esté
parin Elie neau Et marine Susanne paré.

PEIRET ministre   EZECHIEL GRAZIELLIER
                            ELIAS NEAU
                            SUSANNE PARÉ

Mariage—Aujourdhuy dimanche 10ᵉ Sepᵇʳᵉ 1699 apres
la priere du soir a Esté solemnellemᵗ beny en cette Eglise
par Mʳ Peiret ministre Le mariage de Mʳ Elie Boudinot
fils de Mʳ Elie Boudinot ancien de cette Eglise et Damˡˡᵉ
marie catherine carré fille de Mʳ Louis carré apres la
publication de leurs anonces par trois dimanches consecutifs.

ELIE BOUDINOT   ELIE BOUDINOT LE Jⁿᵉ
LOUIS CARRÉ   MARIE CATHERINE CARRÉ
SUZANNE PAPIN   GABRIEL LE BOYTEULX
PREGENTE FLEURIAU   BENJAMIN DHARIETTE
MARIE FLEURIAU   JOHANNIS OUTMAN
P. BELIN   MADELAINE BOUDINOT
JANNE CARRÉ   PAUL DROILHET
FEMINA (?) OUTMAN   PEIRET ministre.

Batême—Aujourdhuy Dimanche 24ᵐᵉ de Septembre
1699 a Eté Baptisée en cette Eglize apres la priere du
soir par Monsʳ Peiret Ministre Ester fille de Nicolas
Ayrault Et de marie anne Berton née le 5ᵉ Mars dernier

et presentée au St Bapteme par Monsr Benjamin faneuil et mad.^e marie Berton parain et maraine.

MARIANNE BERTON   BENJ. FANEUIL
PEIRET ministre   MARC BERTON

Batême—Auiourdhuy dimanche 8.e d'octobre 1699 apres la priere du soir a Eté Batisé par mons.^r Peiret ministre Judith vallet fille de Jacques vallet et de Judit vallet né le 28.e de septembre dernier presenté au St Bateme par mons.^r Samuel Archambaut et Elizabet archambaut parain et maraine.

PEIRET ministre   SAMUELL ARCHAMBAUD
                         ELIZABETH ARCHAMBAUD

Mariage—Auiourdhuy mecredy 18.me d'Octobre 1699 avant la priere du matin a Eté Solennellement beny le mariage de Jean andrivet de merindol En Provence au Royaume de france Et de Jeane de Loumeau de la tremblade au d. Royaume de france aprest la publication de leurs anonces par trois dimanches consecutifs sans Empechement.

PIERRE BASSET   JEAN ANDRIUET

JEAN LE CHEUALIER   le merk de ◇ JEANE DELOUMEAU

ANDRÉ FOUCAULT   BONGRAND
ESTER CHARRON   JUDITH DEMERCIER
PEIRET ministre

Bateme—Auiourdhuy dimanche 5.e de Novembre 1699 aprest la priere du soir a Eté Batise Jean Blanchard fils de Jean Blanchard et de susanne Rezeau né le mardy 3.me d'octobre dernier presenté au St Bateme par René Rezeau et anne courcier parein et mareinne.

PEIRET ministre   RENÉ REZEAU

Bateme—Auiourdhuy dimanche 5.e de Novembre 1699 apres la priere du soir a Eté Batisée marianne mercereau

fille de Daniel mercereau et de Susanne marie doucinet
née le 31ᵉ doctobre dernier et presentée au Sᵗ Bateme
par Joshué Mercereau et Jeanne Jamain parain et
mareinne.

PEIRET ministre D. MERCERRAU
JOSUÉ MERSERAU
JANNE JAMIN

Mariage—Auiourdhuy dimanche 5ᵉ de Novembre
1699. avant la priere du soir a Eté Solennellement beny
par monsʳ Peiret le Mariage de André foucault et de
Judith Taren nez tout deux dans le Royaume de france
aprest la publication de leurs anonces par trois dimanches consecutifs sans opposition.

JACQUES DEPONT ANDRÉ FOUCAULT
EZECHIEL GRAZILLIER. La marc de | ꝗ la dite JUD. TAREN
PEIRET, min.
E. PELLETRAU BONGRAND
GAUDINEAU ELIE BUDINOT
P. BASSET

Batême—Auiourdhuy dimanche 19ᵉ de Novemb: 1699
aprest la priere du soir a Eté presenté au Sᵗ Bateme
Susanne dauid née le 6ᵉ de ce mois fille de Jean David
et Madeleine Vincent batisée par monsʳ Peiret Ministre
et presentée par live Vincent et madeleine Dauid parein
et maraine.

PEIRET ministre JEAN DAUID
LIVE VINCENT
MADALENE DAUID

Bateme—Auiourdhuy mecredy 22ᵉ de Novembre 1699
aprest la priere du matin a Ete Baptizé par mousʳ Peiret
ministre Paul Le Boyteulx fils de Gabriel Le Boyteulx
et de agnes constance le Brun né le dimanche 19ᵉ de ce

mois et presenté au St Batême par m.^r Elie Boudinot le
jeune et Made.^e marie Catherine Carré sa femme paarain
et mareine.

PEIRET ministre. GABRIEL LE BOYTEULX
        ELIE BOUDINOT Jeune
        MARIE CATHERINE CARRÉ

Bateme—Auiourdhuy mecredy de 6.me Decembre 1699
aprest la priere du matin a Eté Batizé par mons.^r Peiret
Ministre Pierre Droilhet fils de Paul Droilhet et de Su-
sanne lavavre né le 28.e de 9.bre dernier a dix heures du
soir presenté au St Batême par Louis Carré et marie Perdriau parrein et mareine.

PEIRET ministre   PAUL DROILHET
         LOUIS CARRÉ
         MARIE PERDRIAU

Mariage—Auiourdhuy dimanche 31.e decembre 1699
avant la priere du soir monsieur Peiret Ministre a beny
le mariage de Elie Rambert et de marthe moreau apres
que leurs anonces ont Eté publie par trois dimanches
consecutifs sans Empechement.

NICOLAS JAMAIN   ELIE VANBERT
ESTER CHERRON   MARTHE MOREAU
    PEIRET ministre.

Batême—Auiourdhuy Dimanche 7.me de Janvier $\frac{1699}{700}$
aprest la predication du· soir a Eté Batisé par monsieur
Peiret Ministre Dauid de la Tourette fils de Jean de la
tourette et de marie mercereau né le 28.me Decembre dernier et presenté au St Bateme par made.^e marie du Bois
et le s.^r Jean chevalier parain et mareine.

PEIRET ministre   JEAN LA TOURETTE
        JEAN LE CHEUALIER
        MARIE DU BOIS

Bateme—Auiourdhuy mecredy 17me de Janvier $\frac{1699}{700}$ aprest la priere du matin a Eté presenté au St Bateme Jeanne Ester fille de Samuel Bourdet Et de Judith Piaud née le 29me Decembre dernier Batisée par mons^r Peiret Ministre et presentée par Pierre Bontecou et marie Esther Charron parrein et mareinne.

                                        PEIRET ministre

Bateme—Auiourdhuy Dimanche 28me de Janvier $\frac{1699}{700}$ apres la priere du soir mons^r Peiret Ministre a Batisé Pierre fils de Isaac Quintard né le 14me de ce mois pre-senté au St Bateme par Pierre Rezeau et Elizabeth Vin-sent parrein et Mareinne.

                          IZAAC QUINTARD
                          ELIZABETH UIENCANT
                          PEIRET, ministre

Bateme—Auiourdhuy dimanche 28e de Janvier $\frac{1699}{700}$ aprest la priere du soir mons^r Peiret Ministre a Batizé Joshué Dauid né le 6e de ce mois a dix heures du soir presenté au St Bateme par Jean Perlier et anne Aude-berd parrain et Marreine.

                          JEAN PERLIER
                          PEIRET, ministre

Bateme—Auiourdhuy dimanche 4me fevrier $\frac{1699}{700}$ mons^r Peiret ministre a Batizé marie magnon fille de Jean mag-non et de Claudine Badaud presentée au St Bateme par Jean Jironne Et marthe Coudret parrein et mareinne la ditte marie magnon née le 21e Janvier dernier.

                                        PEIRET ministre

Bateme—Auiourdhuy dimanche 4e fevrier $\frac{1699}{700}$ mon-sieur Peiret Ministre a Batizé Ester anchevin née le 21me Janvier dernier fille de Zacarie anchevin et de marie naudine presentée au St Bateme par françois Vin-cent Et Marie naudine parein et mareine.

PEIRET ministre   ZACARIE ANGEUIN
                             F. VIENCENT

Batême—Auiourdhuy mecredy 21me de fevrier $\frac{1699}{700}$ monsieur Peiret ministre aprest la priere a Batizé Jean du Bois né le 21e de Janvier dernier fils de Jean du Bois et de Marie genouil presenté au St Bateme par guillaume moyon et marie Brossard parein et mareine.

PEIRET ministre
                    G. MOŸON
                    MARIE BROUSSARD

Batême—Auiourdhuy dimanche 25me de fevrier $\frac{1699}{700}$ monsieur Peiret ministre aprest la priere du soir a Batizé Marie fille de Jean Perlier et d'anne Rezeau née le douzieme de ce mois presentee au St Bateme par René Rezeau et anne Coursier parein et mareine.

PEIRET ministre
                    JEAN PERLIER
                    RENÉ REZEAU
                    ANNE COURSIER

Batême—Auiourdhay dimanche 10me de Mars $\frac{1699}{700}$ monsieur Peiret Ministre apres la priere du soir a Batizé Marianne Jourdain née le 25e de fevrier dernier fille de henry Jourdain et d'Elizabeth Corbet presentée au St Bateme par m^r Auguste Jay et anne Crommelin parein et mareinne.

AUGUSTE JAY
ANNE TESTART
PEIRET ministre*
                    H. JOURDAIN.

Mariage—Auiourdhay Mecredy 10me d'Avril 1700 Monsieur Peiret Ministre avant la priere du matin a Beny le Mariage de Jaques Sicar Et de anne Terrier aprest que leurs anonces ont Eté publiées par trois dimanches consecutifs sans oposition.

PEIRET ministre
                    JAQUE CICAR
          Le merc de $\mathcal{J}$ ANNE CICAR
                  JEAN COUTANT
                  SUSENNE COUTENT
                  GUILLAUME LANDRIN

---

* Between this and the following entry there is left in the original sufficient blank space for another entry.

Batême—Auiourdhuy mecredy 10me 'd'Avril 1700 mons^r Peiret Ministre aprest la priere du matin a Batisé Susanne coutant née le 21e fevrier dernier fille de Jean coutant et de Susanne gouin presentee au St Bateme par Jacques sicar et anne terrier parrein et mareine.

PEIRET ministre

JEAN COUTANT
SUSENNE COUTENT

Mariage—Aujourdhuy dimansse 5e May 1700 auant la priere du soir a Esté beny en cette Eglise par Mr Pieret ministre le mariage de Paul Pinàud et Elisabet audebert.

ANTONE PINAU
JOSUÉ DAUID

PAUL PINAUD
ELIZABET AUDEBET
PEIRET, ministre

Bateme—Auiourdhuy mecredy 15me de May 1700 mons^r Peiret Ministre aprest la priere du matin a Batizé Susanne Garnier neé le 4e de ce mois fille de Isaac Garnier Et d'Elizabet Doubled presentée au St Bateme par Jean Coutant et Susanne de la tour parein et maraine.

JEAN COUTANT

ISAAC GARNIER
PEIRET, ministre

Mariage—Auiourdhuy dimanche 25e de May 1700 avant la priere du soir a Esté beni en cette Eglize par Monsr Peiret Ministre le Mariage de Abraham Gouin et de Jeanne archambault leurs anonces ayant Eté faites suivant les formes ordinaires En cette Eglise sans Empechement.

JUDY ARCHAMBAUD.
JACQUE VALLET

PEIRET ministre

ABRAHAM GOUIN
JANE ARCHAMBAUD
ESTER ARCHAMBAUD
F. BOURDET
F. VIENCENT

Bateme—Auiourdhuy deuxieme de Juin 1700 mons.^r Peiret Ministre aprest la predication du matin a Eté Batisee Marthe Perrot fille de Jacques Perrot et de Marie Cousson née le vendredy 26.e d'Avrill dernier presentée au St Bateme par mons.^r André foucault et Marthe Cousson parein et mareine.

MARIE COUSSON   JACQUES PÉROT
PEIRET ministre   ANDRÉ FOUCAULT
                     MARTHE COUSON

Bateme—Aujourdhuy 15.e Juillet 1700 monsieur Peyret ministre apres la priere du soir a batizé pierre faneuil fils de benjamin faneuil et anne beureau, Est né le 20.e Juin dernier presenté par Claude baudouin et anne faneuil sa mere parin et marine

BENJ.^A FANEUIL   PEIRET ministre.
C. BAUDOUIN
ANNE FANEUIL

Bateme—Aujourdhuy mecredy 18.e Juillet 1700 apres La priere a Esté batisé par monsieur payret notre ministre Jean machet fills de Pierre et de Litie Couly sa famme Est né le 8.e du d.^t et presenté au S.^t bateme par Wm Couly et Jeanne manchet parin et marine.

PEIRET ministre   W.^M COOLEY
                     JEANNE MANY

Batéme—Aujourdhuy vingt huit yeme Juillet 1700 apres la priere a Eté presenté au S.^t bateme Elie Carré fils de Louis Carré et du pregeante flurieau né le 15.e du present mois et batisé par m.^r payret notre ministre et presenté par Elie Boudinot et Jeanne Carré sa famme parins et marine.

PEIRET ministre.   ELIE BOUDINOT Le J.^{ne}
                     JANNE CARRÉ
                     LOUIS CARRÉ

Batéme—Aujourdhuy onze yeme aoust 1700 apres la priere a Esté presenté au Sᵗ bateme Louis Thibou fils de grabiel thibou et de mary Couly né le mecredy 7ᵉ du present mois a neuf hures du matin et batisé par monsʳ payret notre ministre et presenté par Jacob Thibou et Louise String.

PEIRET ministre   GABRIEL THIBOŬ
                                   JACOB THIBOU
                                   LOUISON STRING.

Mariage—Aujourdhuy dimanche 18ᵉ aoust 1700 auant la priere du soir a Esté beny en cette Eglize par nonsieur payret ministre le mariage de Jean Laurens et de marie henereau.

PEIRET min.   JEAN LAURAN
                                   ELYZABETH MANGAUX
                                   ANDRÉ LAURAN

Batéme—Aujourdhuy mecredy 21ᵉ aoust 1700 auant la prierre a Esté presenté au Sᵗ batême pierre vergereau fils de pierre de marie mahault né le 29ᵉ may dernier batisé par monsʳ pieret notre ministre et presenté au Sᵗ bateme par pierre berton et marie Suzanne vergereau.

                                   PEIRET min.

Batéme—Aujourdhuy dimanche premier de Sepᵇʳᵉ 1700 apres la priere du soir a Eté presenté au Sᵗ batême francois manbrut fils de Jean et Sara Gueneau né le mecredy vint yeme du passé batizé par monsʳ payret notre ministre et presenté par francois vincens et Jeanne pillet parins et marine.

PEIRET min.   Marque de M JEAN MEMBRU
                        F. VIENCENT

Bateme—Aujourdhuy mecredy 4ᵉ Sepᵇʳᵉ 1700 apres la priere a Eté presenté au Sᵗ batême marie Jay fille de auguste Jay et de anne Marie bayre sa famme née le 31ᵉ aoust dernier sur les 11ᵉ du soir et presentée au Sᵗ batême par paul droilhet et contance Le brun famme de gabriel le boiteulx parins et marine, et batisé par mᵣ peyret notre ministre.

PEIRET min.　　　　　　　　　AUGUSTE JAŸ
　　　　　　　　　　　　　　CONTANCE LE BRUN
　　　　　　　　　　　　　　PAUL DROILHET

Batéme—Aujourdhuy dimanche huit yeme Septᵇʳᵉ 1700 apres la priere du soir a Esté presenté au Sᵗ batéme Estienne de Lansay fils de Estienne delansay de anne vancourteland né le 28ᵉ du mois passé au matin et presenté au Sᵗ batéme par mᵣ Estienne van courteland et francoise bricman parin et marine et batizé par mᵣ payret notre ministre.

F. BARBERIE　　　　　　　ESTIENNE DE LANCEY
PEIRET min.　　　　　　　 E: V: CORTLANDT.

Bateme—Aujourdhuy mecredy 18ᵉ Sepᵇʳᵉ 1700 apres la priere a Etée presentée au Sᵗ bateme Catherine Canon fille de Jean Canon et de marie Legrand née le 13ᵉ du present mois et batisée par mᵣ payret notre ministre presenté au Sᵗ batéme par pierre Legrand et Catherine Canon parins et marine.

　　　　　　　　　　P. LEGRAND
　　　　　　marque de × CATHERINE CANON
　　　　　　　　　　JEAN CANON
　　　　　　　　PEIRET, ministre

Bateme—Aujourdhuy dimanche vingt neuf yeme Sepᵇʳᵉ 1700 apres la priere a Eté presentée Marthe trochon fille de pierre trochon et de Judhy allard née le 22ᵉ du dᵗ mois a quatre hures du soir et presentée au Sᵗ bateme par Jacques Coindrieau et marthe allard parins et marine et batisée par mᵣ pairet nôtre ministre.

marque de —|— MARTHE ALLARD.　　PIERRE TROCHON
PEIRET min.　　　　　　　　　　 JAQUE COINDRAU

Batême—Aujourdhuy mecredy deux yeme octobre 1700 apres le preche du soir a Etée batizée Ester basset fille de pierre basset de jeanne sa famme née le 28ᵉ du mois passé et presentée au Sᵗ batéme par giles gaudineau et Ester charon parins et marine et batisée par mᵣ payret notre ministre.

PEIRET min.

G. GAUDINEAU
ESTER CHARRON
PIERRE BASSET.

Bateme—Aujourdhuy deux yeme octobre 1700 apres le preche du soir a Eté batizée marie anne ponsin fille de Nicolas ponsin et de anne mils née le 15ᵉ Sepᵇʳᵉ 1698 presentée au Sᵗ batéme par françois Le Conte et anne marchant parins et marine et batizée par mᵣ payret notre ministre.

Marque de *a* c ANNE MARCANT.   NICOLAS PONSIN
    PEIRET min.   F. LE CONTE

Batême—Aujourdhuy dimanche douze yeme octobre 1700 apres la priere a Esté batizé Jacques many fils de Jean et de Jeanne machet sa famme né 5ᵉ du present mois presenté au Sᵗ bateme par Jacques many et anne vincens parins et marine, batizé par mᵣ payret notre ministre.

PEIRET min.

JEAN MANY
JACQUES MANY
ANNE VENCANT

Batême—Aujourdhuy dimanche 27ᵉ 8ᵇʳᵉ 1700 apres la priere a Esté batizée marie madelaine pelotreau fille de Elie et marie benoit née le 16ᵉ du present moix a deux heures du matin presentée au Sᵗ batême par Izaac mersier et Ester vinceans parins et marine batizée par mᵣ payret notre ministre.

PEIRET min.

ELIE PELLETREAU
ISAAC MERCIER
ESTER UENCEN

Batême—Aujourdhuy dimanche 17ᵉ 9ᵇʳᵉ 1700 apres la priere a Esté batizee Judy gansel fille de Jean gansel et Judy Leroy née le 30ᵉ du mois passé presentée au Sᵗ batême par Jean Lecheuallier et marthe Couson parins et marine batizée par mᵣ payret notre ministre.

MARTHE COUSON   JEAN GANCEL
PEIRET min.   JEAN LE CHEUALIER

Batême—Aujourdhuy 17ᵉ 9ᵇʳᵉ 1700 apres la priere a Eté batizé abraham Sallé fils de abraham Sallé et de Olliue perault née le 3ᵉ Sᵇʳᵉ dernier et presentee au Sᵗ batême par abraham Jouneau et Renée gratton parins et marine batizé par mᵣ payret notre ministre.

ABRAHAM JOUNEAU   SALLÉ
RRENÉE GRATON   PEIRET ministre.

Baptême—Aujourdhuy 20ᵉ 9ᵇʳᵉ 1700 jour du mecredy apres la priere a Eté baptizé auguste Laurens fils d'andré Laurens et de marie Luca né le 8ᵇʳᵉ dernier et presenté au Sᵗ baptême par auguste Luca et marie perdrieau parins et marine batizé par mᵣ payret notre ministre.

PEIRET ministre   ANDRE LAURAN
     AUGUSTE LUCAS
     MARIE MOYON

Baptême—Aujourdhuy mecredy 18ᵉ jour de decembre 1700 apres la priere a Eté baptisée ane Elisabeth Breton fille de pierre breton et d'Elisabeth gautier, Née le 14ᵉ du present mois a onze heure du matin, presentée au Saint baptéme par paul drouillet et ane Cromelin parrain et marraine, et baptisée par mᵣ peiret notre ministre.

PAUL DROILHET   PIERRE BERTON
ANNE TESTART   PEIRET ministre

Baptême—Aujourdhuy 29ᵉ xᵇʳᵉ 1700 et dimanche apres la priere a Esté Batisée Elizabeth payret fille de mᵣ payret notre ministre et margueritte Latour née Lundy dernier 22ᵉ du present mois a quatre hures apres midy pre-

sentée au S? batême par pierre payret et madelenne
peyret parins et marine et batizée par m? payret.

MAGDELEINE PEIRET.　　　　　PEIRET.

PEIRET ministre　　　　　　　PEIRET.

Baptême—Aujourdhuy dimanche 12? Jen? 170$\frac{4}{}$ apres
la priere a Etée batizée marie galeau fille de piere et de
Suzanne boisons née le 4? du present mois presentee au
S? bâpteme par Jean perlier et marie naudin parins et
marine, batisée par m? payret notre ministre.

PEIRET ministre.　　　　　　JEAN PERLIER

　　　　　　　　　　　　　　MARIE NAUDAIN

Baptême—Aujourdhuy dimanche 12? Jen? 170$\frac{4}{}$ apres
la priere a Etée batizée marie boudinot fille de Elie boudinot Le June et de marie catherine Carré née le 7? du
present mois a quatre hures du matin et presentée au
S? bateme par Elie boudinot L'aisné et marie flurieau
parins et marine, batizée par m? payret notre ministre.

ELIE BOUDINOT　　　　　　　ELIE BOUDINOT J^{ne}

MARIE FLEURIAU　　　　　　 PEIRET, ministre

Enterement—Le mardy quatorze yeme de Jen? 1701
marie anne Rispeault famme de Claude Royé natiue de
la ville de potiers au roieaume de france Est decedée ce
jourdhuy quatrures apres midy et a Etée enterée le lende-
main au Simetiere public de Se lieu Le soubzsignes ont
assisté a son enterement.

PEIRET min.　　　　　　　　PAUL DROILHET

Baptême—Aujourdhuy dimanche 19? Jen? 1701 apres
la priere du soir a Eté batizé en cette Eglize par monsieur payret notre ministre marguerite perdrieau fille
d'Estienne et de margueritte bontecou née mardy le 14?
du present mois a neuf heures du matin presentée au
S? batême par pierre bontecou et Elizabeth perdrieau
vefue de feu Jean hattier parins et marine.

　　　　　　　　　　　　　　PEIRET, min.

P. BONTECOU　　　　　　　　ELIZABET HASTIER.

Mariage—Aujourdhuy mecredy 29ᵉ Jenᵣ 1701 auant La priere a Eté beny Le mariage de Jean Pierre de Salenaue et de madelenne genoü par mᵣ payret notre ministre en cette Eglize. Le jour que dessus.

PEIRET ministre   JEANPIERRE SALENAUE
   JEAN DUBOIS   L. GENEUIL

Batême—Aujourdhuy mecredy 29ᵉ Jenᵣ 1701 apres la priere a Eté batizé en cette Eglize par mᵣ payret notre ministre Jean Jourdain fils de henry et Elizabeth sa famme presenté au Sᵗ batême par Capⁿᵉ Wᵐ Caldwall et mary Tuder parins et marine.

PEIRET min.   Wᴹ CALDWALL
                         MARY TUDER
                         JOHN CERHET (?)

Mariage—Aujourdhuy mecredy 26ᵉ feuᵣ 1701 auant la priere a Esté beny en Cette Eglize Le mariage de Jean hain et Jeanne bouquet.

PEIRET ministre   JEAN HAIN
   ELIAS NEAU   marque de ꬶ JEANNE BOUQUET
   JEAN DAUID ancien
   PAUL DROILHET

Baptême—Aujourdhuy dimanche 5ᵉ apruil 1701 apres la priere du soir a Eté batizé abraham poutreau fils de daniel et de marthe Couson né le 25ᵉ mars dernier a cinq hures du matin batizé par mᵣ payret notre ministre et presenté au Sᵗ batême par william fullwood et marie Couson parins et marine.

PEIRET ministre   D. POUTREAU
                          Wᴹ FULLWOOD
                          MARIE COUSSON

Batême—Aujourdhuy 13ᵉ auril 1701 apres la priere du soir a ésté batizé en cette Eglize par mᵣ payret notre ministre Elizabeth bounin fille d'aman et de susanne

valeau née le 31ᵉ mars dernier et presentée au Sᵗ batême
par gregouere gougon et Elizabeth vincens famme de
daniel maynar parins et marine.

A. BONNIN.   G. GOUGEAU.

ELIZABETH MESNARD

Batême—Aujourdhuy 16ᵉ auril 1701 apres le preche a
Esté batizé daniel bernardeau fils de daniel et de marianne monier né le 12ᵉ du present mois batizé par mᵣ
payret notre ministre et presenté au Sᵗ bateme par
pierre rezeau et marie roubineau parins et marine.

PEIRET min.   DANIEL BERNARDEAU
                               PIERRE RESEAU
                               MARIE ROBINEAU

Batême—Aujourdhuy mecredy 16ᵉ auril 1701 apres le
preche a Eté batizée marie maho fille d'Estienne et de
Sara michel née le 4ᵉ du present mois au matin et batisée par mᵣ payret notre ministre et presentée au Sᵗ
batéme par Jean Le Cheuallier et marie La plaine sa
famme parins et marine.

PEIRET min.   E. MAHAULT
                               JEAN LE CHEUALIER
                               MARIE LE CHEUALIER

Batême—Aujourdhuy mecredy 16ᵉ auril 1701 apres le
preche a Eté batizé Elizabet Guiou fille de Jacques et de
anne vigneau née le 9ᵉ du present a minuit et batizée
par mᵣ payret notre ministre et presentée au Sᵗ bateme
par vincens thillou et anne vincens parins et marine.

PEIRET min.   JAQUE GUIOU
                               VEINCENT TILLOU
                               ANNE VENCENT

Batême—Aujourdhuy dimanche 20ᵉ d'auril 1701 apres
le preche du soir a Eté batizée Jeanne Renbert fille de
Elie renbert et de marthe moreau née le premier du

present mois a onze heures du soir batizée par m.ͬ payret
notre ministre et presentée au S.ͭ bateme par Elie renbert le june et Jeanne targe parins et marine.

PEIRET min.   ELIE VANBERT

                               ELIE VANBERT

Batême—Aujourdhuy dimanche 20.ͤ d'auril 1701 apres
le preche du soir a Eté batizée Judith morin fille de
pierre maurin et de marie Jamain née le 13.ͤ du present
mois a trois hures du matin, batizée par m.ͬ payret notre
ministre et presentée au S.ͭ batême par Estienne Jamain
et Judith Jamain parins et marine.

PEIRET min   PIERRE MORIN

                               ESTIENNE JAMAIN

                               JUDITH JAMAIN

Batême—Aujourdhuy dimanche 20.ͤ d'auril 1701 apres
le preche du soir a Eté batisée Ester morin fille de pierre
morin et de marie Jamain née le 13.ͤ du present mois a
trois hures du matin, batizée par m.ͬ peyret notre ministre, et presentée au S.ͭ bateme par pierre morin et
Ester charron parins et marine.

                PIERRE MORIN   PEIRET, min.

                ESTER CHARRON

Batême—Aujourdhuy dimanche 4.ͤ May 1701 apres la
priere a Esté batizé Jean houdard fils de daniel et de
marthe Geffroy né le Samedi ving six du mois passé et
presenté au S.ͭ bateme par Jacques many et madelenne
filleux parins et marine et batizé par m.ͬ payret notre
ministre.

PEIRET ministre   JACQUE MANY

Batême—Aujourdhuy quatorzej.ͫᵉ May 1701 apres la
priere a Eté batizée marie anne barberye fille de Jean
barberie et de francoise brinqueman presentée au S.ͭ ba-

têne par Daniel Crommelin et anne Courtlandt née le 25ᵉ auril dernier et batizée par mʳ payret notre ministre.

PEIRET min

JEAN BARBERIE
DANIEL CROMMELIN
ANNA DE LANCE

Batéme—Aujourdhuy 17. jour de Juin 1701 apres la priere Susane Laurens fille de Jean Laurens et de marie annereau a Eté presentée au saint batéme par auguste Grasset et Elizabeth manigeau parain et marreine, a été batisée par mʳ. peiret.

JEAN LAURAN
AUGUSTUS GRASSET
ELIZABET MENIGAU

Mariage—Aujourdhuy Dimanche vingt neuf Juin auant La priere du Soir a Eté beny Le mariage de Jean faget et de madelene Dauid par monsieur Payret notre ministre en Cette Eglize, Le jour et an que dessus.

JEAN DAUID
ESTER UIENCENT
MADELENE VINCENT
F. VIENCENT
ESTER DAUID
ANE DAUYD
ANNE MANY
ELIE PELLETREAU
PEIRET, minis.

JEAN FAGET
MADELLENE DAUID
JEAN DAUID
JEAN PELLETREAU
DANIEL MESNARD
LIUE VINCENT
PAUL DROILHET

Batéme—Aujourdhuy dimanche vingt yeme de Juillet 1701 apres la priere du soir a Esté Batizée madelenne coulon fille de Jean Coulon et marie duté née le vendredy a huit hurres du matin onzjeme du courent et presentée au Sᵗ bateme par benjamin dariette et madelenne boudinot parins et marine et batizée par mʳ payret notre ministre.

PEIRET min.

JEAN COLLON
BENJAMIN DHARIETTE
MADELAINE BOUDINOT

Batéme—Aujourdhuy mecredy ving trois yeme Juillet 1701 apres la priere a eté batizée Jeane Jolin fille de andré Jolin et de madelene pepin nee le Samedy dix et neuf du Courent a dix hurres du matin et presentée au S: batême par pierre Bauard et Jeane dugua parins et marine et batizée par m: payret notre ministre.

PEIRET min.   ANDRE JOLIN

Batéme—Aujourdhuy mecredy Sixiéme daout 1701, apres La priere a Eté batisé Jacob Sallé fils d'abraham Sallé et d'olliue perreau, né le Lundy Vingthuit de Julliet, environ les sept heures du soir, a Eté presenté au Saint batéme par Jacob baillargeau et madelaine peiret parain et mareine par monsieur peiret.

PEIRET minis.   SALLÉ
                                JACOB BAILLERGEAU
                                MAGDELENE PEIRET

Bateme—Aujourdhuy dimanche 24ᵉ jour du mois d'aout 1701 apres La priere du soir a Eté batisé andré Canon, fils de Jean Canon et de marie Legrand, né le 18. d'aout entre les onze heures et midy et il a eté presenté au Saint batéme par andré Canon et anne poupin parin et marinne et a eté batisé par m: peiret.

PEIRET min.   JEAN CANON
                                 ANDRÉ CANON
                                 ANN POUPIN

Batéme—Aujourdhuy dimanche 24ᵉ d'aout 1701 apres La priere du soir a Eté batisée marie Canon, fille du Jean Canon et de marie Legrand née le 18ᵉ d'aout entre les onze heure et midy, et a été presentée au Saint batéme par abraham Canon, et sarra démarais parain et marenne et a été batisée par m: peiret ministre.

PEIRET min.   JEAN CANON
                                 A. CANON
                                 SARA DESMAREST

Bapteme—Ce jourdhuy 31ᵉ jour d'aout, dimanche, apres la priere du soir a Eté batisée Ester gougeon, fille de grégoire gougeon, et de renée graton, née le 25ᵉ d'-aout, elle á été présentée au Saint batéme par Ezaye Valleau et chaterine jouneau parain et marene et á été batisée par monsieur peiret.

PEIRET minis.   GREGOIRE GOUGEON
                                F. VALLEAU
                                CATERINE JOUNEAU

Bateme—Aujourdhuy dimanche 21. de septembre apres la priere du soir a Eté batisée anne perlier, fille de Jean perlier et d'anne Rezeau née le 11. du méme mois, et a Eté presentée au saint batéme par Jacob Ratier, et marie arneau parain et marenne, et elle a Eté batisée par monsier peiret.

PEIRET minis.   JEAN PERLIER
                                J. RATTIER
                                MARIE ARNAUD

Baptéme—Ce jourdhuy dimanche 21ᵉ Septembre apres la priere du soir a Eté batisée Ester Vallet fille de Jacques Vallet et de judhy archambeau née le 12. du meme mois, elle á été presentée au saint batéme par daniel poutreau et ester archambeau parrain et maraine, et batisée par monsieur peiret.

PEIRET min.   JACQUE VALLET
                                D. POUTREAU
                                ESTER ARCHAMBEAU

Baptéme—Ce jourdhuy 12. jour d'octobre apres la priere du soir á eté batisé Isaac blanchard, fils de Jean blanchard et de susane rouseau né le 14ᵉ de septembre passé, et il á eté presenté au saint batéme par rené rouseau, et marie rouseau parrain et marraine, et batisé par monsieur peiret.

PEIRET minis.   RENÉ REZEAU
                                MARYE REZEAU

Batéme—Ce jourdhuy dimanche 26. d'octobre apres la priere du soir a Eté batisé Eliah adams fils de thomas adams et de marie gamor, né la 22. du meme mois, a eté presenté par son pere, il a eté batisé par mons.^r peiret.

Peiret ministre.   Tho. Adams.

Batéme—Ce jourdhuy neufieme de nouembre 1701 apres la priere du matin á eté batisé Josse gosselin fils de Jacob gosselin et de Judy Cleuily nay le 7.e d'octobre á eté presenté au saint batéme par george durieu et mag-delaine Lefeure parrain, et marraine Il á eté batisé par m.^r peiret ministre de leglise.

Peiret minis.   Jacob gosselin
              —|— marque de Josse Durieu

Batéme—Ce jourdhui 16e jour de nouembre apres la priere du soir á été batisé Jean jandein fils de daniel jandein et de Catherine Lamoureux, il á eté presenté au saint bateme par Jean Lafond et marie dubois parrain et marraine, il á été batisé par m.^r peiret ministre de Léglise.

Peiret ministre   D. Jandin
                                   J. Lafont
                                   Marie dubois

Batéme—Ce jourdhuy premier jour de Lannée 170½ apres le sermon a Eté batisée marie coûtan fille de jean coutan et de Susanne gouin, elle á été presentée au saint batéme par daniel potreau et marie du bois parrain et marenne, et elle á eté batisée par monsieur peiret ministre.

Peiret ministre.   Jean coutant
                                   D. Poutreau
                                   Marie dubois

Mariage—Aujourdhuy mécredy 7ᵉ jour de Janvier 170½, auant la priere á été beny Lemariage de pierre rauard et de Janne du Gas par monsieur peiret notre ministre.

PEIRET minis.   marque ⋏ du dᵗ PIERRE RAUARD

Baptéme—Aujourdhuy dimanche 11ᵉ jour de Janvier 170½ á Eté batisée Susanne fille de henry de money et de marianne grasset, elle est née le Sixieme de januier, et elle á été presentée au Saint batéme par auguste grasset et Susanne Hulin, parrin et marraine, elle á eté batisée par monsieur peiret apres la priere du soir.

    PEIRET min   HANRY DE MOÑEY
                        AUGUSTUS GRASSET
                        SUSANNE HULLIN

Batéme—Aujourdhuy dimanche 11. jour de Januier 170½ apres la priere du soir á Eté batisé benjamin faneuil fils de benjamin faneuil et d'anne bureau, nay le 29. de decembre dernier, il á eté presenté au saint batéme par son pere et par susanne papin, parin et maraine, batisé par monsieur peiret.

    PEIRET ministre   BENJ. FANEUIL
                        SUSANNE PAPIN

Bateme—Ce jourdhuy dimanche 18. jour de januier 170½ apres la priere du soir, Elizabeth angeuin, fille de Zacarie angeuin et de marie naudin, á eté batisée par mʳ peiret ministre de leglise, elle á eté presentée au Sᵗ batéme par andré naudin et marie chevallier parrain et mareinne.

    PEIRET min.   ZACARIE ANGEUIN
                        ANDRÉ NAUDEIN
                        MARY LE CHEUALIER

Bateme—Ce jourdhuy dimanche premier jour de Mars apres la priere du soir á eté batisé daniel Lauran fils de andré Lauran et de marie Lukas né le 18º de januier Il a eté presenté au Saint batéme par auguste Lukas et blanche du bois parain et maraine, il a eté batisé par mr peiret, ministre de leglise.

PEIRET minis.   ANDRÉ LAURAN
                       AUGUSTE LUCAS
                       BLANCHE DUBOIS

Bateme—Ce jourdhuy mecredy 4º de mars apres la priere á Eté baptisee francoise Jay fille d'auguste Jay et de anne marie bayor, elle a Eté presentée au St bateme par Jacob bayor et marguerite bayor parains et mareine, elle est née le 26º de feurier, Elle a eté batisée par monsieur peiret ministre de leglise.

PEIRET minis.   AUGUSTE JAŸ
                       JACOBUS BAŸARD
                       MARGRITA BAYARD

Bateme—Ce jourdhuy dimanche 8º jour de mars 170½ apres la priere du soir á eté batisée Susane madelaine peltreau fille de Jean peltreau et de marie madelaine Vinsent, elle est née le 26º de feurier dernier elle a etê presentée au Saint bateme par Jean Vinsent et madelaine peltreau parin et maraine, elle á eté batisée par mr peiret ministre.

J. VINCENT   JEAN PELLETREAU
MADELENE VINCENT.   PEIRET minis.

Batéme—Ce jourdhuy 15º jour de mars apres la priere du soir a eté batisée anne galhaut fille de pierre galhaut et Susane boisson, elle est née le 10º de mars elle á eté presentee au saint batéme par pierre Rezeau et janne odarts parrain et maraine, elle a eté batisée par monsieur peiret ministre ordinaire de leglise.

                       PEIRET minis.

Batéme—Ce jourdhuy mecredy 18⁹ mars apres la priere a Eté batisé daniel giraud fils détienne giraud et de jane foucaud, il est né le 9⁹ du courant et a eté presenté au saint batéme par daniel jouet et marie pimard parain et maraine, et a Eté batisé par monsieur peiret ministre ordinaire de leglise.

PEIRET ministre.

Bateme—Ce jourdhuy mecredy premier jour d'auril 1702 aprés le sermon et la priere a Eté batisée anne fille de Jean in et de jeanne bouquet, elle est née le 31 mars passé elle a eté presentée au Sᵗ batéme par denis riché et anne Vinsent parain et maraine et elle a Eté batisee par monsieur peiret ministre ordᵗᵉ de leglise.

PEIRET ministre   JEAN HAIN
                                   DENIS RICHÉR
                                   ANNE VENCENT

Batême—Aujourdhuy vingt neuf jour d'auril et Ce mecredy apres la priere a etée batizee anne droilhet fille de Paul et de Susanne Lavabre, née le premᵗ du present mois, et a été presentee au Saint batême par ses pere et mere parins et maraine et batizée par monᵗ payret ministre de Cette Eglize.

PAUL DROILHET
SUSANNE DE LAUABRE

Bateme—Ce jourdhuy dimanche 12. jour du mois de may 1702 apres la priere du soir á eté batisé, Jacques delansay fils détienne delansay et d'anne van Cortland né le 5. jour d'auril dernier, il a eté presenté au Saint bateme par Jean barberie et Gertrude van Cortland Le dit Jacques delansay á eté batisé par monsᵗ peiret ministre ordinaire de leglise.

PEIRET ministre   ESTIENNE DE LANCEY
                             JEAN BARBERIE
                             GEERTRUYDT VAR CORTLET

Bateme—Aujourdhuy 10. jour du mois de juin 1702 mecredy apres la prie á eté batisé Jean pierre Salnaue fils de jean pierre Salnaue et de madelaine gneneuil né le 2ᵉ de juin, il a eté presenté au Sainté batemé par Jean du bois et marie geneuil parain et marraine, il á eté Batisé par monsieur peiret ministre de leglise.

PEIRET, ministre.   JEAN PIERRE SALLENAUE
JEAN DUBOIS
MARIE DUBOUIS

Bateme—Aujourdhuy 29ᵉ de juin 1702 dimanche apres la priere du soir á eté batisé andré gabriel Stokey fils d'andré Stokey et de marie brossard nay le 6ᵉ de juin il a eté presenté au saint bateme par andré Stokey et par fransoise Stokey parrain et marraine, et batisé par monsieur peiret ministre de leglise.

PEIRET ministre.   ANDREW STUCKEY
LA UEUUE FRANÇOISE STUCKEY

Batême—Aujourdhuy 9ᵉ d'aoust 1702 apres la priere a eté batizé Izaac chardauoine fils de Elie et de anne Valleau né le onzeyeme juillet dernier a onze heurs du matin et presenté au Sᵗ Bateme par arnaud Valeau et Sara valeau parins et marine et batizé par monsʳ payret ministre de Cette Eglize.

PEIRET min.   HELIE CHARDAUOYNE
ANNE VALLEAU
ARNAUD VALLEAU
SARRA VALLEMA

Bateme—Aujourdhuy 23ᵉ jour d'aoust 1702 dimanche au matin apres la priere á été batisée Judih trocheron fille de pierre trocheron et de judih allard, elle a eté presentee au Saint Bateme par pierre trocheron et Judith allard parain et maraine, elle est née le 27. de julliet batisée par monsʳ peiret ministre.

PEIRET min.   PIERRE TROCHON
JUDITH ALLARD

Bapteme—Ce jourdhuy dimanche 23. jour d'aout 1702 a été batisé Jean Jacques faget fils de Jean faget et de madelaine dauid né le 19. d'aout presenté au Saint bateme par Jean dauid et anne chardon parrain et marraine batisé par monsieur peiret ministre de leglise.

FAGET   JEAN FAGET
PEIRET min.   JEAN DAUID

Batéme—Ce jourdhuy dimanche 30e d'aout 1702 apres la priere du soir a Eté batisé Elizabeth Cheuallier fille de jean le cheuallier et de marie sa femme. née le 26e d'aout presentée au saint bateme par Gille Godineau chirugien et de Sarra demarais parain et marraine, elle a eté batisee par monsieur peiret ministre.

PEIRET min.   JEAN LE CHEUALIER
                         G. GAUDINEAU
                         SARA DESMARES

Bateme—Ce jourdhuy 6e jour de Septembre 1702 dimanche apres la priere du soir á eté batisé Isaac garnier fils disaac garnier et de Elizabeth doublet, né le 23e daout dernier il a eté presenté au Saint bateme par Jean doublet et marie doublet parain et maraine, il a eté batisé par monsieur peiret ministre ordinaire de leglise.

PEIRET minis.   ISAAC GARNIER.

Bateme—Ce jourdhuy mécredy 9e de Septembre 1702, apres la priere a eté batisé abraham Canon fils de jean canon et de marie legrand né le 7e de Septembre, il a eté presenté au bateme par pierre legrand et altuer Blom mariane parrain et marraine, il á eté batisé par monsieur peiret ministre de leglise.

PEIRET min   JEAN CANON
                         P. LEGRAND

Bateme—Ce jourdhuy mecredy 16ᵉ de Septembre 1702 apres le priere a eté batisee Elisabeth moyon fille de guillaume moyon et de marie perdrieau née le 13ᵉ de septembre elle a eté presentee au Saint Bateme par Etienne perdrieau et Elisabeth perdrieau parrain et marraine elle a Etée batisée par monsᵣ peiret ministre de leglise.

Peiret min   G. Moyon
                       Estienne Perdriau
                       Elizabeth Hastier

Bapteme—Ce jourdhuy mecredy 21. doctobre 1702, jour de jeûne apres le priere du soir á etee batisee anne Tillou, fille de Vincent Tillou et d'Elizabeth Vigneau, née le dernier de Septembre dernier, elle a eté presentee au saint bateme par françois Vincent et Elizabeth guerrier parain et maraine, elle a eté batisée par monsieur peiret ministre de leglise.

Peiret min.   Veincent Tillou
                       F. Viencent

Bateme—Aujourdhuy mecredy 25. jour de nouembre 1702 apres la priere á eté batisee marguerite feurt, fille de barthelemy feurt et de madelaine peiret née le 12ᵉ de nouuembre presentee au Saint bateme par pierre peiret et marguerite de Latour, parain et marraine, batisée par monsᵣ Daniel bondet ministre de la rochelle.

Peiret   Bartᴸᴱ Feurt
                      D. bondet

Mariage—Aujourdhuy dimanche 5ᵉ jour du mois de decembre 1702 auant la priere du soir á eté beny Le mariage de jacques ballereau et Janne odar sa femme, par monsieur peiret ministre.

Peiret min.   Jacque Ballereau
Pierre Rolland   Jeanne Odeart
Marthe odort   Jacques Many
Anne many   Danil Lambert

Baptéme—Aujourdhuy dimanche 20ᵉ de Xᵇʳᵉ 1702 apres la priere du soir á eté batisé Jean thibou fils de gabriel thibou et de marie thibou né le 17ᵉ Xᵇʳᵉ il á eté presenté au saint batemé par pierre morin et janne Couly parain et maraine batisé par mʳ peiret ministre.

PIERRE MORIN   GABRIEL THᵗᴮᵒᵁ
PEIRET minis.   JANNEJE COOLŸ

Bateme—Aujourdhuy Vandredy 25ᵉ de decembre 1702 Jean Dauid a Eté batisé avans la priere et le sermon fils de Jean dauid et de Louise Strein né le 23ᵉ du meme mois presenté au saint bateme par Jean dauid et Ester Vincen, parain et maraine batisé par monsieur peiret ministre de leglise.

PEIRET min.   JEAN DAUID
                                ESTER UINCENT

Mariage—Aujourdhuy mecredy 13. jour jenvier 1703 avant la priere á eté beny le mariage de daniel bueau et Ester gaillard par monsieur peiret ministre de leglise.

DANIEL GAILLARD   DANIEL BEAU
ANDRÉ LAMOURAU   ESTER GAILLARD
PEIRET min.

Bateme—Aujourdhuy dimanche 17. jour de januier 170⅔ apres la prie du soir daniel audard fils de daniel audard et de marthe joffray, a eté batise par mʳ peir, nay le 12ᵉ du courant presenté au Saint bateme par jaques ballereau et sarra bonthecou parains et maraine.

PEIRET m.   DANIEL AUDRET
                                JACQUE BALLEREAU
                                SARRA BONTECOU

Bateme—Aujourdhuy dimanche 28ᵉ feburier 170⅔ apres la priere du soir a eté batisé Jean dhariette fils de benjamin dhariette et d'anne hauteman nay. le 26ᵉ feurier, presente au saint batame par dauid papain et Susanne dhariette parrain et marraine, il até batisé par mons: peiret ministre de leglise.

PEIRET min.   BENJAMIN DHARIETTE
DAUID PAPIN
SUZANNE BOUDINOT

Bateme—Auiourdhuy dimanche 7º de mars 170⅔ apres la priere du soir a eté batisé Jacques dauid fils de Josué dauid et de marie odbert nay le 30º de Januier, presenté au Sț bateme par Jacques blanchard et Elisabeth odebert parains et marrainne batisé par monsieur pieret ministre ordinaire de leglise.

PEIRET m.   JOSUÉ DAUID
JACQUE BLANCHARS
ELIZABETH AUDEBERT

Bateme*—Aujourdhuy 10º de mars 170⅔ apres la priere á été batisé Etienne perdrieau fils detienne perdrieau et de marguerite bontecoû presenté au saint bateme par daniel bontecou et marie bontecou parrain et marraine, Il est nay le 4º de mars, batisé par monsieur peiret ministre.

DANIEL BONTECOU
MARIE MOYON
PEIRET, m.

Bateme—Auiourdhuy dimanche 21º de mars 170⅔ apres la priere du soir a eté batisé anne menard fille de daniel menard et d'Elisabeth Vincent presentée au Saint batéme par francois Vincent et anne Vincent parrain et marraine née le 19º du courant batisée par mᴿ peiret ministre de leglise.

PEIRET m.   DANIEL MENARD
F. VIENCENT
ANNE MANY

---

* Delivré copie le 29º 7ᵇʳᵉ 1760 a Mʳ Perdriau.   Vallade.

Mariage—Ce jourdhuy mecredy 5ᵉ de may avant la priere a Eté beny le mariage d'henry pichot auec andree pilotte par mʳ peiret en presence de lassemblee.

PEIRET m.

HENRŸ PICHOT
ANDREE PILLOT
SAM. BOURDET
JACQUES THARGET

Mariage—Aujourdhuy dimanche 9ᵉ jour de may 1703 auant la priere du soir á été beny le mariage de daniel ayrauld et marie Robineau par monsʳ peiret en presence de leglise.

PEIRET m.

DANIEL AYRAULT
MARIE ROBINEAU
GREGOIRE GOUGEON
JUDITH ROBINEAU
SUSANNE NEAU
EZECHIEL GRAZIELLIER
JUDIHT ROBINEAU
ELIAS NEAU

Bateme—Aujourdhuy dimanche 23 de may 1703 apres la priere du soir á eté batisee marie fille de noel delamarre et de Susanne lheureux née le 26ᵉ Xᵇʳᵉ 1702, presentée au Sᵗ bateme par Jean Faget et janne audar parrains et marraine elle até batisé par mʳ peiret ministre de leglise.

PEIRET m.

JEAN FAGET
JEANNE ODEART

Bateme—Ce jourdhuy dimanche 20ᵉ jour de juin 1703 apres la priere á eté batisé Jacques, fils dElie ranbert et de marthe moreau nay le 17. de Juin presenté au saint bateme par Jacques arondaux et marie audere parrain et marraine, Il a eté batisé par mʳ peiret ministre de leglise.

PEIRET m.

ELIE VANBERT
JACQUE ARONDAUX
MARI AUDERRE

Batéme—Aujourdhuy 4ᵉ de Juilliet dimanche aprés la priere du soir a eté batisé Samson fils de Jean gacherie et de judich gallais nay le 6ᵉ de may dernier il a Esté presenté au saint bateme par aman bonnin et marie Gallais parrain et marraine, et batisé par mᵣ peiret ministre de Leglise.

PEIRET m.   JUDITH GALLAIS
                                             A. BONNIN
                                             MARIE GALAIS

Bateme—Aujourdhuy 22ᵉ aoust Dimanche aprais la priere du soir a Esté Batisée anne fille de Jacob Gernereau et de anne Cook, née le 19ᵉ courant a Esté presentée au Sᵗ Batesme par Jacque desbrousse et hellaine Godineau parain et maraine, Baptisée par mᵣ Peiret ministre de cette Esglise.

PEIRET m.   JACOB GERUREAUD
                                     J. DESBROSSES
                                     HELLENE GAUDINEAU

Bateme—Aujourdhuy 29ᵉ aoust Dimanche aprais la priere du soir a Esté Baptisée Susanne fille d'Elie Boudinot Et de Marie Carré née le 19ᵉ courant a Esté presentée au Sᵗ Baptesme par Louis Carré et Susanne Veufue dElie Boudinot parain et maraine Baptisée par mᵣ Peiret ministre de cette Esglise.

PEIRET m.   ELIE BOUDINOT
                                     LOUIS CARRÉ
                                     SUZANNE BOUDINOT

Bateme—Aujourdhuy Dimanche 5ᵉ Septᵉ aprais la prierre du soir a Esté Baptisée Judith fille de Jacob Goselain Et de Judith Lesueillée née le 24ᵉ Jeuin dernier a Esté presentée au Sᵗ Baptesme par Jean Guansell et Judith Roy parain et maraine baptisée par mᵣ Peiret ministre de cette Esglise.

PEIRET m.   JACOB GOSSELIN
                                     JEAN GANCEL
                                     JUDICH GANCEL

Bateme—Ce jourdhuy mecredy 15ᵉ de Septembre 1703 aprés la priére a eté baptisée anne fille de jacques Spinsar et de marie Carrillier née le 3ᵉ de septembre presentée au saint bateme par adam Carrillier et anne Carrillier parain et marraine, elle a eté batisee par mʳ peiret ministre de leglise.

PEIRET m.   ADAM CARILIEE

Batéme—Aujourdhuy Dimanche 19ᵉ Septembre 1703 aprais la priere du soir a Esté Baptisé François fils de Benjamin faneuil et anne Bureau né le 21ᵉ Aoust a Eu pʳ parain françois Bureau et anne delancey pʳ maraine a Esté Baptisée par mʳ Peiret.

PEIRET m.   BENJᴬ FANEUIL
                                       BUREAU Laîné
                                       ANNA DE LANSE

Bateme—Dimanche 29ᵉ * 7ᵇʳᵉ a Esté Baptisé Jean Perlier fils de Jean Perlier et anne Reseau ne le 5ᵉ Courant a Eu pʳ parain pierre Rezeau Et marie Rezeau pʳ maraine a Esté baptisée par mʳ Peiret.

PEIRET m.   JEAN PERLIER
                                       PIERRE REZEAU
                                       MARYE REZEAU

Bateme—Aujourdhuy dimanche 26ᵉ Septembre 1703 apres la priere du soir a été batisée francoise fille de jean Jacques minvielle et de susanne papin elle est née le 17ᵉ du dᵗ presentee au saint bateme par dauid papin et francoise barberie parrain et maraine elle a ete batisee par monsieur peiret ministre.

PEIRET m.   J: J: MINUIELLE
                                       DAUID PAPIN
                                       F. BARBERIE

---

* Apparently a mistake for 19ᵉ

Baptesme—Aujourdhuy Dimanche 3ᵉ octobre a Esté Baptisee Sarra fille de Jean manbru et de Sara manbrut Est née le 13ᵉ Septᵉ dernier a Eu pʳ parain Jean manbrut et Sara sa mere Baptisée par monsʳ Peyret ministre.

PEIRET m.   JEAN MANBRU Le Jeune

Bapteme—Aujourdhuy Dimanche 10ᵉ octobᵉ 1703 a Esté Baptisé Paul fils de Jean faget et de madelis Dauid Est né de 2ᵉ du courant a Eu pour parain Paul Droilhet et Ester Dauid pʳ maraine a Este baptisée par mʳ Peiret mᵉ

PEIRET, m.   JEAN FAGET
                             PAUL DROILHET
                             ESTER UINCENT

Bapteme—Aujourdhuy dimanche 17. doctobre 1703 aprés la priere du soir a eté batisé Jean Stuckey fils dandré Stukey et de marie brossard, nay le 7ᵉ du courant, il a eté presenté au saint bateme par Jean auboyneau et marie brossard parain et marraine, et batisé par mʳ peiret ministre.

PEIRET m.   ANDREW STUCKEY
                             JOHN AUBOYNEAU
                             MARIE BROUSSARD

Bapteme—Aujourdhuy dimanche 17. d'octobre 1703. a eté batisé marie anne fille de pierre morin, et de marie jamain, née le premier doctobre, presantee au saint bateme par paul droilhet et judich andreau parrain et marraine Elle á eté batisée par monsieur peiret apres la priere du soir.

PEIRET m.   PIERRE MORIN
                             PAUL DROILHET
                             JUDITH CAZALZ

Bapteme—Aujourdhuy mecredy 10ᵉ 9ᵇʳᵉ 1703 apres la priere a Eté presentée au Sᵗ batême Jeanne Reneaud fille de andré reneau et de marie Reneaud sa femme, née le 25ᵉ du mois d'octobre dernier, et presentée au Sᵗ batême par mʳ Jean bachan et marie arnaud parins et marine.

PEIRET m.　　　　　　　　　　JEAN BACHAND

Bapteme—Aujourdhuy Dimanche 21ᵉ nouʳᵉ 1703 a Esté Baptisée anne fille de henry Demoney et de marianne Grasset Est née le 15ᵉ courant a Eu pʳ parain Simon Ramé et madelaine fauconnier pʳ maraine A Esté baptisée par mʳ Peiret.

PEIRET m.　　　　　　　HENRY DE MONEY
　　　　　　　　　　　　SIMON RAMÉ
　　　　　　　　　　　　MADELAINE FAUCONNIER.

Bapteme—Aujourdhuy dimanche 19ᵉ de decembre 1703 apres la priere du soir a eté batisé Jacques de lansay fils d'etienne de lansay et d'anne Van Corteland il est nay le 27. de nouembre presenté au Sᵗ bateme par auguste Jay et marguerite Bayard batisé par mʳ peiret ministre de leglise.

PEIRET m.　　　　　　　ESTIENNE DE LANCEY
　　　　　　　　　　　　AUGUSTE JAY
　　　　　　　　　　　　MARGRITA BAYARD

Bateme—Aujourdhuy dimanche 19ᵉ de Xᵇʳᵉ 1703 apres la priere du soir a eté batisé pierre feurt fils de Barthelemy furt et de madelaine peiret nay le 27. de nouembre presenté au Sᵗ bateme par pierre peiret et Susanne lambert parrain et marraine batisé par mʳ peiret ministre de leglise.

PEIRET m.　　　　　　　BARTᴱ FEURT
　　　　　　　　　　　　PIERE PEIRET
　　　　　　　　　　　　SUSANNE LAMBERT

Bapteme—Aujourdhuy Samedy pm^{er} Januier 170$\frac{3}{4}$ a Esté Baptisée Ester fille de Daniel Buau et de Ester Gaillard Est née le 25. X^{bre} dernier a Esté presentée au baptesme par Daniel Gaillard et p$^{r.}$ maraine Susanne Lamoureux batisée par m$^{r.}$ Peiret.

PEIRET m.   DANIEL GAILLARD

Bateme—Aujourdhuy 16e Januier 170$\frac{3}{4}$ a Esté baptisé Daniel fils de Daniel Jeandein et de catherine Lamoureux Est né le 27e nou^{e} dernier a Eu p^{r} parain Daniel Jandein et p^{r} marraine marie parré baptisée m$^{r.}$ Peiret.

PEIRET m.   D. JANDIN
                                   MARIE PARÉ

Bapteme—Aujourdhuy Dimanche 6. feubrier 170$\frac{3}{4}$ a Esté Baptisé Jacque fils de françois Vincent et de anne felhet Est né le 3e courant a Esté presenté au Bateme p^{r} Paul Drouilhet et Lydia Leuenthorp baptisé par m$^{r.}$ Peiret.

PEIRET m.   F. VIENCENT
                                   PAUL DROILHET
                                   LYDIA LEVENTHORP

Bapteme—Aujourdhuy Dimanche 20e feubrier 170$\frac{3}{4}$ a Esté Baptisée Susanne fille de Denis Riché et de Susanne bridon Est née le 7e courant a Eu p^{r} parain Jacque bilbeau et madelaine peltreau p^{r} maraine baptisée par m$^{r.}$ peyret.

PEIRET m.   DENIS RICHÉR
                        marque de A JACQUE BILBEAU
                                   MADELON UINCENT

Baptême—Aujourdhuy mecredy premier de mars 170$\frac{3}{4}$ apres la priere a Eté baptizée Susanne Lataniere fille de Salamon Lataniere et de anne Noel, née le

17ᵉ Jenᵉʳ dernier et presentée au Sᵗ batême par pierre Thipine et Susanne sa famme parins et marine.

PEIRET m.   P. TIPHAINE   SALEMEN LATANIRRE
                     S. TIPHAINE

Batême—Aujourdhuy Dimanche 12ᵉ mars 170$\frac{3}{4}$ a Esté Baptisée Ester fille de Pierre Sauouret et de Ester Dauid Est née le 3ᵉ courant a Eu pour parrain Jean Dauid et madelaine Jaullin pʳ maraine baptisée par mʳ Peiret.

PEIRET m   PIERRE SAVOURET
                         JEAN DAUID
                         MADELEŅE JOLEN

Batême—Aujourdhuy Lundy 17ᵉ auril 1704 apres la priere a Eté baptizé andré grasset fils de Samuel grasset et de marthe poupin né le 26ᵉ mars dernier presenté au Sᵗ batême par andre Joulin et marthe oldfilds et batisé par mʳ payret notre ministre.

PEIRET, m.   ANDRE JOLIN
                         MARTRE GRASSET

Batême—Aujourdhuy dimanche 23ᵉ auril 1704 apres la priere a Eté batizé Jean hain fils de feu Jean hain et de Jeanne bouquet né le 17ᵉ du present mois a neuf heures du soir presenté au Sᵗ bateme par Jacques biebeau et Elizabet vigneau parin et marine et batizé par mʳ payret notre ministre.

                 marque A de JACQUES BILLEBEAU
                         ELIZABET UIGNAUD

Baptesme—Notta que le 29ᵉ Jeuillet 1704, Est né le fils de Daniel Robert Et de Susanne nichollas du Cailleau sa femme, a Eté baptisé par mʳ Peiret dans sa maison le 19ᵉ auoust suivaṇt A Eu pʳ parain et maraine son pére et sa mére, a Esté baptisé Daniel.

Aujourdhuy vandredy premier jour de Septembre 1704 Est decedé monsieur pierre peiret ministre de cette Eglise Sur les neuf heures du matin.

Le second De Septembre monsieur peiret á eté enterré dens le Cimetiere commun de cette Ville.

Aujour dimanche dixieme deseptambre aprés la prieres du soir Les chefs de fammille Se sont arretés a la requete du Concistoire et ont unanim[t]. resollu que l'on payera a la veue demonsieur peiret ministre, outre le quartier courant qui Echoira á la S[t]. michel prochaine Une annee antiere des gages que cette Eglise luy faisoit.

L. Bongrand	Jean Barberie an.
Daniel gaillard	Jean Dauid ancien
Josue dauid	Paul Droilhet an.
Veincent Tillou	Auguste Jay anc.
Elie pelletreau	Elias neau ancn.
Jean perlier	P. nontels
Jean Le cheualier	Nicolas Jamain
denis Richér	Estienne De Lancey
Jean faget	André Lauran
Jean Lafont	f. Viencent
Jean Cazalz	Augustus Grasset
J. garreau	rené rezeau
Thomas Bayeux	André Foucaut
Elias Boudinot	P. Bontecou

Daniel Menard

Benjamin Dhariette D. Jandin

Abreham Giraud

Jean magnon Isaac Garnier P. Soumain

Andrew Stuckey Pierre Morin

A. Bonin

Aujourdhuy dimanche dixieme de Septembre 1704, les chefs de fammille etant assemblés auec le concistoire Sont demeurés d'acord qu'on Ecriroit par la premiere ordinaire a monsieur Laborie pour luy demander s'il veut

nous venir precher et administrer les Sacremens dans la
Circonstance ou nous nous trouuons.

L. Bongrand	Jean Barberie
Daniel Gaillard	Jean Dauid ancien
Veincent Tillou	Paul Droilhet an.
Elie pelletreau	Auguste Jay ancn.
Jean perlier	Elias neau ancn.
Jean Le cheualier	P. nontels
Denis Richér	Nicolas Jamain
Jean faget	Estienne De Lancey
Jean Lafont	André Lauran
Jean Cazalz	f. Viencent
J. garreau	Augustus Grasset
Thomas Bayeux	André Foucaut
Elias Boudinot	P. Bontecou
Benjamin Dhariette	D. Jandin
Jean magnon	P. Soumain
Isaac garnier	Pierre Morin
Daniel menard	A. Bonnin
Andrew Stuckey	Josue dauid
	Abreham Girad

Bateme—Aujourdhuy dimanche 8ᵉ 8ᵇʳᵉ 1704 apres La
priere du soir a Eté presenté au Sᵗ batême Jean Garreau
fils de Jean et de marie oderes et batisé par mʳ daniel
bondet ministre de la Noˡᵉ rochelle, et presenté au Sᵗ ba-
têma par francois vincens et Elizabeth gaudineau vefue
pierre odere parins et marine.

J. Garreau
F. Viencent
D. bondet min.

Batême—Aujourdhuy dimanche 15ᵉ 8ᵇʳᵉ 1704 apres La
priere du Soyr a Eté presenté au Sᵗ Batême Jacques
tiphaine fils de pierre et de Susane Reneh sa femme presenté au Sᵗ Batême par pierre tiphin son frere et marie

La plaine famme de Jean Le Cheualier, et batisé par m.ʳ Jacques Laborie nôtre ministre.

PIERRE TIPHAIN.
JAQUE LABORIE m.

Batême—Aujourdhuy dimanche apres la pred.ⁿ Ce 30ᵉ 8ᵇʳᵉ 1704 a Eté batizé Isaac Stuckey fils de André Stuckey et de marie brossard Est né Le mardy 17ᵉ du present moys et presente au S.ᵗ bâteme par françois auboineau et mariane sa famme et batizé par m.ʳ Laborie nôtre ministre.

J. LABORIE m.   ANDREW STUCKEY
                    JN. STUCKEY
                    FRANCOISE AUBOYNEAU

Bapteme—Aujourdhuy 10ᵉ Dessemb.ᵉ 1704 a Esté Baptisé Daniel fils de Jean Dauid et Louison String a Eu p.ʳ parain Jean faget et charlotte le mestre pour maraine, Est né le prem.ʳ courant a Esté baptisé par m.ʳ Laborie nostre ministre.

J. LABORIE m.   JEAN DAUID
                    JEAN FAGET
                    CHARLOTTE STREING

Bapteme—Aujourdhuy Dimanche 28ᵉ Januier 1705 a Esté baptisé Jacque fils de Jacque Desbrousse et d'Ellenne Godineau sa femme a Eu p.ʳ parain Gilles Godineau et hellenne Godineau p.ʳ marainne a Este baptisé dans leur maison par Laduis du Consistoire Veu Les Loignem.ᵗ et La Rigueur de La saison.

J. LABORIE m.   GILLES GAUDINEAU

Bapteme—Aujourdhuy Dimanche 4ᵉ feubrier 1705 a Esté Baptisé ozee fils D Estienne Perdriau Et de margritte Bontecou sa femme par m.ʳ Laborie, Est né le 27.

Janu.^r dernier a huit heure du mattin a Eu p.^r parain aman Bounin et Sara Bontecou p.^r maraine.

J. LABORIE m.   ESTIENNE PERDRIAU
                                 A. BONNIN
                                 SARRA BONTECOU

Bapteme—Aujourdhuy Dimanche ce que dessus a Esté Baptisé Dauid fils de Jean faget⁻ et de madel^{lle} Dauid sa femme a Eu p.^r parain Jean Dauid Lejeune et anne Dauid p.^r marainne a Esté baptisé par m.^r Laborie min.

J. LABORIE m.   JEAN FAGET
                                 JEAN DAUID
                                 ANNE DAUID

Bapteme—Aujourdhuy Dimanche 18.e feubrie 170$\frac{4}{5}$ a Esté Baptisé Barthelemy fils de Barthelemy feurt et de madelaine Peiret a Eu p.^r Parain le sus d.^t feurt et Susanne Peiret p.^r maraine Baptisé par m.^r Laborie min :

J. LABORIE m.   BART^{LE} FEURT
                                 SUSANNE PEIRET

Bapteme—Aujourdhuy Dimanche 25e feubrier 170$\frac{4}{5}$ a Esté baptisee Elizabeth fille de Daniel mesnard et de Elizabeth Vincent sa femme. a Eu p.^r parain Jacque many et margritte Vincent p.^r maraine baptisée par m.^r Laborie min :

J. LABORIE m.   DANIEL MENARD
                                 JACQUES MANY
                                 MARGUERITE UINCENT

Bapteme—Aujourdhuy Mercredy 28e feburier 170$\frac{4}{5}$ a Esté Baptisé Jacque fils de Jean Lafon et de Marie Dubois a Eu pour parain le susd.^t Lafon et blanche Dubois p.^r maraine. baptisé par m.^r Laborie min:

J. LABORIE m.   JEAN LAFONT
                                 BLANCHE DUBOIS

Bapteme—Aujourdhuy Mercredy 7ᵉ mars 170⅘ a Esté baptisé Janne fille de Jean Le Cheuallier et de marie cheuallier sa femme a Eu pour parain Jacque Desbrousse et Janne Jamain pᵣ maraine. Baptisée par monsᵣ Laborie min:

J. LABORIE m.   JEAN LE CHEUALIER
                                 JAMES DESBROSSES
                                 JANNE JAIM *

Mariage—Aujourdhuy Samedy 10ᵉ mars a lheure de la prierre a Este beny Le mariage de Jacque Rezeau de Sᵗ Martin de Ré Et marie Contesse natiue de Dublin par mᵣ Laborie min.

J. LABORIE m :   JACQUE REZEAU
                                 MARI CONTESSE
                                 RENÉ REZEAU
                                 JEAN   VESIEN
                                 PIERRE REZAU
                                 JOHN MOISE CONTESE

Bapteme—Aujourdhuy 14ᵉ mars 1705 a Esté Baptisée Françoise fille de Guillaume Moyon et marie Perdriau sa femme née le 4ᵉ courant a Eu pᵣ parain benjⁿ faneuil et Françoise Barberie pᵣ maraine baptisée par mᵣ La Borie Min :

J. LABORIE m.   BENJᴬ FANEUIL

Bapteme—Aujourdhuy Dimanche 18ᵉ mars 1705. a Esté baptisé Jean fils de Jean Pelletrau et de Madelaine Vincent a Eu pᵣ Parain Elie peltrau et Susanne poincent pᵣ maraine baptisé par mᵣ Laborie Min.

J. LABORIE m.   JEAN PELLETREAU
                                 ELIE PELLETREAU

---

* The remaining letters are illegible.

Bapteme—Aujourdhuy Dimanche 18.e mars 1705 : a Esté Baptisé Jacque fils de Jean Vesien et de anne Rezeau sa femme a Eu pour parain Jacque Rezeau et marie Rezeau p.^r marainne baptisée par m.^r Laborie min :

J. LABORIE m.   JACQUE REZEAU
                                 MARYE REZEAU

Bapteme—Aujourdhuy Dimanche 25e mars 1705 a Este Baptisé Jacque fils de Paul Drouilhet et de Susanne La Vabre sa femme a Eu p.^r Parain aug^{te} Jay et Susanne Drouilhet p.^r maraine Baptisé par m.^r Laborie min. Né le vandredy a onze hurres du matin 8.e de feu^{er} 1705.

J. LABORIE m.   PAUL DROILHET
                                 AUGUSTE JAŸ
                                 SUSANE DROILHET

Bapteme—Aujourdhuy Dimanche 8e Jeuillet a Esté Baptisé Daniel fils Dandré Lauran et de marie Lucas a Eu p.^r parain andré Lauran et sa mere p.^r maraine Baptisé par m.^r La Borie min : Est né le 9.e Jeuin dernier.

                                 ANDRÉ LAURAN
                                 MARIE LAURAN
                                 J. LABORIE, ministre

Bapteme—Aujourdhuy Dimanche 8.e Jeuillet a Esté Baptisée Janne fille de Isaac Frehel et de Mercy Blomer a Eu pour parain Paul Drouilhet et mad^{le} Jamain p.^r maraine, Baptisée par m.^r La Borie Min.

J. LABORIE min.   ISAAC FREHEL
                                 PAUL DROILHET
                                 JANNE JAMAIN

Bapteme—Aujourdhuy 14.e Jeuillet 1705 a Esté Baptisee Janne fille d'André Dupuÿ et de Janne Archanbeau Est né le 28.e Jeuin dernier a 4 : heure aprais minuit a Esté Baptisée par m.^r La Borie dans la maison du d.^t Sr Dupuy, a Eu p.^r parain Jean Lafont et Judith archambeau p.^r maraine.

                                 J. LABORIE m.

Bapteme—Aujourdhuy mercredy 8ᵉ Aoust a Esté Baptisé Jean fils de Isaac Garnier et d'Elizabeth Doublet sa femme Est né le 7ᵉ Courant a Eu pᵣ parain le susdᵗ Isaac Garnier et Janne Targé pᵣ maraine, Baptisé par mᵣ Laborie Min.

Bapteme—Aujourdhuy Dimanche 26ᵉ aoust 1705. a Esté Baptisé pierre Chardauoine fils de Elie chardauoine et de anne Valleau a Eu pᵣ parain Pierre Rezeau et Judith Robineau pᵣ maraine, Est Né le 14ᵉ Courant Baptisé par mᵣ LaBorie Min.

J. LABORIE m.　　　ELIE CHARDAUOYNE
　　　　　　　　　　PIERRE REZEAU
　　　　　　　　　　JUDITH ROBINEAU

Bapteme—Aujourdhuy Dimanche 16ᵉ Septᵉ 1705. a Esté baptisé　·　　fils de Vincent Tillou et dElizabeth Vignau sa femme a Eu pᵣ parain Son pere et anne Giou pᵣ maraine baptisé par mᵣ Laborie M: Est né le 21ᵉ aoust dernier.

J. LABORIE m.　　　VEINCENT TILLOU
　　　　　　　　　　ANNE GUIOU

Bapteme—Mercredy 5ᵉ Septᵉ a Esté Baptisé Phillip fils d'Alexandre allaire et de Janne Doens Est né le 21ᵉ aoust dernier a Eu pᵣ Parain Elies Boudinot et Catharinne allaire pᵣ Marainne Baptisé par mᵣ Laborie m :

J. LABORIE m.　　　ALEXANDRE ALLAIRE

Bapteme—Aujourdhuy Dimanche le 23ᵉ 7ᵇʳᵉ a Esté Baptisé Pierre fils d'Estienne de Lancey, Et D'anne Van Cortlandt né le 26 Daoust 1705 pour parin oliuier Van Cortlandt Et maraine Catherine Phillips Baptisé par monsᵣ Laborie m :

J. LABORIE m.　　　O: V: CORTLANDT
　　　　　　　　　　CATHARINA PHILLIPS
　　　　　　　　　　STEPHEN DE LANCEY

Bapteme—Aujourdhuy Dimanche le 30. 7bre a Esté Baptisé Jaque fils de Jacque many et D'anné Vencent né le 23 du dit mois 1705 pour parin francois Vencent Et Jeanne machet Baptisé par mons^r de laborie m :

J. LABORIE m.　　　　　　　F. VIENCENT
　　　　　　　　　　　　　JEANNE MANY

Bapteme—Aujourdhuy Dimanche 11 nouenbre 1705 a Esté Baptisé Jacque fils de Jean Jacque menuielle Et de Susanne papin né le premier du dit mois sur les quatre heure du matin son parin Elie Boudinot Et sa maraine Susanne papin Veufue de feu Elie Boudinot, Baptse par mons^r de Laborie ministre.

J. LABORIE ministre.　　　ELIE BOUDINOT
　　　　　　　　　　　SUZANNE BOUDINOT

Bapteme—Aujourdhuy Dimanche 25 nouenbre a Este Baptise Jean fils de henry de maney et de mariane Grasset né le 20 du dit mois pour parain auguste Grasset merraine Jeanne montel Baptise par m^r Delabory m.

J. LABORIE ministre.　　HENRY DE MONEY
　　　　　　　　　AUGUSTUS GRASSET
　　　　　　　JEANNE BOSSON MONTEL

Bapteme—Aujourdhuy Dimanche 30 decembre 1705 a Esté. Baptise. marie. fille. de. Josué. soullice. Et de. marie. Valleau né. le. 27 du dit mois, son parain le. dit. Josué. Soullice, sa merraine. marie. Galles, Baptise. par mons^r delabory ministre.

J. LABORIE　　　　　　JOSUÉ SOULLICE
　　　　　　　　　　MARIE GALLAIS

Bapteme—Aujourdhuy mardy 8 Jenuier 1706 a Esté Baptisé marie fille de Jaques Rezeau et de marie Contesses né le 3 Jenuier sus dit son parin Jean moyse Contesses, sa merraine Suzanne Contesses Baptisé par mons^r delabory ministre.

J. LABORIE m.　　　　JOHN MOSES COUNTES
　　　　　　　　　SUSANE CONTTES

Bapteme—Aujourdhuy mercredy 23 Jenuier 1706 a Esté Baptise Estienne fils de Daniel Jandin Et de Catherine Lamoureux. né le 6 du dit mois son parin auguste Grasset Et Catherine Lamoureux sa mere Baptise par mons.ʳ Labory ministre.

J. LABORIE m.   D. JANDIN
                     AUGUSTUS GRASSET
                     CATHRINE JANDIEN

Bapteme—Aujourdhuy Dimanche 3 feburier 170⅚ a Esté Baptisée anne fille de Benjamin faneuil Et anne Beuraud, néé le 10 Jenuier pour parien Jaques desbrosses, marraine Elizabet hattier Baptisé par mons.ʳ Delabery ministre En la maison de mons.ʳ Benjamin faneuil son pere.

J. LABORIE m.   BENJᴬ FANEUIL
                     JAMES DESBROSSES
                     ELIZABET HASTIER

Mariage—Aujourdhuy samedy 2 feburier 170⅚ En la maison de madame Suzanne Boudinot a Esté Beny le mariage de Charles Danall, Et Suzanne Boudinot fille de la susditte dame, par mons.ʳ Jaques Delabory ministre de nostre Eglise francoise.

Bapteme—Aujourdhuy mercredy 6 mars 170⅚ a Este Baptise René fils de dauid wilson Et susanne Vincant né le 11 feurier son parain René Rezeau Et maraine marie anne Guichard Baptise par mons.ʳ delabory min.

J. LABORIE m.   DAVID WILSON
                     RENÉ REZEAU
                     MARIEANNE GUICHAR

Bapteme—Aujourdhuy Dimanche 10 mars 170⅚ a Esté Baptisé Pierre fils de Pierre morin Et de marie Jamin, né le 24 feurier son parain Pierre morin son paire sa merraine

Judis Jamin sa tante Baptise par mons.ʳ Delabory ministre.

    J. LABORIE m.   PIERRE MORIN
                                      JUDITH JAMAIN

Bapteme—Aujourdhuy Dimanche 10 mars 170⅝ a Estéé Baptiséé anne fille de Josué Dauid Et de marie odebert néé le 20 feurier son parin Jasque Riuaux Et sa mairaine marie odebert sa maire Baptiséé par mons.ʳ delaborie ministre.

    J. LABORIE m.   JOSUÉ DAUID
                                      JAQUE RIUAUX
                                      MARI ODEBERT

Bapteme—Aujourdhuy Dimanche 10 mars 170⅝ a Estéé Baptiséé Jane fille de Jasque de Laboris ministre Et de Jane Ressignie sa maire néé le 5 mars son parain Paul Droilhet mairaine Jane Carré Baptiéé par mons.ʳ Delaborie son paire.

    J. LABORIE. m. et pere.   PAUL DROILHET
                                      IANNE CARRÉ

Bapteme—Aujourdhuy Dimanche 17 mars 170⅝ a Esté Baptisee marie fille de andré Suckey, Et de marie Bressart, néé 3 du dit mois son parrain thomas Bayeux, marraine suzanne papin Veuue de Elie Boudinot Baptiséé par mons.ʳ Delaborie ministre.

    J. LABORIE m   ANDREW STUCKEY
                                      THOMAS BAYEUX
                                      SUZANNE BOUDINOT

Bapteme—Aujourdhuy Dimanche 2 Jeun 1706 a Esté Baptisé aman fils de Jasque perot Et de marie Cousson, né le 26 may son parrain aman Bonnin Et Janne faucout sa maraine Baptisé par mons.ʳ Delaborie.

    J. LABORIE   JACQUES PEROT
                                      A. BONNIN
                          La marraine ne sachan signer

Bapteme—Aujourd'huy Dimanche 14 Jeullet 1706 a Esté Baptisé Elie fils de Elie Boudinot Et de marie Catherine Carré, né le 8 du dit mois son parin thomas Bayeux, et Pregante Carre marraine Baptisé par mons:r delaborie.

J. LABORIE m. ELIAS BOUDINOT
THOMAS BAYEUX
PREGENTE CARRE

Bapteme—Aujourdhuy Dimanche 28 Jeullet 1706 a Esteé Baptistée magdelaine fille de thomas Bayeux Et magdelaine Boudinot son parrin Elie Boudinot marainne Suzanne Boudinot Est neé le 21 du dit mois Baptiséé par mons:r delaborie m.

J. LABORIE THOMAS BAYEUX
ELIAS BOUDINOT
SUSANNE DAUALL

Bapteme—Aujourdhuy Dimanche 28 Jeullet 1706 a Esté Baptisé Estienne fils de mons:r Jasque desbrosses Et Ellenne Gaudineau. son parin Estienne delancey marraine anne Beureau Est né le 25 du dit mois Babtisé par mons:r delaborie ministre.

J. LABORIE m. JAMES DESBROSSES
ESTIENNE DE LANCEY
ANNE FANT' ᴜ

Bapteme—Aujourdhuy Dimanche 4 aoust 1706 a Este Baptisé pierre fils de mons:r nicollas ponsen Et de marie Bricou Est né 25 Jeullet dernier son parin Pierre duran, Et Jannes Droumos, m:ne Baptisé par mons:r delaborie ministre.

J. LABORIE m. NICOLAS PONSIN
PIERRE DURAN
JAMES DROUMOS

Bapteme—Aujourdhuy 14 aoust 1706 mercredy a Esté Baptse Pierre fils de Jean papinou Et de Charlotte Bounos Est né le 28 Jeullet Dernier son parrain Jaques perot, et sa mairainne marthe Couson Baptise par mons.ʳ Delaborie ministre.

J. LABORIE m.   JEAN PAPINEAU
JACQUES PEROT
MARTHE POUTREAU

Bapteme—Aujourdhuy Dimanche 25 aoust 1706 a Estéé Baptséé Jeanne fille de Daniel haudart Et de marthe Joffroy Est néé le 21 du dit mois, son parrain Jermie maney sa mairraine Janne machet Baptiséé par mons.ʳ de La borie m.ᵗʳᵉ

J. LABORIE   DANIEL AUDART
JEREMYE MANY
JEANNE MANY

Baptême—Aujourdhuy mecredy vingt deux yeme de Jen.ᵉʳ 170$\frac{4}{5}$ a Eté batisé Jean Droilhet fils de paul et de suzanne de la vabre né le lundy 30.ᵉ Xᵇʳᵉ dernier a une heure apres minuit du dimanche au lundy presenté au S.ᵗ bateme par Jean Cazal et Jeanne montels parins et marine et batisé par mons.ʳ debonrepos ministre.

DEBONREPOS min.   PAUL DROILHET
JEAN CAZALZ

Bapteme—Aujourdhuy Vandredy 18 apuril 1707 a Eté Baptisé phílipe fils de mons.ʳ allexandre alleire, Et de Janne Doens, son parain mons.ʳ Benjamin faneuil, Et sa marainne Catherine alleire, Est né le 24 feurier Baptisé par mons.ʳ de Bonrepos ministre.

DEBONREPOS min.   ALEXANDRE ALLAIRE
BENJᴬ FANEUIL
CATHERINE ALLAIRE

Bapteme—Aujourdhuy Vandredy 4 Jeun 1707 a Etéé Baptiséé Judith fille de mons.̲ʳ Samuel Bourdet Et de Judith Boudet, son parain pierre morin Et sa marainne Judith Cazal, Est né le 19 du dit mois Baptiséé par mons.̲ʳ de Bonrepos m.̲ᵗʳᵉ

DeBonrepos min.   Sam.̲ˡ Bourdet
                     Peter Morin
                     Judith Cazalz

Bapteme—Aujourdhuy Vandredy 4 Jeun 1707 a Eté Baptise francois fils de mons.ʳ Barthelemy furst, Et de magdelaine peret, son parein francois Gourdon, et sa marainne magdelaine peret sa maire Est ne le 6 mars Baptse par mons.̲ʳ de Bonrepos ministre.

DeBonrepos min: Bart.̲ᴱ Feurt
                   f. Gourdon
                 Magdelene Feurt

Bapteme—Aujourdhuy Dimanche 6 Jeullet 1707 a Estéé Baptiséé marie suzanne, fille de mons.ʳ Jean Gacherie Et de Judith Gacheıie, son parain Daniel Robert marainne marie suzanne Vergereau, Est né le 17 apuril, Baptisee par mons.ʳ de bonRepos ministre

DeBonrepos.   Gacherie
                 Daniel Robert
           Marie Susanne Thauuet

ise neuue.

Bapteme—Aujourdhuy Dimanche 5 octobre 1707 a Esté Baptisé Dauid fils de Jean Jasque minuielle Et de suzanne papin, son parain Dauid menuielle, marainne francoisse Chentrier, famme Dandre Stuckey, Est né le 16 aoust dernier Baptisé par mons.ʳ de Bonrepos ministre.

DeBonrepos m.   D. minvielle
          La ueuue françoise Stuckey

Bapteme—Aujourdhuy Dimanche 5 octobre 1707 a Estéé Baptiséé hester fille de Jean peltrau, Et de magdelaine Vencent, son parain Liue Vencent, marainne hester Vencent famme de Jean Dauid, Est néé le 3 octobre dit mois, Baptisee par mons: de Bonrepos ministre.

DeBonrepos m.   J. Pelletrau
                                 Liue Vincent
                                 ester uincent

Baptéme—Aujourdhuy Dimanche 22e de feburier 170$\frac{7}{8}$ a esté baptisé par M: de bonrepos Ministre Benjamin fils d'André et Marie Stuckey son parrain Benjamin Dhariette et marraine Marie Boudinot lequel Nâquit le 19e Januier 170$\frac{7}{8}$.

DeBonrepos min.   Andrew Stuckey
                             Benjamin Dhariette
                          Marie Catherine Boudinot

Batesme—Aujourdhuy Dimanche 22e febu:er 170$\frac{7}{8}$ a este baptisée par M: de bonrepos Ministre Rachelle fille de Jean et Marie le Cheuallier parrain Jean le Cheuallier et marraine Marthe Barreau laquelle nâquit le 16 de feburier 170$\frac{7}{8}$.

DeBonrepos min: Jean Le Cheualier
                             marthe baraus

Baptéme—Aujourdhuy Vendredy 26e de mars 1708 a eté baptisé par M: de bonrepos Ministre de Staten Island Anne Jandin fille de Daniel Jandin et catherine l'amoureax Née le 14e du present mois Et presentée au baptesme par Jacques Ballereau et Anne Bachan ses parain Et marainne.

DeBonrepos min: Jacque Ballereau.
   D. Jandin   Anne Bachand.

Baptéme—Aujourdhuy Vendredy 23e d'Auril 1708 a eté Baptisée par M: de bonrepos Ministre de Stoten Island

Madeleine fille de Jacques des Brosses et d'helene gaudineau ses pere et mere. Parain le dit Jacques des brosses
et maraine Madeleine fauconnier laquelle nâquit le 4ᵉ du
dit present mois d'Auril 1708.

DeBonrepos   Jaques Desbrosses
                    Madelaine Fauconnier

Baptéme—Aujourdhuy lundy 26ᵉ d'Auril 1708 a eté
baptisée par Mʳ de bonrepos Ministre marie fille de Benjᵐ
et anne faneuil ses pere et mere presentée au baptesme
par Mʳ Elie Nezereau et Madᵉˡˡᵉ Marie Catherine Boudinot
et née le 16ᵉ du present mois d'Auril 1708.

DeBonrepos   Elie Nezereau
Benjᴬ faneuil   Marie Catherine Boudinot

Baptéme—Aujourdhuy Mercredy 2ᵉ de Juin 1708 a eté
baptisée par Mʳ de Bonrepos Ministre de Staten Island
Sarrah fille de Bené et blanche hett ses pere et mere née
le 25ᵉ de May dernier et presentée au Sᵗ baptême par le
dᵗ Sʳ René hett et Madˡˡᵉ Marie Lafond.

DeBonrepos. m: René het
                           Marie Lafont

Baptéme—Aujourdhuy dimanche 11ᵉ de Juillet 1708 a
eté baptisé par Mʳ de bonrepos Christophle fils de Daniel
Robert et Suzanne Nicholas lequel Naquit le 10ᵉ de Juin
dernier et a eté presenté au baptesme par Mʳ Jean
gacherie et madᵉ Susanne Madeleine Basset.

DeBonrepos min: Gacherie
                           S. M. Bassette

Baptéme—Aujourdhuy dimanche 11ᵉ de Juillet 1708 a
eté Baptisé par mʳ de Bonrepos Thomas fils de Thomas
Bayeux et de madeleine Boudinot lequel est né le 5ᵉ du
present mois et a eté presenté au Sᵗ Baptéme par Mʳ
Jean Boudinot et Madˡˡᵉ Marie Catherine Boudinot.

DeBonrepos min.   Jean Boudinot
Thomas Bayeux   Marie Cathrine Boudinot

Batéme*—Aujourdhuy Dimanche 11ᵉ de Juillet 1708 a
eté baptisée par Mᵣ dé Bonrepos Ministre Jeanne fille
de Jacques ballereau Et de Jeanne Odard laquelle est
née le 3ᵉ du present mois et a eté presentée au Sᵗ Baptéme par le dᵗ Jacques Ballereau et madeleine filleu.

    DeBonrepos   Jacques Ballereau
                              Madeleine × filleu

Bapteme—Aujourdhuy Dimanche 3ᵉ d'Octobre 1708 a
eté baptisée par Mᵣ de Bonrepos Ministre· de Stotten
Island Marie fille de Jean lafond et Marie dubois ses
pere et mere laquelle est née le 27 de Septembre dernier
Et a eté presentée au Sᵗ baptême par Paul Droilhet et
Elizabeth Vincent femme de Daniel Mesnard.

    DeBonrepos min: J. Lafont
                          Paul Droilhet
                          Elizabeth Menard

Bapieme — Aujourdhuy mecredy 24ᵉ 9ᵇʳᵉ 1708 a Eté
batizée Jeanne Droilhet fille de paul Droilhet et Suzanne
Lauabre ses pere et mere laquelle Est née le 18 du present
mois, Judy 11ᵉ de nuit presentée au Sᵗ batéme par sé
pere et mere et batizée par mᵣ Daniel bondet ministre de
la nouuelle rochelle.

                          Paul Droilhet
                          Susan lauabre

Bapteme—Aujourdhuy Vendredy 14ᵉ de Januier 170⅔
a eté baptisé Jacques fils de Daniel mesnard et Elizabeth
Vincent ses pere et mere lequel est né le 23ᵉ de Décembre 1708 et a esté presenté au Sᵗ baptême par Mᵣ Jean la
font et madˡˡᵉ Esther Vincent et baptizé par monsᵣ de
bonrepos ministre de Stotten Island.

    DeBonrepos min.   Daniel Menard
                          Jean Lafont
                          Ester Vincent

,* Du 14 aoust 1758, Delivré lextrait a Mᵣ Parcker. Vallade.

Baptéme – Aujourdhuy Dimanche 8ᵉ de May 1709 a eté baptisée par monsᵣ de bonrepos Madeleine fille D'Elie Boudinot et de Marie Catherine Carré ses pere et mere Elle est née du 2ᵉ de May present mois et a eté presentée au Sᵗ Baptême par Mᵣ René Tangrelou et Madeleine Bayeux ses parrain et Marraine.

DeBonrepos min.   Elias Boudinot
                                   R. Tongrelou
                                   Madelaine Bayeux

*Baptéme—*Aujourdhuy Vendredy 29ᵉ de Juillet 1709 a eté baptisé par monsᵣ de bon repos Jean fils de Jean Tauaux et marie doublet ses pere et mere Il est né du 13ᵉ de Juin dernier et a eté presenté au Sᵗ bapteme par le dit Jean Tauaux et Jeanne Targé parrain et Marraine.

DeBonrepos min.   Jean taueau
                                   Jeanne Targé

*Batême—*Auiourdhuy dimanche dernier de Juillet 1709. a Eté Babtisé daniel Gasherie né le premier mars dernier fils de Jean Gasherie et de Judith galais presenté au Sᵗ Bateme par Jacob Regnier et Elizabeth Regnier par monsᵣ Dauid de bon Repos Ministre.

DeBonrepos min.   Ja : Regnier
                                   Eliza Regnier

*Batême—*Aujourdhuy 20ᵉ Juin 1710. a Eté batizé francois maynard né 23ᵉ mars fils de daniel maynard et Elizabet vincens pere et mere, presenté au Sᵗ batême par
        martin et madelene peyret famme de barthelemy feurt parin et marine et batizé par mᵣ Debonrepos ministre.

DeBonrepos min   Daniel Menard
                                   Magdalene Feurt

Batême—Aujourdhuy 20ᵉ Juin 1710 a Eté presenté au Sᵗ batême Suzanne droilhet fille de paul Droilhet et de Susanne de lavabre pere et mere et presenté au Sᵗ bateme par ses dits pere et mere et batizé par mᵣ Dauid be bonrepos ministre et néé Le dimanche au soir 21ᵉ may.

DEBONREPOS min.   PAUL DROILHET

Batême—Aujourdhuy 20ᵉ Juin 1710 a Eté batizée marie het fille de rené het et de blanche dubois pere et mere et presenté au Sᵗ batême par Jean Lafon et marie perdrieau famme de guillaume moyon parin et marine et batizé par mᵣ Debonrepos ministre et néé le 24ᵉ may.

DEBONREPOS min.   J. LAFONT
                                   MARIE MOYON

Batême—Auiourdhuy 30ᵐᵉ de Juillet 1710. a Ete Batizé par monsᵣ Louis Rou notre ministre daniel Goudon Bessonnet né le 26ᵉ Juillet 1710. fils de   Bessonnet presenté au Sᵗ Batême par daniel Ravaux et marie geneul parein et mareine.

L: ROU Pasteur.

Batême—Auiourdhuy dimanche 3ᵐᵉ de Septembre 1710. aprest la prierre du soir a Eté Batisé par monsᵣ louis Rou notre ministre anne Vezien nee le 15ᵉ aoust dernier a trois heures aprest midi fille de Jean Vezien et de anne Rezeau presentee au Sᵗ Batême par Josué Soullice et anne Valleau parein et mareine.

L: ROU Pasteur.

Batême—Auiourdhuy dimanche 9ᵐᵉ de Septembre 1710. aprest la predication du matin a Eté batisée par monsᵣ louis Rou ministre anne forestier presentée au Sᵗ Batême par Jean Coutan et anne Jaulain parein et mareinne.

L: ROU.

Batême—Auiourdhuy dimanche 9ᵉ de Septembre 1710. aprest la priere du soir a Eté batisee madelaine Jandin née le 20ᵉ aoust dernier presentée au Sᵗ Bateme par Daniel Jandin et sa femme Catherine ses pere et mere et parein et mareine.

L: Rou Pasteur.　　　D. Jandin
　　　　　　　　　Cathrine Jandien

Bateme—Auiourdhuy 22ᵉ d'octobre 1710. aprest le sermon du matin a Esté Batisé Jean anchevin Par monsʳ Louis Rou ministre fils de Zacharie anchevin Et de presenté au Sᵗ Bateme par Jean Boudinot et Susanne le mercier parain et marreine.

Jean Boudinot　　　Louis Rou Pasteur.

Batême—Auiourdhuy 22ᵉ du dit aprest la prierre du soir Etté Batise par monsʳ louis Rou Ministre Jean Boudinot né le 4ᵉ de ce mois presenté au Sᵗ Batême par Jean Boudinot et Jeane tongrelou parein et mareinne.

　　　　　　　Jean Boudinot　　Louis Rou
　　　　　　　Janne tongrelou　　　Pasteur

Batême—Auiourdhuy 22ᵉ d'octobre 1710 aprest la priere du soir a Esté Batisé en cette Eglize par monsʳ louis Rou Ministre Anne germon née le 3ᵉ de ce mois fille de charles germon et de Elisabeth germon presentee au Sᵗ batême par Jean ablin et francoise le moine parein et Mareinne.

Jean Ablain.　　Louis Rou Pasteur.

Batême—Auiourdhuy dimanche 29ᵉ d'octobre 1710. aprest la prierre du soir anne gautier fille de francois gautier et de anne wikes nee le 21ᵉ de septembre dernier a Eté batisée par monsʳ Louis Rou Ministre et presentée

au S: Bateme par mons: Jaques you et Elisàbeth Breton
parein et mareine.

    Louis Rou ministre.   Francis Gautier

                           Jacques you

                           Elizabeth Berton

Batême—Auiourdhuy dimanche 26ᵉ de 9ᵇʳᵉ 1710. aprest
la priere du soir a Eté Batizéé par monsieur Louis Rou
Ministre Susanne Taveau née le 15ᵉ de ce mois fille de
Jean Taveau et de marie doublet presentée au S: Batême
par Elie Neau et Susanne neau parein et mareinne.

                           Louis Rou Pasteur.

Batesme—Anne faneuil fille de Beniamin faneuil et de
anne sa femme Est née le 19ᵉ d'octobre 1710. a Esté Baptisée le premier de novembre 1710. par m: Louis Rou
Ministre et presentée au S: Bateme par Jacob Baillergeau
et anne faneuil sa mere Parein et mareinne.

                           Louis Rou min.

Batesme—Ce Jourdhuy dimanche 24ᵉ de decembre
1710. aprest la priere du soir Anne fille de thomas et de
magdeleine Bayeux née le 16ᵉ de ce mois a Esté Batisée
par m: Louis Rou Ministre et presentée au S: Batême
par mons: dauid minvielle et mad: anne d'hariette parain
et maraine.

    Louis Rou min   Thos. Bayeux,

                           Dav. Minvielle

                           anna Dhariette

Bateme—Auiourdhuy dimanche 24ᵉ decembre 1710
aprest la priere du soir a Eté Batisé Pierre machet fils
de Pierre machet et Lydie sa femme presenté au S: Bateme par Elie Peltreau et debora felden parain et maraine
Batisé par mons: louis Rou Pasteur.

    Louis Rou min.   Peter machet

                           Elie pelletreau

                           debora felden

Batême—Auiourdhuy dimanche 25ᵉ de fevrier 17¹⁰⁄₁₁. aprest la priere du soir a Etè Batisee Susanne Barberie par monsʳ Louis Rou Ministre de cette Eglize nee le 12ᵐᵉ de ce mois a deux heures aprest midy fille de Pierre Barberie et de Susanne Lambert son Epouze presentée au Sᵗ batême par monsʳ Etienne de Lancey et francoise Lambert parain et marainne.

  Louɪs Rou ministre. Estienne De Lancey
           françoise Lambert

Batême—Auiourdhuy dimanche 3ᵉ de mars 17¹⁰⁄₁₁ aprest la priere du soir a Esté batisé par monsieur louis Rou Ministre Jacques you fils de Jaques you et de marie poutrau Pere et mere né le 28ᵉ febvrier dernier presenté au Sᵗ Bateme par Jaques Perrot et marthe Coullon parein et mareinne.

  L: Rou Pasteur.   Jacque you
          Jacques pérot
          Marthe poutreau

*Batême**—Auiourdhuy dimanche 10ᵉ de mars 17¹⁰⁄₁₁. aprest la priere du soir monsʳ Louis Rou notre ministre a Batisé marie Ballereau fille de Jaques Ballereau et de Jeane sa femme la ditte fille nee le 6ᵉ de ce mois et presentée au Sᵗ Bateme par daniel Lambert et marthe odart parein et mareine.

  L: Rou Pasteur.   Jacques Ballereau
          daniel Lambert
          Marthe audart

Bateme—Auiourdhuy dimanche premier d'Avril 1711. aprest la priere du soir monsieur louis Rou ministre a Batisé Ester fille de Pierre Parcot et de francoise gendron presentée au Sᵗ Bateme par Etienne garin et Ester Buau parain et mareinne.

  L: Ru Pasteur.   Estienne Guerine
          ester beau

---

* Du 14ᵉ aoust 1758 Delivré lextrait a Mʳ Parcker. Vallade.

Bateme—Auiourdhuy dimanche 29ᵉ d'avril 1711. monsieur louis Rou ministre a Batisé Ester vandenburgh née le 8ᵉ de mars dernier fille de henry vandenburgh et de madeleinne sa femme presentee au Sᵗ Batême par Jean Barberie et Ester darkings parein et Mareinne.

L: Rou Pasteur.

Bateme—Auiourdhuy   dimanche 29ᵉ d'avril 1711. monsʳ Louis Rou Ministre a Batisé les deux garçons de noe Cazalet et Elisabeth sa femme nés le 22ᵉ de ce mois le premier nomé Jean presenté par Jean Cazals et sa femme le second nommé Pierre presenté par la dit Cazalet et Elisabeth pere et mere des dits enfans.

L: Rou Pasteur.

Batême—Auiourdhuy dimanche 29ᵉ d'avril 1711. monsieur louis Rou Ministre a Batisé Esther leturque née le 30ᵉ d'Aoust dernier fille de Isaac leturque et marie sa femme presentee au Sᵗ Bateme par francois Lucas et la mere du dit enfan parein et mareinne.

L: Rou Pasteur.

Bateme—Aujourdhuy dimanche 22ᵐᵉ de Juillet 1711. monsʳ louis Rou notre Ministre a Batisé david minvielle né le 17ᵉ de ce mois fils de David minvielle et de Susanne sa femme presenté au Sᵗ Batême par Jean Barberie Senior et madeleine Bayeux Parein et mareinne.

L: Rou Pasteur.

Batême—Auiourdhuy dimanche 29ᵉ de Juillet 1711 monsʳ Louis Rou notre Pasteur a Batisé André fresneau né le 24ᵉ de ce mois a 3 heures du matin fils de André fresneau et de marie morin presenté au Sᵗ Bateme aprest la priere du soir par le Sʳ Pierre Morin et Judith Jamain Parein et mareinne.

L: Rou Pasteur.   ANDᴱ FRESNEAU
                              PIERRE MORIN
                              JUDITH JAMAIN

Batême—Auiourd'huy dimanche 19.me d'Aoust 1711. monsieur louis Rou notre Pasteur a Batisé francois many fils de Jeremie many et de margueritte Vincent né le samedy au soir 18.e de ce mois presenté au St Batême par samuel Vincent et Elisabeth maynard parain et mareinne.

L: Rou min.

Batême—Auiourdhuy dimanche 25me de Novembre 1711. aprest la priere du soir a Eté Baptisée par Monsieur Rou Pasteur Anne de Lancey née le 14.me de ce mois fille de Etienne de Lancey et de anne cortlandt sa femme, le dit enfan ayant Eté presenté au St Baptême par Pierre Barberie et Elisabeth Cortlandt Parein et mareine.

Louis Rou ministre.   Stephen De Lancey
                       P. Barberie
                       Elizabet Cortlandt

Batême—Anne gervereau fille de Jacob gervereau dit bois fleury née le 14.e aoust dernier 1711. a Eté baptisée par mons^{r} Louis Rou notre Pasteur et presentée au St Bateme par le dit Jacob gervereau et anne Bachan Parein et mareine.

Louis Rou ministre.

Bateme—Auiourdhüy dimanche 24me de feburier 17$\frac{11}{12}$ aprest la priere du soir a Eté Batisée par mons^{r} Rou nostre Pasteur Jeane Bergeron née le 17.e de ce mois a trois heures du matin fille de Jacques Bergeron et de Judith peltemps Presentée au St Batesme par Jean Vesien et Judith chevalier parrein mareinne.

Louis Rou ministre.

Batême—Auiourdhuy dimanche 9me de mars 17$\frac{11}{12}$ apres la priere du soir, Anne Stuckey fille d'andré et marie Stuckey née le 25me de fevrier dernier a Eté batisée par mons^{r} louis Rou notre Pasteur et presentée au S^{t}

Bateme par andré fresneau et anne de Lancey parain et mareine.

    LOUIS ROU ministre   ANDREW STUCKEY
                               ANDᴱ FRESNEAU
                               ANN DE LANCEY

Bateme—Auiourdhuy dimanche 20ᵉ d'avril 1712 aprest la priere du soir susanne browr fille de Guilaume Browr et de marthe boulten nee le 25ᵉ mars dernier a Eté batisée par monsʳ louis Rou Ministre presentée au Sᵗ Bateme par Simon Soumain et Susanne Bourdet Parein et mareinne.

    LOUIS ROU ministre.   SIMEON SOUMAIN
                               SUSANNE BOURDET

Bateme—Auiourdhuy 11ᵐᵉ de May 1712 aprest laction du soir Jean flandreau fils de Jacques flandreau et de lisabeth Beaudry a êté Baptisé par monsʳ Louis Rou Pasteur et presenté au Sᵗ Batême par Jean la font et Elisabet Tillou Parein et mareinne.

    LOUIS ROU ministre   JEAN LAFONT

Baptême—Auiourdhuy dimanche 26ᵐᵉ de may 1712. aprest laction de laprest dinee Jaques Perrot fils de Jacques Perot et de marie Cousson né le mardy 20ᵉ de ce mois a Eté presenté au Sᵗ Bateme par Jaques you et marthe Potreau parein et mareine Batisé par monsʳ louis Rou Pasteur

    LOUIS ROU min.   JACQUES PÉROT
                               JACQUES YOU
                               MARTHE POUTREAU

Batême—Auiourdhuy dimanche 26ᵉ de may 1712 Susanne forestier fille de Pierre forestier nee le 20ᵉ d'avril dernier presentee au Sᵗ bapteme par daniel bontecou et Susañe Coutan parein et mareinne batise par monsʳ louis Rou Pasteur.

    L : ROU Pasteur.   DANIEL BONTECOU
                                 SUSENNE COUTET

Batême—Auiourdhuy dimanche 8ᵉ de Juin 1712. aprest la priere du soir monsʳ louis Rou a Baptisé Jean Sicar fils de Jaques Sicar et de anne Terrier présenté au Sᵗ Baptême par Jean membru et Judith lamoureux parein et mareinne.

L: Rou Pasteur.   JEAN MANBRUT
                        JUDITH LAMOUREUX

Bateme—Auiourdhuy dimanche 6ᵐᵉ de Juillet 1712. aprest la priere du soir monsieur Louis Rou a Batisé Jean membru né le 19ᵉ de Juin dernier fils de Jean membru et de anne Sicart presenté au Sᵗ Batesme par Jean membrut et Jeanne Perron Parein et mareine.

L: Rou min.   JEAN MANBRUT

Batême—Auiourdhuy dimanche 31ᵐᵉ d'Aoust 1712. aprest la priere du soir monsʳ Louis Rou a Baptisé thomas Peltreau né le 27ᵉ de ce mois fils d'Elie Peltreau et de Jeanne machet ses pere et mere presenté au Sᵗ Batesme par daniel Bontecou et Madeleine Vincent Parain et mareinne.

   L: Rou min: DANIEL BONTECOU
                       MERI LEDDEL

Batême—Auiourdhuy 5ᵐᵉ d'octobre 1712. aprest la priere du soir monsʳ Louis Rou a Baptisé Guillaume Leddel né le 16ᵉ de septembre dernier fils de Joseph Leddel et de marie Vincent presenté au Sᵗ Batême par son Pere et Jeane machet parrein et Mareinne.

   L: Rou min: JOSEPH LEDDEL
                       JEANNE PELLETOUR

Batême—Auiourdhuy 22ᵐᵉ d'octobre 1712. aprest la priere du matin monsʳ Louis Rou a Baptisé Ester anchevin née le 2ᵐᵉ de ce mois fille de Zacharie Anchevin et d'anne Naudin presentée au S! Batesme par Pierre Bondecou et Ester le Conte parrein et mareinne.

L : Rou min :   PIERRE BONTECOU
                                 ESTHER LE CONTE

Bateme—Auiourdhuy 2me de nouembre 1712. aprest la priere du soir mons! Louis Rou a Baptisé marie tavaux née le 27e d'octobre dernier fille de Jéan tavaux et de marie tavaux presentée au S! Batesme par thomas la Roche et Susanne girot Parein et mareine.

L : Rou min :   JEAN TAUEAU
                                 THOMAS LAROCHE
                                 SUSANAH GARRATT

Baptême—Auiourdhuy 5me de novembre 1712. aprest la priere du matin mons! Louis Rou a Baptisé marie debrosse née le 29e d'octobre dernier fille de m! Jacques de Brosse et de heleine gaudineau presentée au S! Baptesme par doct! Jean Garreau et marie garreau Parein et mareine.

L : Rou min   JEAN GARREAU

Batême—Auiourdhuy 14me de decembre 1712. aprest la priere du soir monsieur louis Rou a Baptisé Elisabéth machet nee le 12e de ce mois fille de Pierre machet et de lidie machet presentée au S! batême par Bernard hardenbrouk et marie anne Bondecous Parein et mareinne.

L : Rou min.   PIERRE MACHET
             Le merk du ⨍℺ dit HARDENBROCK
                                 MARIANNE BONTECOU

Batême—Auiourdhuy 25me decembre 1712 aprest la priere du matin mons! Louis Rou a Batisé Pierre massé né le 10e de ce mois fils de daniel massé et d'ester fourret presenté au S! Batême par Paul droilhet et marie Tauvet Parien et mareine a la nouvelle york lan et iour que dessus.

L : Rou min :

Batême—Auiourdhuy 28me decembre 1712. aprest le sermon le matin mons^{r} Pierre dallié a Batisé Louis Rou né le
25me du present fils de louis Rou et de marie le Boyteulx
presenté au St Batesme par Louis Carré et Marie fleuriau
Parein et mareine.

LOUIS ROU

Baptême—A la Nouvelle york ce 18me Janvier 17$\frac{12}{13}$—
Auiourdhuy dimanche aprest la priere du soir mons^{r}
Louis Rou a Baptisé anne Riché née le 25me decembre
dernier fille de denis Riché et de Susanne sa femme presentée au St Batême par Jean abelain et anne Bachan
parein et mareinne.

L. ROU min:

Batême—Auiourdhuy dimanche 8e de fevrier 17$\frac{12}{13}$
aprest la priere du soir monsieur Louis Rou a Batisé
marie fresneau née le 4e de ce mois fille d'andré fresneau
et de marie sa femme presentee au St Batesme par le dit
andré fresneau et marie Morrin Parein et mareinne.

L: ROU min. AND^{E} FRESNEAU
MARIE MORIN

Batesme—Auiourdhuy mecredy 18me de fervier 17$\frac{12}{13}$
aprest la priere du matin monsieur Louis Rou a Batisé
daniel Bondecou né le 14me de ce mois fils de daniel Bondecou et de marie machet presenté au St Batesme par
Pierre Bondecou et Jeane Peltreau parrein et mareinne.

L: ROU min: DANIEL BONTECOU
PIERRE BONTECOU
JEANNE PELLETOUX

Batesme—A la Nouelle york ce 15me de mars 17$\frac{12}{13}$.—
Auiourdhuy dimanche aprest la priere du soir mons^{r}
Louis Rou a baptisé Jeane Raveau née le 6e de ce mois
fille de daniel Raveau et de Jeane martin presentee au
St Baptesme par daniel Raveau et Jeanne du Tay parein
et mareinne.

L: ROU min.

Batême—Auiourdhuy dimanche 22ᵐᵉ de mars 17¹²⅓
aprest la priere du soir monsʳ Louis Rou a Baptisé
Susanne faneuil née le 14ᵉ de ce mois fille de Beniamin
faneuil Et de anne son Epouze presentée au Sᵗ Batême
par Etienne de Lancey et madeleine Bayeux Parrain et
mareine.

L: Rou min: BENJ^ FANEUIL
                               ESTIENNE DE LANCEY
                               MADELENE BAYEUX

Batême — Auiourdhuy dimanche 5ᵐᵉ d'avrill 1713.
aprest la priere du soir monsʳ Louis Rou a Baptisé daniel Beau né le 3ᵐᵉ de ce mois fils de daniel Beau et dester
sa femme presenté au Sᵗ Batesme par le dit daniel Beau
et Judith Chevalier parein et mareinne.

L: Rou Pasteur.   DANIEL BEAU
                               JUDY *O* SOULICE

Batême—A la Nouvelle york ce 3ᵐᵉ de May 1713.
Auiourdhuy dimanche aprest la priere du soir monsʳ
Louis Rou a Baptisé marie you née le 17ᵉ d'avril dernier
fille de Jaques you et de marie poutreau presentée au
Sᵗ Baptême par le dit Jaques you et marthe Poutreau
parein et mareine.

L: Rou min: JACQUE YOU
                               MARTHE POUTREAU

Batême—Auiourdhuy dimanche 31ᵐᵉ de May 1713.
aprest la priere du soir monsʳ Louis Rou a Baptisé
Susanne Minvielle nee le 22ᵐᵉ de ce mois fille de Dauid
minvielle et de susanne Boudinot presentee au Sᵗ Baptesme par le Sʳ Beniamin d'arhiette et Susanne Barberie
Parein et mareine.

L: Rou min: DAV. MINVIELLE
                               BENJAMIN D'HARIETTE
                               SUSANNE BARBERIE

Batême—Auiourdhuy dimanche 7me de Juin 1713. aprest la priere du soir monsieur Louis Rou a baptisé andré Lauran né le 30me de may dernier fils de feu Jean Lauran et de marie Aneraux presenté au St Baptême par andré Lauran et Susanne neau parein et mareinne.

L: Rou min: ANDRÉ LAURAN
                                   SUSANNE NEAU

Baptesme—A la Nouvelle York ce 7me de May* 1713. Auiourdhuy dimanche aprest la priere du soir mons^r Louis Rou a Bâtise noé Cazalet né le 29me de may dernier fils de Noé Cazalet et de   presenté au St Baptesme par le dit Noé Cazalet et Elisabeth droilhet parain et mareinne.

L: Rou min: NOË CAZALET
                          ELISABET DROILHET

Baptesme—New york Septembre 27. 1713. Auiourdhuy dimanche aprest la priere du soir mons^r Louis Rou a Batisé Marie anne Stuckey nee le 18me de ce mois fille de andré Stuckey et de marie Stuckey presentee au St Baptesme par Dauid minvielle et anne darhiette parein et mareine.

L: Rou min.   ANDREW STUCKEY
                        ANNE DHARITTE
                        DAV. MINVIELLE

Mariage—Le Mardi 3e de Novembre 1713 ont eté marier à la Nouvelle Rochelle dans la maison de Monsr Gregoire Gougeon, le Sieur Louis Rou Ministre de l'Eglise Françoise de la Nouvelle York, et M^{le} Renée Marie Gougeon, fille du dit Sr Gougeon et de Renée Graton, le mariage étant beni par Monsr Gualtherus Du Bois Ministre de l'Eglise Hollandoise de la Nouvelle York,

---

* "May" is evidently a mistake for "Juin."

et les annonces ayant eté publiées auparavant pendant trois Dimanches consecutifs en la forme prescrite, Sans opposition.

L: Rou.

Renee marie gougeon*

Batesme—New york decembre le 6ᵉ 1713. Auiourdhuy dimanche aprest la priere du soir monsʳ Louis Rou a Baptisé Rebeca Appeby née le 25ᵉ de novembre dernier fille de Benjamin Appeby et de francoisse son Epouze presentee au Sᵗ Batesme par Jacques Bergeron et Marie anne Bricou parain at mareinne.

L: Rou min   Jaque Bergeron
                                   Mariane Bricou

Batême—A la Nouvelle york ce 17ᵐᵉ de Janvier 17$\frac{13}{14}$. Auiourdhuy dimanche aprest la priere du soir monsʳ Louis Rou a Baptisé anne bergeron née le 7ᵉ de ce mois fille de Jacques Bergeron et de Judith péletant presentée au Sᵗ Batesme par le dit Jacques Bergeron et anne Rezeau femme de Jean Vezien parein et mareinne.

L: Rou min:

Batesme—A la Nouvelle york ce 7ᵐᵉ de fevrier 17$\frac{13}{14}$. Auiourdhuy dimanche aprest la priere du soir monsʳ Louis Rou a Baptisé Etienne de Lancey né le premier de ce mois fils d'Etienne delancey et d'anne De Lancey presenté au Sᵗ Baptesme par Etienne Cortlandt et Elisabeth Cortlandt parein et mareine

L: Rou min: E: V: Cortlandt
Estienne De Lancey   Elisabet Cortlant

Baptême New york ce 14ᵉ mars 17$\frac{13}{14}$. Auiourdhuy dimanche aprest la priere du soir monsieur Louis Rou Ministre a Baptisé dauid Boudinot ne le 5ᵉ de ce mois

---

* This marriage is entered later in the original on a page by itself; it is here placed in its proper order.

fils de Elie Boudinot et de Marie Catherinne son Epouse presenté au S.t Baptesme par dauid Minvielle et Elisabeth Carré parrain et mareinne.

L: Rou min. ELIAS BOUDINOT
DAV. MINVIELLE
ELIZABETH CARRÉ

Baptême—Auiourdhuy dimanche 14.e de mars 17$\frac{13}{14}$. aprest la priere du soir monsieur louis Rou Ministre a Baptisé Susanne le Tellier née le 9.e de ce mois fille de Dauid et de Susanne le Tellier ses Pere et mere presentee au S.t Baptesme par Laurens Cornifleau et anne Marie Cornifleau Parrain et Mareine.

L: Rou min:

Batême—New york mars 21. 17$\frac{13}{14}$. Auiourdhuy dimanche aprest la priere du soir Jean menard fils de daniel menard et dElisabeth sa femme a Esté Baptisé par mons.r Louis Rou Ministre et a Esté presenté au S.t Batême par Jean Cazals et Blanchet hett parein et mareinne.

LOUIS ROU min. DANIEL MENARD
JEAN CAZALZ
BLANCHE HET

Bateme—Auiourdhuy Jeudy 6.e de may 1714 aprest la priere du matin daniel flandreau fils de Jacques flandreau et delizabeth beaudry a Eté batisé par mons.r louis Rou Ministre et a Esté presenté par daniel raveau et francoise parcot parein et mareinne.

LOUIS ROU min : la marque –|– de DANIEL RAVEAU
la marque X de FRANCOISE PARCOOT

Batême—New york May ce 23.e 1714. Auiourdhuy dimanche aprest la priere du soir mons.r louis Rou a Baptisé Beniamin Peltreau né le 16.e ce de mois fils d'Elie Peltreau et de Jeanne machet presenté au S.t Baptême par Jean Peltreau et Elisabeth many Parrein et mareine.

L: Rou min. ELIE PELLETREAU
JONH PELLETRAU
ELIZABETH MANŸ

Batésme—New york Juin 23ᵉ 1714. Auiourdhuy aprest la priere du matin monsʳ Louis Rou a Baptisé Susanne garnier née le 14ᵉ de ce mois fille de Isaac garnier et delizabeth doublet presentée au Sᵗ Baptesme par Elie Chardavoine et Susanne la moureux parain et Mareinne.

L: Rou min:　　ISAAC GARNIER
　　　　　　　ELIE CHARDAUOYNE

Baptesme—Auiourdhuy dimanche 29ᵉ d'Aoust 1714. aprest la priere du soir monsʳ Louis Rou a baptisé Jean Rou son fils né le 26. de ce mois presenté au Sᵗ Baptesme par Jean Barberie et demoiselle Renée Gouion Parrein et mareinne.

L: Rou min:　　JEAN BARBERIE
　　　　　　　RENÉE GOUGEON.

Baptesme—New york se 19ᵉ septembre 1714. Auiourdhuy dimanche aprest la priere du soir monsʳ Louis Rou a baptisé Marie anne odard née le 11ᵉ de ce mois fille de daniel odard et de marthe Jeffroy Presentee au Sᵗ Baptesme par daniel Bontecou et anne Many Parain et Mareinne.

L: Rou min:　　DANIEL ODART
　　　　　　DANIEL BONTECOU
　　　　　　ANNE MANY

Batesme—Auiourdhuy mecredy 17ᵉ de novembre 1714. monsʳ Louis Rou a Baptisé Paul la Coze Minvielle né le 15ᵉ de ce mois fils de Dauid Minvielle et de Susanne son Epouze presenté au Sᵗ Batesme par le dit Dauid son pere en labsence de Paul minvielle la Coze parein, et Marie Boudinot Maraine.

L: Rou min:　　DAV. MINVIELLE
　　　　　MARIE CATHERINE BOUDINOT

Baptesme—Auiourdhuy mecredy 24ᵉ de novembre 1714. monsʳ Louis Rou a Baptisé marie Buau nee le 20ᵉ de ce mois fille de Daniel Buau et Ester gaillard presentee au Sᵗ Baptesme par daniel la Moureux et Elizabeth gaillard Parain et Mareinne.

L: Rou min: DANIEL LAMOUREUX
La marque **/** de ELIZABETH GAILLARD

Baptesme—New york ce 2ᵉ Janvier 17$\frac{14}{15}$ Auiourdhuy dimanche aprest la priere du soir monsʳ Louis Rou a Batisé Jacques you né le 25ᵉ décembre dernier fils de Jacques you et de Marie son Epouze presenté au Sᵗ Baptesme par Jacques broun parain et Marie perrot Maraine.

L: Rou min: JACQUE YOU
JAMES BROWN
MARIE PEROT

Baptême—Auiourdhuy mecredy 26ᵉ de Janvier 17$\frac{14}{15}$. aprest la priere du matin monsʳ Louis Rou a Baptisé thomas Oakes fils de thomas oakes et de Marie son Epoᵉ ne le 23ᵉ de ce mois presenté au Sᵗ Baptesme par le dit thomas oakes et madeleine gautier parain et mareinne.

L: Rou min: THOMAS OAKES
MAGDELENE GAUTIER

Batême—Auiourdhuy mecredy 2ᵉ de fevrier 17$\frac{14}{15}$. aprest la priere du matin monsʳ louis Rou a Baptisé Elisabeth dEbrosse née le 27ᵉ Janʳ dernier fille de Jaques debrosse et de helene debrosse presenté au Sᵗ Baptême par monsʳ Jacques Renaudet et madᵉ Elisabeth hoglandt parein et Mareinne.

L: Rou min: JAQUES DESBROSSES
JAQUES RENAUDET
ELIZABETH HOOGLANDT

Baptesme—New york ce 16ᵐᵉ de fevrier 17¼. Auiourdhuy mecredy aprest la priere monsʳ Louis Rou a Baptisé Noé Cazalet né le 11ᵉ de ce mois fils de ʼnoé Cazalet et d Elisabeth ony presenté au Sᵗ Baptesme par le dit Noé Cazalet et Ester charon parain et maraine.

L: Rou min.   Noë Cazalet
                                  Ester charron

Baptesme—Auiourdhuy dimanche 27ᵐᵉ de mars 1715. aprest la priere du soir monsʳ Rou Pasteur Baptisé Jean Bergeron né le 21ᵉ de ce mois fils de Jacques Bergeron et de Judith pelletan presenté au Sᵗ Baptesme par Jacques You et Marie Perrot parrain et marainne.

L: Rou min: Jaque Bergeron
                                  Jacque you
                                  Marie Perot

Baptesme—Auiourdhuy dimanche 17ᵐᵉ d'avril 1715. aprest la priere du soir monsʳ Rou Pasteur a Baptisé Marianne faneuil nee le 6ᵐᵉ de ce mois fille de Beniamin faneuil et de Anne faneuil presentee au Sᵗ Baptesme par le dit Beniamin faneuil et Madeleine feurt parain et marainne.

L: Rou min :   Benjᴬ faneuil
                                  Magdelene Feurt.

Baptesme—New york ce 24ᵐᵉ d'avril 1715. Auiourdhuy dimanche aprest la priere du soir monsʳ Louis Rou a Baptisé anne Ballereau née le 22ᵐᵉ de ce mois fille de Jaques Ballereau et de Jeane odard presentee au Sᵗ Baptesme par Elie Peltreau et anne Manny parain et Marreine.

L: Rou min :   Jacques Ballereau
                                  Elie pelletreau
                                  Anne Many

Baptesme—Auiourdhuy mecredy ce 18ᵉ de may 1715. aprest la priere du matin monsᵣ Louis Rou a Baptisé Richard vanderburg né le   fils de Henry vanderburgh et de margueritte vanderburgh presenté au Sᵗ Baptesme par Jean Barberie parrain et Susanne Barberie marainne.

L: Rou min.   JEAN BARBERIE
                         SUSANNE BARBERIE

Baptesme –Auiourdhuy dimanche 11ᵐᵉ de Juin 1715. monsᵣ Louis Rou a Baptisé marie forestier nee le 28ᵉ davril dernier fille de Pierre forestier et de Catherinne Terrié presentee au Sᵗ Baptesme par charles forestier et Susanne la Moureux parrain et mareinne.

L: Rou min :*

Baptesme—New york ce 26ᵐᵉ de Juin 1715. Auiourdhuy dimanche aprest la priere du soir monsᵣ Rou a Baptisé anne Raveau nee le 18ᵉ de ce mois fille de Daniel Raveau et de Jeanne martin presentee au Sᵗ Baptesme par Etienne guerin et anne guerin parain et maraine.

L: Rou min :   ESTIENE GUERRIEN
          la marque ┼ de DANIEL RAVAUX

Baptesme—Auiourdhuy dimanche 3ᵐᵉ de Juillet 1715. aprest la priere du soir monsᵣ Louis Rou a Baptisé Ester taveau née le 25ᵉ de Juin dernier fille de Jean taveau et de marie taveau presentée au Sᵗ Baptesme par le dit Jean taveau et Ester massé parain et marainne.

L: Rou min :   JEAN TAUEAU
                       ESTRE MASSÉ

---

* Immediately after this entry occur in the original two baptisms, one dated Jan. 27, 1717, the other without date; and then follows a blank of a page and a half. The two baptisms have been inserted in their proper place.

Baptesme — Auiourdhuy mecredy 3ᵉ d'aoust 1715. aprest la priere du matin, Louise Rou née le 28ᵉ Juillet dernier fille de louis Rou, et de Renee Marie goujon a eté baptisée par le dit louis Rou Ministre presentée au Sᵗ Baptesme par Estienne de Lancey et Elizabeth le Boyteulx Parain et maraine.

L: Rou min: ESTIENNE DE LANCEY
ELIZABETH LE BOYTEULX

Baptesme — A la nouvelle york de 9ᵐᵉ d'octobre 1715. Auiourdhuy dimanche aprest la priere du soir monsʳ Louis Rou a Baptisé margueritte fresneau née le 8ᵉ de ce mois fille d'André fresneau et de Marie son Epouse presentée au Sᵗ Baptesme par allexandre Allaire et marguerite Morin parain et mareinne.

L: Rou min: ANDᴱ FRESNEAU
ALEXANDRE ALLAIRE
MARGRITE MORIN

Baptesme — Auiourdhuy dimanche le 20ᵉ 9ᵇʳᵉ 1715. aprest la priere du soir monsʳ Louis Rou a Baptisé Elizabeth Crommelin nee le 6ᵉ de ce mois fille de charles Crommelin et anne son Epouze presentee au Sᵗ Baptesme par Jacques Renault pour Jacques Smith de Sᵗ Thomas, et Elisabeth Hoglandt parrain et marainne.

L: Rou Pasteur. CHᴸᴱˢ CROMMELIN
JAMES RENAUDET
ELIZABETH HOOGLANT

Baptesme — Auiourdhuy dimanche 20ᵉ de novembre 1715. aprest la priere du soir monsʳ Louis Rou a Baptisé marie Stuckey nee le 11ᵉ de ce mois fille de andré et marie Stuckey presentee au Sᵗ Baptesme par michell Stuckey et Marie moyon la Jeune parrain et marainne.

L: Rou Pasteur. ANDREW STUCKEY
MICHAEL STUCKEY
MARIE MOYON

Batesme—A la nouvelle york de 5$^{\underline{me}}$ fevrier 17$\frac{15}{16}$. Auiourdhuy dimanche aprest la priere du soir mons.^{r} Louis Rou a Baptisé Marianne Bonyot fille de Ezechiel Bonyot et Ester le Conte presentee au St Baptesme par henry Mercié et marie Chevalier pour guillaume le Conte et marianne Bonyot.

  L: Rou min :   Ezechiel Bonyot
           Hanry Merce
           Marie Leheualie

Batesme—Auiourdhuy mecrecy 15me de fevrier 17$\frac{15}{16}$. mons.^{r} Louis Rou a Baptisé Jean mesnard fils de Daniel mesnard et Elisabeth Vincent presenté au St Baptesme par Solomon Burton et Ester Burton parain et marene.

  L: Rou min :   Daniel mesnard
           Solomon Burton
           ester Burton

Baptesme—Auiourdhuy mecredy 15me de fevrier 17$\frac{15}{16}$. mons.^{r} Louis Rou a Baptisé Jeane du puy fille de Jean du puy et de Anne dupuy presenté au St Baptesme par Pierre valette et Annie many parrain et marainne.

  L: Rou min :   J. Dupuÿ
           P^{e} Vallete
           Anne Many

Baptesme—A la Nouvelle york ce 6me de May 1716. Auiourdhuy dimanche aprest la priere du soir mons.^{r} Louis Rou a Baptisé Jean massé né le 25me d'avril dernier fils de Daniel massé et de Ester forrai presenté au St Baptesme par Jean abelin et marianne Bodin parain et mareine.

  L: Rou Pasteur.   Daniel Massé
          Jean Ablin
    la marque de Ç Marie Anne Bodin

Baptesme—Auiourdhuy dimanche premier de Juillet 1716. aprest la priere du soir mons.^r Louis Rou a Baptisé anne Vincent nee a languille* le 27me d'avril 1715 fille de Samuel et Marie Vincent presentee au St Baptesme par francois Vincent et anne many parrain et marainne.

    L: Rou Pasteur.

Baptesme—Auiourdhuy mecredy 11me de Juillet 1716. aprest la priere du matin mons.^r Louis Rou a batisé marie Bayeux née le 5me de ce mois fille de Thomas et madeleine Bayeux presentée au St Batesme par Beniamin faneuil et Marie Stuckey Parrain et Marainne.

    L: Rou Pasteur.   Thomas Bayeux
                            Benj.^a faneuil
                            Marie Stuckey

Baptesme—New york ce 5me d'Aoust 1716. Auiourdhuy dimanche aprest la priere du soir mons.^r Louis Rou a Baptisé Jean de Lancey né le 11e de Juillet dernier fils de mons.^r Etienne et anne de Lancey presenté au St Baptesme par mons.^r Samuel Bayard mad.^{le} Catherine Cortlandt parraine et marainne.

    L: Rou min: Estienne De Lancey
                            Sam.^{el} Bayard
                            Katherin van Cortland

Baptesme—Auiourdhuy dimanche 12me d'aoust 1716 aprest la priere du soir mons.^r Louis Rou a baptisé Jean auboyneau né le 6me de ce mois fils de Jean et francoise auboyneau presenté au St Baptesme par mons.^r Elie Boudinot et la veuve francoise Stuckey Parrain et maraine.

    L: Rou min: Jean Auboyneau
                            Elias Boudinot
                            francoise Stuckey

---

* For " Longue Ile," Long Island.

Baptesme—Auiourdhuy dimanche 9ᵉ de Septembre 1716. aprest la priere du soir monsʳ Louis Rou a Baptisé marie la font née le 26ᵉ d'aoust dernier fille d'antoine la font et de marie son Epouze presentée au Sᵗ Baptesme par Josué david et marie Pinneau Parrain et Marainne.

L: Rou min: La marque de ⚷ ANTH: LA FONT
JOSUE DAUID

Baptesme—A la Nouvelle york ce 9ᵐᵉ Septembᵉ 1716. Auiourdhuy dimanche aprest la priere du soir monsʳ Louis Rou a Baptisé abraham florentin né le 13ᵉ d'aoust dernier fils de marc et anne florentin presenté au Sᵗ Baptesme par Jean le Chevalier et marthe rambert Parrain et marainne.

L: Rou min.   la marque de ◯ ABRAH: FLORENTIN
JEAN LE CHEUALIER
MARTHE RAMBERT

Baptesme—Auiourdhuy dimanche 21ᵐᵉ d'octobre 1716. aprest la priere du soir monsʳ Louis Rou a baptisé Ruth Borton née le 13ᵐᵉ de ce mois fille de Solomon Borton et Ester son Epouse presentée au Sᵗ baptême par francois Vincent et anne many representant Beniamin et Ruth Borton parain et marainne absens.

L: Rou min: F. VIENCENT
ANNE MANY

Baptesme—Auiourdhuy 24ᵐᵉ d'octobre 1716. monsʳ Louis Rou a baptisé Catherine faneuil née le 15ᵐᵉ de ce mois fille de Beniamin et   faneuil presentée au Sᵗ baptesme par Capᵗ William Owen et madˡᵉ Catherinne Van Cortlandt parrain et marainne.

Baptesme—A la Nouvelle york ce 30ᵐᵉ Xᵇʳᵉ 1716. Auiourdhuy dimanche monsʳ Louis Rou aprest la priere du soir a Baptisé Marie Gautier née le 24ᵉ de ce mois fille de Daniel et marie Gautier presentee au S^t B'aptesme par Jean Peltreau et Elisabeth du Pré Parain et maraine.

    L: Rou min: DANIEL GAUTIER
                                    JEAN PELLETRAU

Baptême—Le Premier Jour de lan 17$\frac{18}{19}$. Auiourdhuy aprest le sermon mons^r Louis Rou a baptisé Elie Minvielle né le 31e X^{bre} dernier fils de David minvielle et de Susanne son Epouze presenté at St Baptesme par Elie Boudinot et françoise Moore parain et Maraine.

    L: Rou: ministre.   ELIAS BOUDINOT
                                  FRANÇOISE MOORE

Baptesme—Auiourdhuy dimanche 13me de Janvier 17$\frac{18}{19}$ aprest la priere du soir mons^r Louis Rou a baptisé Edward oakes né le 9me de ce mois fils de thomas oacks et marie gautier presenté au S^t baptême par daniel gautier et marie david parrain et marraine.

    L: Rou min: THOMAS OAKES
                                  DANIEL GAUTIER
         la marque ✕ de MARIE DAUID

Batême—A la nouvelle York ce 20me Janvier 17$\frac{18}{19}$. Auiourdhuy dimanche aprest la priere du soir mons^r Louis Rou a Baptisé Jaques ardin né le 17me de ce mois fils de Jaques ardin et de abigail son Epouse presenté au St Baptesme par guillaume Bouquet et marie bouquet Parain et marainne.

    L: Rou min: JAMES ARDEN
                                  GUILLAUME BOUQUAT
                                  MARIE BOUQUET

Baptême—A la Nouvelle york ce 27me Janvier 17$\frac{18}{19}$. Auiourdhuy dimanche aprest la priere du soir mons^r Louis Rou a baptisé Eloe lestelier né le 16me de ce mois fils derloy lestelier et d'Ester Corbeau presenté au St Baptesme par daniel Giraud et Elisabeth hubert parrain et marainne.

    L: Rou min: la marque L E DERLOY LETELIER
                                  DANIEL GIRAUD

Bapteme—Auiourdhuy dimanche aprest la priere du soir Monsieur louis Rou a baptisé Elie Bergeron fils de Jaques Bergeron et de Judith peltant presenté au S.t Baptesme par Elie chardavoine et françoise Moine parrain et Marraine.

L: Rou min.　　　　　JAQUE BERGERON
　　　　　　　　　　ELIAS CHARDAVOYNE

Baptesme—Auiourdhuy dimanche 10.e de fevrier 171$\frac{4}{5}$. Monsieur Louis Rou a Baptisé Isaac Taveau né le premier de ce mois fils de Jean Taveau et marie doublet presenté au S.t Baptesme par Isaac garnier et marie garnier parain et marainne.

L: Rou ministre.　　　　JEAN TAUEAU
　　　　　　　　　　ISAAC GARNIE

Baptesme—Auiourdhuy mecredy 27.me de fevrier 171$\frac{4}{5}$. aprest la priere du matin mons.r Louis Rou a Baptisé Daniel Raveau né le 16.me de ce mois fils de Daniel Raveau et de Janne martin presenté au S.t Baptesme par Jean Martin et anne Belin parrain et marraine.

L: Rou min:　　la marque ∂ de DANIEL RAVEAU
　　　　　　　la marque W de JEAN MARTIN

Baptesme—Auiourdhuy mecredy 13.me de mars 17$\frac{6}{7}$ aprest la priere du matin mons.r Louis Rou a baptisé Jeanne fille de Daniel Beau et Ester gaillard née le 2.e de ce mois presentee au S.t Baptesme par Pierre Chapron et Jeanne Couturier parain et marainne.

L: Rou ministre　　　　　†
　　　　　　　　JANE COUTURIE.

Baptesme—Auiourdhuy dimanche 24.me de mars 171$\frac{6}{7}$ aprest la priere du soir mons.r Louis Rou a Baptisé marthe you née le 14.me de ce mois fille de Jaques you et de marie son epouze presentée au S.t Baptesme par daniel poutreau et marie Elliston parrain et marreinne.

L: Rou Pasteur.　　　　JACQUE YOU
　　　　　　　　　　DANIEL POUTREAU
　　　　　　　　　　MARIE ELLISTON

Baptesme—Le 27me mars 1717. Est né abraham Jouneau fils d'abraham Jouneau et de Marianne Canche a Esté Baptisé le 7me d'avril par mons^r Louis Rou Et presenté au S^t baptesme par mons^r auguste Jay et mad^le Louise Canche parrain et mareinne.

L: Rou Pasteur.   ABRAHAM JOUNEAU
                              AUGUSTUS JAŸ

Baptesme—A la Nouvelle york ce 21me d'avril 1717. Auiourdhuy dimanche aprest la priere du soir Jeane flandreau née le 10me Janvier dernier fille de Jaques flandreau et de Elisabeth vandry a Esté baptisee par Monsr Louis Rou presentee au St. Baptesme par guillaume le Conte et marrianne Mercier parrain et maraine.

L: Rou Pasteur.   G^me LE CONTE
                              MARJAN SUISE

Baptesme—Auiourdhuy dimanche 16me de Juin aprest la priere du soir mons^r Louis Rou a Baptisé Elie morfil né le 2me de mars dernier fils de Joseph morfil et de marthe grasset presenté au St Baptesme par Elie chardavoine le fils et Susanne dauid parrain et Marraine.

L: Rou min: ELIAS CHARDAVOYNE
                          SUSANNE DAUID

Baptesme—Auiourdhuy dimanche 30me de Juin 1717. mons^r Louis Rou aprest la priere du soir a Baptisé anne Ruleau née le 3me davril dernier fille de guillaume Ruleau et de Marie Valeau presentee au St Baptesme par Estienne Valeau et anne chardavoine parrain et mareinne.

L: Rou Pasteur.   E. VALLEAU
                              ANNE UALLEAU
                              MARIE UALLEAU

Baptesme—A la Nouvelle york le 29me d'aoust 1717. Auiourdhuy mecredy aprest la priere du soir mons.^r Louis Rou a Baptisé Chaterine Cazalet née le 20e de ce mois fille de noé Cazalet et d'Elisabet son Epouze presentée au St Baptesme par le dit Cazalet et Judith Jamain parrain et mareinne.

L: Rou ministre

Baptême—Auiourdhuy dimanche prem.^r de Septemb^e 1717 aprest la priere du soir mons.^r Louis Rou a Baptisé david le tellier né le 26.me de ce mois fils de Dauid le Tellier et Susanne son Epouse presenté au St Baptême par le dit Dauid Le Tellier et Madeleinne Leddel parrain et Marainne.

L: Rou Pasteur.

Baptesme—Auiourdhuy dimanche 21me de Septembre 1717. aprest la priere du soir mons.^r Louis Rou a Baptisé Estienne menard le 28me d'aoust dernier fils de daniel mesnard et dElisabeth Vincent presenté au St Baptesme par René Hett et Blanche Hett parrain et Marainne.

L: Rou Pasteur.   DANIEL MESNARD
                              RENÉ HET
                              BLANCHE HET

Baptême—A la Nouvelle york ce 21e d'aoust* 1717. Auiourdhuy dimanche aprest la priere du soir, mons.^r Louis Rou a Baptisé Ester Bonÿot fille d'Ezechiel Bonyot et Ester Bonyoit presentée au St Baptesme par Isaac le Mercier et Marianne le Conte parrain et Marraine.

L: Rou Pasteur.   ESEKIEL BONŸOT
                              ISAAC MERCIER
                              MARJAN LE CONTE

---

* "Aoust" is apparently a mistake for "Septembre" or "Octobre"; moreover, several of the preceding dates seem to be slightly wrong.

Baptesme—Auiourdhuy mecredy 9me d'octobre 1717. aprest la priere du matin mons.^{r} Louis Rou a baptisé Marie audard née le 6me de septembre dernier fille de daniel audard et de marthe audard presentée au St Baptesme par Isaac Quintard et marie morin parain et maraine.

L: Rou Pasteur.   ISAAC QUINTARD

MARIE MORIN *

Baptême—Auiourdhuy dimanche 13me d'octobre 1717. aprest la priere du soir mons.^{r} Louis Rou a baptisé Susanne mambrut née le 19me de Septembre dernier fille de Elie et Susanne mambrut presentée au St Baptesme par Elie et Susanne Membrut parrain et Marainne.

L: Rou Pasteur.   ELIE MANBRUT

†

Baptesme—Auiourdhuy dimanche 27me d'octobre 1717. aprest la priere du soir mons.^{r} Louis Rou a Baptisé Jean du Puy né le 20e de ce mois fils de Jean du Puy et anne son Epouse presenté au St Baptesme par le dit Jean du Puy et Susanne Chardavoine parrain et Marene.

L: Rou Pasteur.   DUPUŸ

SUSANNE CHARDAUOY

Baptesme—Auiourdhuy dimanche 10me de Novembre 1717. aprest la priere du soir mons.^{r} Louis Rou a Baptisé Louis Rou fils du dit Sr Rou et de Renee Rou son Epouse né le 3me de ce mois presenté au St Baptesme par mons.^{r} Benjamin faneuil Parrain et mad^{le} Magdeleine Bayeux Marraine.

L. Rou Pasteur.   L: ROU

BENJ^A FANEUIL

MAEDENE BAYEUX

---

* After this record a page and a half of the original are left in blank.

Baptesme—A la Nouvelle York ce 8me de decemb^e 1717. Auiourdhuy dimanche aprest la priere du soir mons^r Louis Rou a baptisé Jean Morin né le 23me de novembre dernier fils de moise Morin et de marianne Bricou presenté au St Baptesme par Samuel Morin et marie Quintard parrain et Marainne.

L: Rou Pasteur.   MOSES MORINE
                               SAM^L MORINE
                               MARIE MORIN

Baptesme—Le samedy 11me Janvier 171⅞ avant mydy Est né Pierre fresneau fils d'andré fresneau et de Marie Morin baptisé par mons^r louis Rou en sa maison le dimanche 19e du même mois presenté au St Baptesme par mons^r René Hett et Mad. Ester charron Parain et Marainne.

L: Rou Pasteur.   ANDRÉ FRESNEAU
                               RENÉ HET
                               ESTER CHARRON

Bapteme—Aujourd'huy dimanche 16me de febvrier 171⅞ aprest la priere du soir mons^r Louis Rou a Baptisé Robert Crommelin né le 13me de ce mois fils de mons^r Charles Crommelin et anne son Epouze presenté au St Baptême par mons^r Jaques du Pré et mad^le Chaterine Carron Parrain et Maraine.

L: Rou min: CH^LES CROMMELIN
                               JAMES DU PRÉ
                               CATHERINE CARON

Baptesme—A la Nouvelle York ce 20me d'Avrill 1718. Aujourd'huy dimanche aprest la priere du soir Monsr Louis Rou a Baptisé Ester mesnard née le 17me de mars dernier fille de andré Mesnard et de Margueritte son Epouze presentee au St Baptesme par Philipe Thiché parrain et Ester Chevalier marainne.

A. MESNARD   PHILLIP RICHÉ
L: Rou Pasteur.   ESTER LE CHEUALIER

Baptesme—Auiourd'huy mecredy 30ᵉ d'avril 1718. aprest la priere du matin monsʳ Louis Rou a Baptisé Beniamin apelbé né le vingt troisieme de ce mois fils de Beniamin apelbé presenté au Sᵗ Baptesme par Pierre Ebrart et margueritte Perdriau parain et Maraine.

L: Rou ministre.

Baptesme—Auiourd'huy mecredy 7ᵐᵉ de may 1718. monsʳ Louis Rou a Baptisé Elie desbrosses fils de Jacques desbrosse et de Helene Gaudineau presenté au Sᵗ Baptesme par Elie metayer et anne Many parrain et marainne.

L: Rou ministre.   James Desbrosses
                        Elie Mestayer
                         anne many

Le sus-nommé Elie Desbrokes est né le 22ᵉ d'Avril precedent, à la Nouvelle York, ce qui devoit estre ici marqué.

Baptesme—Auiourdhuy mecredy 14ᵐᵉ de May 1718. monsʳ Louis Rou a Baptisé Elisabeth Rencau née le 13ᵉ d'aoust dernier fille de Jean Rencau et de Jeane Rencau presentee au Sᵗ baptême par daniel Gaillard et Ester Buo parain et Maraine.

L: Rou Pasteur.   Daniel gaillard
                       ester buau

Baptême—Auiourdhuy mecredy 25ᵉ de Juin 1718. aprest la priere du matin monsʳ Louis Rou a baptisé Beniamin Roumage né le 7ᵐᵉ de ce mois fils de Beniamin Roumage et de marguerite son Epouse presenté au Sᵗ baptesme par le dit Roumage et Ester Borton parrain et Marainne.

L: Rou min: Benjamin Roumage
                   Hester Burton

Baptême—Auiourdhuy dimanche 29me de Juin 1718. aprest la priere du soir mons^r louis Rou a baptisé Pierre Chaperon né le 16me de ce mois fils de Pierre Chaperon et de Judith la moureux presenté au S^t. Baptesme par son Pere et Jeanne Bretin parain et Maraine.

la marque † de PIERRE CHAPERON
la marque & de JEANE BRETIN

Baptême—A la Nouvelle York ce 10me de Septemb^e 1718. Auiourdhuy mecredy aprest la priere du matin mons^r Louis Rou a baptisé marguerite fille de Pierre et de Magdelaine Valleau née le 21e d'aoust dernier presentée au St Bateme par Jean Peletreau et marguerite Roberts parain et maraine.

L: ROU min :   P. VALLEAU
                 JEAN PELLETREAU
                 Mr ROBERTS

Baptême—Auiourd'huy mercedy vingt quatrieme de Septembre 1718. aprest la priere du matin mons^r Louis Rou a baptisé margueritte la Font née le 14e de ce mois fille d'Antoine la font et de marie son Epouse presentée au St Baptême par daniel gaillard et marie Pineau Parrain et maraine.

L: ROU min: DANIEL GAILLARD
          la marque 𝓝 de MARIE PINEAU

Baptesme—Auiourd'huy dimanche 28e de septemb^re 1718 aprest la priere du soir mons^r Louis Rou a baptisé Ester massé née le 21e de ce mois fille de daniel et Ester massé presentee au St Baptesme par Pierre morgat et Jeane Massé Parrain et Marainne.

PIERRE MORGAT
la marque ⋂ de JEANE MASSÉ

Baptême—A la Nouvelle York ce 8ᵉ doctobre 1718. Auiourd'huy mecredy aprest la priere du matin monsⁱ Louis Rou a baptisé olivier de Lancey né le 16ᵉ de septembre dernier fils de monsⁱ Estienne de Lancey et Madᵉ anne son Epouze presenté au Sᵗ Baptesme par le dit Sⁱ de Lancey et madˡᵉ Cornelie Courtland parain et maraine.

　　L: Rou min.　　　　ESTIENNE DE LANCEY
　　　　　　　　　　　　CORNELIA V. CORTLANDT

Baptême—Auiourdhuy mecredy 12ᵉ de 9ᵇʳᵉ 1718. aprest la priere du matin monsⁱ Moulinars a Baptisé charles you né le 4ᵉ de ce mois fils de Jacques you et Marie Pouetreau presenté au Sᵗ Baptême par le dit Jacques you et Jeane Soumain Parain et Marainne.

　　J: MOULINARS ministre　　　JACQUE YOU
　　　　　　　　　　　　　　　　JANE JAMAIN

Baptême—Auiourdhuy mecredy 17ᵐᵉ de decembre 1718. monsⁱ Louis Rou a baptisé Elie chardavoine né le 8ᵐᵉ de ce mois, fils de Elie Chardavoine et de Susanne son Epouze presenté au Sᵗ Baptême par monsⁱ Jean David et anne chardavoine parrain et maraine.

　　L: Rou min.　　　　ELIAS CHARDAVOYNE Jene
　　　　　　　　　　　　JEAN DAUÏD
　　　　　　　　　　　ANNE CHARDAUOINE

Baptême—A la Nouvelle York ce 7ᵐᵉ Janvier 17$\frac{18}{19}$. Auiourdhuy mecredy aprest la priere du matin monsⁱ Moulinars a Baptisé Marie Pelletreau née le 4ᵐᵉ de ce mois fille de Jean Pelletreau et d'Elisabeth Bonnin presentée au Sᵗ Baptême par monsⁱ Pierre Valleau et Jeane Pelletreau parrain et maraine.

　　J. MOULINARS ministre.　　JEAN PELLETREAU
　　　　　　　　　　　　　　P. VALLEAU
　　　　　　　　　　　　　JEANNE PELLETREAU

Baptême—Auiourḑ'huy mecredy onziéme de fevrier 17$\frac{1}{1}\frac{8}{9}$ aprest la priere du matin mons.ʳ Louis Rou a Baptisé Susanne Helene Moulinars née le 8.ᵐᵉ de ce mois fille de mons.ʳ J. J. Brumeau Moulinars Pasteur et de Judith son Epouze presentée au S.ᵗ Baptesme par mons.ʳ Estienne de Lancey et mad.ᵉ Susanne Barberie Parrain et Marraine.

   L: Rou min: J. J. MOULINARS
                              ESTIENNE DE LANCEY
                              SUSANNE BARBERIE

Baptême—Auiourdhuy dimanche 8.ᵉ de Mars 17$\frac{1}{1}\frac{8}{9}$ mons.ʳ Moulinars a Baptisé Blanche Stuckey née le 26.ᵉ febvrier dernier fille de mons.ʳ André Stuckey et de Marie son Epouze presentee au S.ᵗ Baptesme par mons.ʳ Pierre Valette et mad.ᵉ Blanche Hett parrain et Marraine.

J: J: MOULINARS Pasteur.   ANDREW STUCKEY
                              P.ʳ VALLETE
                              BLANCHE HET

Baptême—A la Nouvelle york ce 11.ᵐᵉ de Mars 171$\frac{8}{9}$ Auiourdhuy mecredy aprest la priere du matin Mons.ʳ Louis Rou a Baptisé thomas Louis fresneau né le 5.ᵐᵉ de ce mois fils de mons.ʳ andré et marie fresneau presenté au S.ᵗ Baptesme par mons.ʳ thomas Bayeux et Mad.ˡᵉ Ester Morin Parrain et Marainne.

   L: ROU min: ANDRÉ FRESNEAU
                              THOMAS BAYEUX
                              ESTER MORIN

Baptesme—Auiourdhuy dimanche 15.ᵉ de Mars mons.ʳ Moulinars a Baptisé daniel Buo né le 10.ᵐᵉ de ce mois fils de Daniel et Ester Buo presenté au S.ᵗ Baptesme par Jean abelin et Jeane massé parrain et marainne.

J: J: MOULINARS Pasteur.   DANIEL BEAU
                              JOHN ABLIN

Baptesme—Le même Jour aprest lexercisse du soir mons.^r Louis Rou a paptisé Anne mainard née le 11me de ce mois fille de Daniel et Elisabeth mesnard presentée au St Baptesme par mons.^r Jean du Puy et mad.^e Judith Vincent parrain et Marraine.

L: Rou Pasteur.   DANIEL MESNARD
                              J. DUPUY
                              JUDITH VINCENT

Baptême—A la Nouvelle york ce 18me de Mars 171$\frac{8}{9}$. Auiourdhuy mecredy aprest la priere du matin mons.^r moulinars a baptisé margueritte bergeron née le 11me de ce mois fille de Jacques et Judith Bergeron presentée au St Baptême par Jacques Bergeron et anne de la Bairte parrain et Marainne.

J: J: MOULINARS Pasteur.   JAQUE BERGERON
                               ANNE CAUMIE

Baptême—Auiourd'huy dimanche 29me le Mars 1719. aprest la predication du soir mons.^r moulinars a Baptisé margueritte bouquet née le   fille de guillaume et neeltié bouquet pere et mere presentée au St Baptême par Jacob Bouquet et abija hardin parrain et marainne.

J. J. MOULINARS Pasteur.   JACOB BOUQUETT
                               ABIJA ARDEN

Batême—Auiourdhuy dimanche 5me d'avril 1719. aprest la priere du soir mons.^r Louis Rou a Baptisé magdeleine gautier née le 4me de ce mois fille de Daniel et Marie gautier presentée au St Baptesme par le S.^r andré Royer et magdeleine gautier parrain et Marainne.

L: Rou min.   DANIEL GAUTIER
                               ANDRÉ BOGARD
                               MAGELAINE GAUTIER

Baptême—Auiourd'huy dimanche 19me d'Avril 1719. aprest lexercisse du matin mons^r moulinars a Baptisé Jean Ruleau né le 20me de Janvier dernier fils de guillaume Ruleau et de Marie son Epouse presenté au St Baptême par Elie chardavoine et Marie Valleau parrain et mareinne.

J: J: Moulinars Pasteur.   Elie Chardauoyne
                                  Marie Gallais

Baptême—Le mesme iour aprest lexercisse du soir monsieur Louis Rou a Baptisé Marie Riché fille de Philippe riché né le 3e de ce mois et de marie sa mere presenté au St Baptesme par denis Riché et Susanne Riché parrain et Marainne.

L: Rou Pasteur.   Phillip Riché
                                Denis Riché
                                Susanne Riches

Baptême—Auiourdhuy dimanche 10e de may 1719. mons^r moulinars aprest la predication du soir a Baptisé daniel du Puy né le dern^r d'avril dern^r fils de Jean du Puy et de sa femme Anne presenté au St Baptesme par Elie Peltreau jun^r et mad^e marie anne Jouneau parain et Marainne.

J : J : Moulinars   Marianne   J. Dupuy
      Pasteur   Jouneau   Elie Pelletreau

Baptesme—Le meme jour mons^r moulinars a Baptisé Vincent Vigneau tillou né le 5e de ce mois fils de Jean Vigneau tiellou et de marie son Epouze presenté au St Baptesme par Jean Vigneau tiellou et Elisabeth tillou parrain et Marainne.

J : J : Moulinars   Jean uigneau Tillou
         Pasteur.   Elizabet Tiellou

Baptême—A la Nouvelle York ce 17me de May 1719. Auiourdhuy dimanche aprest la predication du soir mons^r Louis Rou a Baptisé Beniamin applebis né le 8e de ce mois fils de Beniamin et francoise applebis presenté au St Baptesme par Jean Pinau et Catherine forraitier parrain et marainne.

L : Rou min :　　　　　BENJ. APPELBY
　　　　　　　　　　　JEAN PINEAUD
　　　　　　　　　　　CATHRINE FOURRETIEE

Bapteme—Auiourdhuy dimanche 24e de May 1719. mons^r Moulinars aprest la predication du soir a Baptisé auguste de Money né le 11e de ce mois fils de Henry de Money et de Marianne son Epouze presenté au St Baptesme par Jacques Dulon et marthe oldfield parrain et Marainne.

J : J : MOULINARS ministre.

Baptesme—Auiourdhuy dimanche 31e de may 1719. aprest la predication du soir mons^r Louis Rou a Baptisé Jeanne Bayeux née le 20e de ce mois fille de mons^r Thomas et madeleine Bayeux presentée au St Baptesme par le dit sieur Thomas Bayeux et mad^e Susanne Bayeux parrain et marainne.

L : Rou min :　　　　　THOMAS BAYEUX
　　　　　　　　　　　SUSANNE BAYEUX

Baptesme—A la Nouvelle York ce 3me de Juin 1719. Auiourdhuy mecredy aprest la priere du matin mons^r Moulinars a Baptisé Thomas Minvielle né le 16e de may dern^r fils de mons^r David et Susanne minvielle presenté au St Baptesme par mons^r Thomas Bayeux et Mademoiselle Anne d'hariette Parrain et Marraine.

J : J : MOULINARS　　　　DAV. MINVIELLE
　　　Pasteur.　　　　　THOMAS BAYEUX
　　　　　　　　　　　ANNE DHARIETTE

Baptesme—Auiourd'huy mecredy 4me de Juillet 1719. aprest la predication mons^r. Moulinars a Baptisé Susanne marie Morgat née le 24e de Juin dernier fille de Pierre et Jeanne morgat presentée au St Baptême par cap^{ne} Esaye auvry et mad^e Susanne Minvielle parrain et Marainne.

J : J : Moulinars Pasteur.   Isaiah onery
                               Susanne minvielle

Baptême—Auiourdhuy dimanche 12e de Juillet 1719. mons^r. Louis Rou a Baptisé Thomas Pikoc né le 10e de ce mois fils de Guillaume et Marie Picok presenté au St Baptême par Jacob Bouquet et abija hardin parrain et maraine.

L : Rou min :

Baptesme—A la Nouvelle York ce 19e de Juillet 1719. Auiourdhuy dimanche aprest la predication du soir mons^r. Louis Rou a Baptisé marguerite née le 28e de Juin dernier fille de Beniamin et margueritte Roumage presentée au St Baptesme par le dit Beniamin et margueritte Roumage parrain et Marainne.

L : Rou min.   Benjamin Roumage
                 marguerite roumage

Baptesme—Le dimanche 2me d'aoust 1719 aprest lexercisse Religieux du soir monsieur Louis Rou a Baptisé Auguste Ferdinand Rou né le 30e de Juillet dernier, fils du dit sieur Rou et de demoiselle Marie son Epouse presenté au St Baptesme par mons^r. Auguste Jay et mad^e Susanne Barberie parrain et Marraine.

L : Rou min.   Auguste Jay
                 Susanne Barberie

Baptesme—Auiourd'huy dimanche 9me d'aoust 1719. aprest la predication du soir mons^r. Moulinars a Baptisé

Jean a Belin né le 7.me de ce mois fils de Jean et Marie anne Abelin presenté au St Baptesme par Vinsent Bodin et Susanne Riché parrain et Marainne.

J: J: Moulinars Pasteur.   Jean ablin
Vinsant bodin
Susane riches

Baptême—A la Nouvelle York ce 30.me d'Aoust 1719. Auiourdhuy dimanche aprest la predication du soir mons.^{r} Louis Rou a Baptisé Jacob Bouquet né le 23.e de ce mois fils de Jacob Bouquet et de margueritte son Epouse presenté au St Baptesme par Jacob Bouquet et mad.^{e} Judith moulinars parain et marainne.

L: Rou min: Jacob bouquet
Judith Marie Moulinars

Baptesme—Auiourdhuy dimanche 16me de decemb.^{e} 1719. aprest la predication mons.^{r} Louis Rou a Baptise Ezechiel Boigniot né le 11.e de ce mois fils dezechiel Boigniot et d'Ester son Epouse presenté au St Baptesme par guillaume le Conte et Marianne Mercier parrain et Marainne.

L: Rou Pasteur.   G.^{me} Le Conte
marjane le Conte

Baptesme—Auiourdhuy mecredy 9me de mars 17$\frac{18}{19}$ aprest la priere mons.^{r} Louis Rou a baptisé anne Ballereau Née le 8.e de ce mois fille de Jacques ballereau et de Jeane son Epouze presentée au St Baptesme par daniel Bontecou et anne Many parrain et marraine.

L: Rou Pasteur   Jacques Ballereau
Daniel Bontecou
anne many

Baptesme—A la Nouvelle York ce 9me de Mars 17$\frac{18}{19}$. Auiourdhuy mecredy aprest la priere mons.^{r} Louis Rou a Baptisé Elizabeth Ballereau née du jour d'hyer fille

de Jacques Ballereau et de Jeanne son Epouze presentée
au St Baptesme par Elie peltreau le jeune et Elizabeth
son Epouze parrain et Marraine.

L: Rou Pasteur.   Jacques Ballereau
                   Elias Pelletreau Junr
                   Elisabeth pelletrau

Baptême—Auiourdhuy dimanche 20me de mars 17$\frac{19}{20}$
aprest laction du soir mons^r Moulinars a baptisé abraham Jouneau né le 9me de ce mois fils de mons^r Abraham Jouneau et de Mad^e Marianne son Epouze presenté
au St Baptesme par mons^r Elie Mestayer et Mad^e Jeanne
Tongrelou parrain et Marainne.

J: J: Moulinars Pasteur   Abraham Jouneau
                          Elie Mestayer
                          Janne Tongrelou

Baptême —Auiourdhuy dimanche 8e de May 1720
aprest le service du soir mons^r Louis Rou a baptisé Jean
chardavoine né le 27me d'avril dernier fils d'Elie et Susanne chardavoine Pere et Mere presenté au St Baptesme
par Elie chardavoine et Susanne Neau parrein et Mareinne.

L: Rou min.   Elie Chardavoyne Junr
              elie Chardauoyne
              susanne neau

Baptesme—A la Nouvelle York le 29me de May 1720.
Auiourdhuy dimanche aprest laction du soir mons^r Moulinars a Baptisé daniel lamoureux né le 18e de ce mois
fils de daniel et Jeane la moureux Pere et Mere presenté
au St Baptesme par Daniel la Moureux et Susanne lamoureux parrein et mareine.

J: J: Moulinars Pasteur.   Daniel Lamoureux
                                    L

Baptême—Auiourdhuy dimanche 12ᵐᵉ de Juin 1720. Monsʳ Moulinars a baptisé andré Gautier né le 4ᵉ de Juin fils de daniel Gautier et de Marie son Epouze presenté au Sᵗ Baptême par andré foucault et Jeane Pillet parrain et mareinne.

  J: J: Moulinars Pasteur Daniel Gautier
           André Foucault

—|—

Baptesme—Auiourdhuy mecredy 15ᵐᵉ de Juin 1720. aprest la priere du matin monsʳ Louis Rou a Baptisé Elisabeth Faveau, né le 29ᵐᵉ de may dernier fille de Jean et de marie Taveau presentée au Sᵗ Baptesme par son pere et sa mere parrain et mareinne.

  L: Rou min.   Jean Taueau

Batesme—Auiourd'huy mecredy 20ᵉ Juillet 1720. monsieur Moulinars a batisé Thomas Piecock né le 10ᵉ de ce mois fils de Guillaume Piecok presenté au Sᵗ Batesme par Jacob Bouquet et abigail Harding parrain et Marāinne.

  J: J: Moulinars Pasteur.

Baptême—A la Nouvelle York ce 24ᵉ de Juillet 1720. Auiourdhuy dimanche aprest laction du soir monsʳ Moulinars a Baptisé françois Fresneau né le 2ᵉ de ce mois fils de monsieur André Fresneau et de Marie son Epouze presenté au Sᵗ Baptême par monsieur Louis allaire et madᵉ Judy Morin parain et Marainne.

  J: J: Moulinars Pasteur. André fresneau·
           Louis allaire
           Judith morin

Baptême—Auiourdhuy 17ᵐᵉ d'Aoust 1720. aprest la priere du matin monsʳ Louis Rou a baptisé Jean galaudet né le 3ᵐᵉ de Juillet dernier fils de Pierre Elisée galaudet et de Jeane son Epouze presenté au Sᵗ Baptesme par mons.ʳ Jean dupuy et mad.ˡᵉ Henriette allaire parein et Mareinne.

L: Rou Pasteur.   J. Dupuy

HENRIETTE ALLAIRE

Baptême—Auiourd'huy 31ᵐᵉ d'Aoust 1720. mons.ʳ Louis Rou aprest la priere du matin a baptisé daniel you né le 15ᵐᵉ de ce mois fils de Jacque you et de marie son Epouze presenté au S.ᵗ baptême par daniel poutraux et Susanne Bourdèt parrain et marainne.

L: Rou Pasteur.   JACQUE YOU

DANIEL POUTRAU

SUSANNE BOURDET

Baptême—New york ce 11ᵐᵉ de Septbᵉ 1720. Auiour-d'huy dimanche aprest laction du soir mons.ʳ Moulinars a baptisé thomas du Puy né le 2ᵐᵉ de ce mois fils docteur Jean du Puy et de anne son Epouse presenté au S.ᵗ Bap-tesme par mons.ʳ thomas Bayeux et mad.ᵉ Judith Cazals parrain et marainne.

J: J: MOULINARS Pasteur.   J. Dupuy

THOMAS BAYEUX

JUDITH CAZALZ

Baptême—Auiourd'huy vendredy 30ᵐᵉ de Septembre 1720. aprest la predication mons.ʳ Moulinars a Baptisé Ester appelbee née le 10ᵉ de ce mois fille de Beniamin appelbee et de francoise son Epouse presenté au S.ᵗ Bap-tesme par le pere et la mere.

J: J: MOULINARS Pasteur.   BENJ. APPELBE

Bapteme—Auiourdhuy mecredy 26ᵉ d'octobᵉ 1720. aprest la priere du matin mons.ʳ Moulinars a Baptisé Jean ouilliom né le 22ᵉ Janvier dernier fils de Robert ouilliom et de Magdeleine son Epouse presenté au S.ᵗ Baptesme par Jean membru et silvie Eserés parrain et marainne.

J: J: MOULINARS Pasteur.   JEAN MANBRUT

Baptême—A la Nouvelle York ce 26ᵉ d'octobᵉ 1720. Auiourdhuy mecredy aprest la priere du matin monsʳ Moulinars a Baptisé Elie Peltereau né le 24ᵉ de ce mois fils d'Elie Peltereau et de Elisabeth son Epouse presenté au Sᵗ Baptesme par Elie Peletereau layné et Jeane Peltereau parain et Marainne.

J: J: MOULINARS Pasteur.   ELIE PELLETREAU Junʳ
                             ELIE PELLETREAU
                             JEANNE PELLETRAU

Baptesme—Auiourd'huy Pʳ de Janvier 17²⁰⁄₂₁ aprest lexercisse du soir monsʳ Louis Rou a baptisé Joseph Roumage né le 26ᵐᵉ decembᵉ dernier fils de Benjamin Roumage et de margueritte son Epouse presenté au Sᵗ Baptesme par Joseph Bledar parain et Louise Canche maraine.

L: ROU Pasteur.   BENJAMIN ROUMAGE
                   F. VIENCENT
                   LOUISE CANCHE

Bapteme—Auiourdhuy mecredy 4ᵐᵉ de Janvʳ 17²⁰⁄₂₁ monsʳ Moulinars aprest la priere du matin a Baptisé Judith chapron nee le 24ᵐᵉ Xᵇʳᵉ dernier fille de Pierre Chapron et de Judith son Epouse presentee au Sᵗ Batesme par Josué quereau et Judith Cantin Parain et maraine.

J: J: MOULINARS Pasteur.   JOSUE QUEREAU
                            JUDITH QUANTEIN

Baptême—A la Nouvelle York ce 25ᵐᵉ de Janvier 17²⁰⁄₂₁. aprest la priere du matin monsʳ Louis Rou a baptisé Judith Bouquet née le 24ᵐᵉ de ce mois fille de Jacob Bouquet et de margueritte son Epouze presentée au Sᵗ Baptesme par monsʳ Jean Joseph Moulinars et madᵉ Judith marie son Epouze parrain et marainne.

L: ROU Pasteur.   J: J: MOULINARS
                   G. M. MOULINARS.

Baptesme—Aujourdhuy dimanche 12me de fevrier 17$\frac{20}{21}$ aprest lexercisse du soir. Monsr Louis Rou a baptisé Esther Rou née le 6me de ce mois fille du dit sieur Rou et de Mad^e Renée marie son Epouse presentée au St Bateme par Son Excellence Monsieur guillaume Burnet Esc. Gouverneur en chef des Provinces de la Nouvelle york et du Jersey &c Et par Mad^e Esther Gougeon Parrain et Marraine.

L: Rou min :

     L: Rou
     W. Burnet
     Esther Gougeon

Bapteme—Auiourdhuy dimanche 12me de Mars 17$\frac{20}{21}$ Monsr Louis Rou a Baptisé Jean Hatier né le 6me de ce mois fils de Jean Hastier et Elisabeth son Epouze presenté au St Baptême par mons^r Louis Carré et Mad^e Marie Moyon parrain et Marainne.

L: Rou Pasteur.

     Jean Hastier
     Louis Carré
     Marie Moyon

Bapteme—A la Nouvelle York ce 19me de Mars 17$\frac{20}{21}$. Auiourdhuy dimanche aprest lexercisse du soir monsieur Moulinars a Baptisé Pierre Minvielle né le 18me de ce mois fils de mons^r David Minvielle et de mad^e Susanne son Epouse presenté au St Baptême par mons^r Pierre Barberie et Mad^{le} Susanne Bayeux parrain et Marraine.

J: J: Moulinars

     P. Barberie
     Susane Bayeux

Baptême—Auiourdhuy dimanche 2me d'Avril 1721. aprest lexercisse de Pietté du soir monsieur Moulinars a Baptisé Judith mesnard fille de Daniel Mesnard et de Elisabeth son Epouse presentée au St Baptesme par Samuel Vincent et Blanche lafon parrain et marainne.

J: J: Moulinars Pasteur.

    Daniel Mesnard
    Saml Vincent
    Blanche La Font

Baptême—Auiourd'huy vendredy 7me d'Avrill 1721. Mr Moulinars aprest la predication a Baptisé Isaac fleurantin né le 16me de mars dernier fils de Marc fleurantin et de anne son Epouse presenté au St Baptesme par Jean Brouc et margueritte fleurantin parrain et Marrainne.

J: J: MOULINARS Pasteur. JOHN BROOKS.

Baptême—A la Nouvelle York ce 7me d'avril 1721. Auiourd'huy vendredy aprest la predication mons^{r} Moulinars a Baptisé Elisabeth Peletreau née le 2me de ce mois fille de Jean Pelletreau et de Elisabeth son Epouze presentée au St Baptesme par Elie Pelletreau lainé et Elisabeth Pelletreau parrain et marrainne.

J: J: MOULINARS Pasteur. JEAN PELLETREAU
ELIE PELLETREAU
ELISABETH PELLETREAU

Baptême—Auiourd'huy mecredy 19me d'Avril 1721. aprest la priere du matin mons^{r} Moulinars a Baptisé Blanche Beau née le 16me de ce mois fille de Daniel Beau et d'Ester son Epouze presentée au St Baptême par mons^{r} Jean Peloquin et Mad^{le} Blanche la font parrain et Maraine.

J: J: MOULINARS Pasteur. DANIEL BEAU
JEAN PELOQUIN
BLANCH LA FONT

Baptême—Auiourdhuy dimanche 23me d'Avril 1721. monsieur Louis Rou a Baptisé margueritte Baumier née Le 16me ditto fille de francois Baumier et de anne son Epouze presentée au St Baptesme par françois Baumier et Judith Bergeron parrain et marainne.

L: ROU Pasteur. la marque de FRANÇOIS BAUMIER

Baptême—A la Nouvelle York ce 30ᵐᵉ d'Avril 1721. Auiourd'huy dimanche aprest la priere du soir monsieur Louis Rou a Baptisé marie Bonÿot née le 19ᵐᵉ de ce mois fille d'Ezechiel Bonÿot et d'Ester son Epouse presentée au Sᵗ Baptesme par monsʳ André fresneau et madˡᵉ Marie Mercier parrain et maraine.

L: Rou Pasteur.   ANDᴱ FRESNEAU
                     MARIE MERCIER

Baptême—Aujourdhuy mecredy 7ᵐᵉ de Juin 1721. aprest la priere du matin monsʳ Louis Rou a Baptisé guillaume Rulleau né le 6ᵐᵉ decembre dernier fils de guillaume Rulleau et de Marie sa femme presenté au Sᵗ Baptesme par Josué Soulisse et Marie Rulleau parrain et Marainne.

L: Rou Pasteur.   JOSUÉ SOULLICE
                     MARIE VALLEAU

Baptesme—Auiourd'huy dimanche 18ᵉ de Juin 1721. aprest la priere du soir monsʳ Louis Rou a Baptisé Jean vanderburg né le 6ᵉ de fevrier dernier fils de monsʳ henry vanderburg et de Magdeleine son Epouse presenté au Sᵗ Baptême par Jean Barberie et Madˡᵉ Henriette allaire parrain et maraine.

J: J: MOULINARS Pasteur.   JEAN BARBERIE
                     HENRIETTE ALLAIRE

Batesme—Auiourd'huy mecredy 19ᵐᵉ de Juillet 1721. aprest la priere du matin monsʳ Moulinars a baptisé Susanne Valeau nèe le 14ᵉ d'octobre dernier fille de Monsʳ Pierre Valeau et de Mademoisˡᵉ Magdelaine. son Epouse presentée au Sᵗ Baptesme par Monsʳ Paul Colins et madˡᵉ Elizabeth Peletreau parrain et marraine.

J: J: MOULINARS Pasteur   P. VALLEAU
                     PAUL COLLIN
                    ELISABETH PELLETRAU

Batême—A la Nouvelle York ce 2me d'Aoust 1721. Le mecredy aprest la priere du matin Monsieur Moulinars a Batisé Elisabeth Bayeux née le 25e de Juillet dernier fille de mons^r Thomas Bayeux et de Mad^{le} Madeleine son Epouse presentée au St Batesme par mons^r Beniamin d'hariette et Mad^{le} Madeleine Bayeux la fille parrain et Marainne.

J: J: Moulinars Pasteur. Thomas Bayeux
Benj^a D'harriette Junr
Madelon bayeux

Batesme—Auiourd'huy mecredy 8e d'Aoust 1721. aprest la priere du matin mons^r Louis Rou a Batisé Jean Ravaux né le 4e de ce mois fils de Daniel Ravaux et de Jeane son Epouze presenté au St Batesme par Elie Badaut et Jeane Rival parrain et marainne.

L: Rou Pasteur.   —|—

℥

Batesme—Auiourd'huy mecredy 30e d'aoust aprest la priere du matin mons^r moulinars a batisé Ester ablain née le 26e de ce mois fille de Jean Ablain et de Marie son Epouse presentee au St Batesme par denis Riché et Helenne Bodin Parrain et Marainne.

J: J: Moulinars Pasteur.   denis Riché

—|—

Batesme—Auiourdhuy mecredy 11me d'octobre 1721. monsieur Moulinars a batisé Jeane giraud née le 6me de ce mois fille de andré Giraud et d'Anne son Epouze presentée au St Baptême par daniel Giraud et Catherine Confort parrain et maraine.

J: J: Moulinars Pasteur.   andré Giraud
Daniel giraud

Batesme—Aujourdhuy mecredy 8.me de Novembre 1721·
aprest la priere du matin mons.^r Moulinars a batisé françois dupuy né le 20.e doctobre dernier fils du docteur Jean
dupuy et d'anne son Epouse presenté au St Batesme par
mons.^r Pierre le Conte et Mad.^e marianne Morin parrain
et Maraine.

 J: J: MOULINARS Pasteur. J. DUPUY
           PIERRE LE CONTE

Batême—Auiourdhuy dimanche 19.e de Novembre 1721.
aprest lexercisse du soir mons.^r Louis Rou a Baptisé
Marie Apelby née le 5.me de ce mois fille de Beniamin
apelby et de françoise son Epouze presentée au St Baptesme par daniel Buo et Ester Massé parrain et maraine.

 L: ROU Pasteur.   BENJ.^A APPELBE
         DANIEL BEAU
         ESTER MASSÉ

Batême—A la Nouvelle York ce 4.me de decembre 1721·
Aujourd'huy lundy monsieur moulinars c'est trouvé ex-
prest en cett' Eglise avec quelques personnes et a batisé
Susanne Riché née le 15.me de septembre dernier fille de
Philipe Riché et de Marie son Epouse presentée au S.^t
Baptesme par Philipe Riché et Susanne Riché parrain et
Marraine.

 J: J: MOULINARS Pasteur.

Batesme—Auiourdhuy premier de Janvier 17$\frac{21}{22}$ monsieur Moulinars ayant assemblé au son de la cloche quelques anciens et autre personnes dans le temple a Batisé
Susanne de galaudet née le 2.e de 9.bre dernier fille de Pierre
Elisee de galaudet et de   son Epouse presentée
au S.^t batême par le dit Pierre Elisee de galaudet et Susanne chardavoine parain et maraine.

 J: J: MOULINARS Pasteur.

Batesme—Auiourdhuy mecredy 17me de Janv^r 17$\frac{2}{1}\frac{1}{1}$
Monsr Rou a Baptisé andré la Moureux né le 10e de ce
mois fils de Daniel la Moureux et de Jeane son Epouze
presenté au St Baptesme par Isaac quantin et Ester
Massé parrain et Marainne.

    L: Rou min :   DANIEL LAMOUREUX
                                 ISAAC QUANTEIN
                                 ESTER MASSÉ

Baptême—New york fevrier 14me 172$\frac{1}{2}$. Auiourd'huy
mecredy aprest la priere mons^r Louis Rou a Batisé Jean
Moulinars né le 13e de ce mois fils de mons^r Jean Joseph
Moulinars Pasteur et de Mad^e Judith Marie son Epouze
presenté au St Batesme par Jean Barberie et Mad^{le} Magdeleine Bayeux parrain et Marraine.

    L: Rou Pasteur.   J: J: MOULINARS
                               JEAN BARBERIE
                               MADELENE BAYEUX

Batesme—Auiourdhuy dimanche 18e Febvrier 172$\frac{1}{2}$
monsieur Louis Rou a Batisé Jeane Pelletreau née le
6me de ce mois fille d'Elie Pelletreau et de Elisabeth son
Epouse presentée au St Batesme par le S^r daniel Bontecou et Mad^e Elisabeth Pelletreau parrain et Marraine.

    L: Rou Pasteur.   DANIEL BONTECOU
                          ELISABHET PELLETREAU

Batesme—Auiourdhuy vendredy 23e de Mars 172$\frac{1}{2}$
aprest la predication mons^r Moulinars a Batisé Elie quereau né le 17e de ce mois fils de Josué quereau et de
Judith son Epouze presenté au St Batesme par Isaac
quantin et Elisabeth audebert parrain et Marraine.

    J: J: MOULINARS Pasteur.   JOSUÉ QUEREAU
                                     ISAAC QUANTEIN

Baptesme—A la Nouvelle York ce 6ᵉ de May 1722. Auiourdhuy dimanche aprest la predication du soir mons.ʳ Rou a Baptisé Susanne Taveau née le 27ᵉ d'avrill dernier fille de Jean Taveau et de Marie son Epouse presentée au S.ᵗ Baptesme par Samuel Bourdet et Susanne Bourdet parrain et Marainne.

L: Rou Pasteur. JEAN TAUEAU
  SAM.ᴸ BOURDET Jun.ʳ
  SUSANNE BOURDET

Baptesme—Auiourdhuy dimanche 6ᵉ de May 1722 aprest la predication du soir mons.ʳ Rou a Baptisé Jean Noviles né le 27ᵉ davril dern.ʳ fils de guillaume Noviles et de Susanne son Epouse presenté au S.ᵗ Baptesme par daniel Beau et Jeane Renaud parrain et Marainne.

L: Rou Pasteur. W. NEVILE
  DANIEL BEAU
  JEANNE RENAUD

Baptesme—Auiourdhuy mecredy 11.ᵐᵉ de Juillet 1722. aprest la priere mons.ʳ Louis Rou a Batisé Susanne chardavoyne née le premier de ce mois fille de Elie chardavoyne le Jeune et de susanne son Epouse presentée au S.ᵗ Baptesme par Elie chardavoyne et Susanne Bourdet parrain et Marainne.

L: Rou Pasteur. ELIAS CHARDAVOYNE Jun.ʳ
  SUSANNE BOURDET.

Baptesme—A la Nouvelle York ce 15.ᵐᵉ de Juillet 1722. Aujourdhuy dimanche aprest la predication du soir Mons.ʳ Louis Rou a Baptisé magdeleine Jouneau née le 10.ᵐᵉ de ce mois fille de Mons.ʳ Abraham Jouneau et de Marianne son Epouse presentée au S.ᵗ Baptesme par mons.ʳ Pierre Valette et mad.ᵉ Judith Jay parrain et Marainne.

L: Rou Pasteur. ABRAHAM JOUNEAU
  P.ᴿ VALLETE
  JUDITH JAY

Baptesme—A la Nouvelle York ce 6ᵐᵉ d'Aoust le lundy matin ayant assemblé au son de la Cloche quel personnes dans cett'Eglise monsieur Moulinars a Baptisé marie Esgur fille de guillaume Esgur et de silvie son Epouse presentée au Sᵗ Baptesme par guillaume Landrin et Marie Landrin parrain et Marainne.

J: J: MOULINARS Pasteur.   GUILLAUME LANDRIN.

Baptesme—Auiourdhuy mecredy 26ᵉ de Septembre aprest la priere du matin monsʳ Louis Rou Pasteur a Baptisé Susanne gautier née le 21ᵉ de ce mois fille de daniel gautier et de marie son Epouze presentée au Sᵗ Baptesme par son dit Pere et Elegonde Bogard Parrain et Marraine

L: ROU min.   DANIEL GAUTIER
                         HELLGONT BOGART

Batesme—A la Nouvelle York ce 16ᵐᵉ d'octobᵉ 1722. Auiourdhuy mecredy aprest la priere du matin monsʳ Moulinars a baptisé Pierre Giraud né le 8ᵉ de ce mois fils de andré Giraud et d'anne son Epouze presenté au Sᵗ Batesme par Girard Confort et Jeane Girraud parrain et Marainne.

J: J: MOULINARS Pasteur.   ANDRÉ GIRAUD
                            (?) COMFORT
                            JEANNE GIRAUD

Batesme—Auiourdhuy dimanche 4ᵐᵉ de Novembre 1722. monsieur Moulinars a batisé Jeane Renaud née le 31ᵉ d'octobre dernier fille d'Estienne Renaud et de Madeleine son Epouse presentée au Sᵗ Batesme par daniel Beau et Jeane Renaud parrain et Maraine.

J: J: MOULINARS Pasteur.   DANIEL BEAU
                            JEANNE RENAUD

Batesme—Auiourd'huy mecredy 28me de Novembre 1722. aprest la priere mons^r Moulinars a batisé Sarah manbrut nee le 22e de ce mois fille d'Elie Manbrut et de susanne son Epouse presentée au St Batesme par Jean Manbrut et anne many Parrain et Maraine.

J: J. MOULINARS Pasteur.   ELIE MANBRUT
JEAN MANBRUT
ANNE MANY.

Batesme—A la Nouvelle York ce 23me x^{bre} 1722 Auiourdhuy dimanche aprest le service du soir Monsieur louis Rou a Batisé Isaac abelin né le 18me de ce mois fils de Jean abelin et de marie anne son Epouse presenté au St Batesme par daniel Massé et Ester Massé parain et Marainne.

L: ROU min.   DANIEL MASSÉ
ESTER MASSÉ

Batesme—Auiourd'huy mecredy 30me de Janvier 172$\frac{2}{3}$. aprest la priere monsieur Louis Rou a Batisé Marie hastier nee le 23me de ce mois fille de Jean Hastier et d'Elizabeth son Epouze presentée au St Batesme par le dit Jean Hastier et Marquize le Boyteulx parain et Maraine.

L: ROU min :   JEAN HASTIER
MARQUIZE LE BOYTEULX

Batesme—Auiourd'huy dimanche aprest le sermon du soir mons^r Louis Rou a Batisé Jacque You né le 2e de ce mois de fevrier 172$\frac{2}{3}$ fils de Jacque You et de Marie son Epouze presenté au St Batesme ce 17me febr^r 172$\frac{2}{3}$ par Capt Pierre Morgat et Mad^e Marie Soumain Parrain et Marainne.

L: ROU min.   JACQUE YOU
PIERRE MORGAT
MARY SOUMAIN.

Batésme—A la Nouvelle York ce 20me febvrier 172⅔. Auiourd'huy mecredy aprest lexercisse de Piété mons^r Moulinars a Batisé Jean Ross né le 11me de ce mois fils de Jean Ross et de louise son Epouse presenté au St Batesme par mons^r louis Carré et made Marianne Canche parrain et marainne.

J: J: MOULINARS Pasteur.   LOUIS CARRÉ
                     MARIANNE GOUNEAU

Batésme—Auiourd'huy dimanche 24e fevrier 172⅔ aprest la predication du soir Monsr Moulinars a Batisé Thomas Rou né le 18me de ce mois fils de Monsr Louis Rou et de Mad^e Renée son Epouze presenté au St Batésme par Monsieur Thomas Bayeux et Mad^e Anne de Lancey Parrain et Marraine.

J: J: MOULINARS Pasteur.   LOUIS ROU
                     THOMAS BAYEUX
                     ANNE DE LANCEY

Batésme—Auiourdhuy dimanche 17me de Mars 172⅔. aprest la priere du soir mons^r Moulinars a batisé Marie juounett née le 5me de ce mois fille de Jean Juounett et de Marie son Epouse presentée au St Batesme par daniel Buo et Ester gaillard parain et marainne.

J: J: MOULINARS Pasteur.   DANIEL BEAU
                     ESTER BEAU

Batesme—Auiourd'huy Jeudy 23e de May 1723. aprest lexercisse du matin mons^r Moulinars a batisé Anne de Lancey nee le 23 d'avril dernier fille de mons^r Estienne de Lancey et de Mad^e Anne son Epouse presentée au St Batesme par le dit sieur de Lancey et Mad^e Katherinne Cortlandt parrain et Maraine.

J: J: MOULINARS Pasteur.   ESTIENNE DE LANCEY
                     CATHARRA CORTLANDT

Batesme—A la Nouvelle York ce 19ᵐᵉ de Juin 1723. Auiourd'huy mecredy aprest le service du matin Monsʳ Moulinars Pasteur a Batisé Jean Bayeux né le 14ᵐᵉ de ce mois fils de monsieur Thomas Bayeux et de Mademoiselle Magdelaine son Epouse Et a pour parrein monsieur Jean Bayeux de Londres representé par le dit sieur Thomas Bayeux et pour Marreine Mademoiselle Judith Moulinars.

J: J: MOULINARS Pasteur.   THOMAS BAYEUX
                            JUDITH MOULINARS

Batesme—Auiourd'huy mecredy 10ᵐᵉ de Juillet 1723. Mʳ Moulinars a batisé Jeane Masson née le 7ᵐᵉ de fevrier 1722 fille de Jean masson et de Marie son Epouse presentée au Sᵗ batesme par monsʳ andré Fresneau et Madᵉ Jeanne Soumain parrain et Marreine.

J: J: MOULINARS Pasteur.   ANDᴱ FRESNEAU
                            JANE LATACHE

Batesme—Auiourd'huy mecredy 17ᵐᵉ de Juillet 1723. monsʳ louis Rou a Batisé Paul du Puy né le 8ᵐᵉ de ce mois, fils de monsʳ Jean du Puy et d'Anne son Epouze presenté au Sᵗ Batesme par monsieur Paul Peltreau et madˡᵉ Blanche la font parrain et mareinne.

L: ROU Pasteur   J. DUPUY
                  PAUL PELLETREAU
                  BLANCHE LAFONT

Batesme—A la Nouvelle York ce 21ᵐᵉ d'Aoust 1723. Auiourd'huy mecredy aprest le service du matin monsʳ Moulinars a Batisé Elisabeth Buo née le 8ᵐᵉ de ce mois fille de Daniel Buo et d'Ester son Epouse presentée au Sᵗ Batesme par Daniel Gaillard et Elisabeth Gaillard parrain et Marainne.

J: J: MOULINARS Pasteur   DANIEL GAILLARD

                                    c̸

Batesme—Auiourd'huy mecredy 4.ᵐᵉ de septembre 1723. aprest le service du matin Mons.ʳ Moulinars a batisé Magdeleine Raveau née le 28ᵐᵉ d'Aoust dernier fille de Daniel Raveau et de Jeane son Epouse presentee au S.ᵗ Batesme par mons.ʳ Pierre le Conte et Mad.ᵉ Magdeleine Parcot Parrain et Marraine.   X

    J: J: Moulinars Pasteur.   Pʀᴇ Le Conte
                                   X

Batesme—Auiourdhuy mecredy 23ᵐᵉ d'octobre 1723. aprest le service du matin mons.ʳ Moulinars a batisé anne le Conte née le 14.ᵐᵉ de ce mois fille de mons.ʳ Guillaume le Conte et de Mad.ᵉ Marianne son Epouse presentée au S.ᵗ Batesme par Mons.ʳ Isaac Mercier et Mad.ᵉ Ester Bonyot Parrain et Marainne.

    J: J: Moulinars Pasteur.   G. Le Conte
                                   Isaac Mercier
                                   ester bonÿot

Batesme—A la Nouvelle York ce 30ᵐᵉ d'octobre 1723. Auiourdhuy aprest lexercisse du matin monsieur moulinars a batisé Marie appelbe née le 15.ᵐᵉ de ce mois fille de Beniamin appelbe et de françoise son Epouze, presentée au S.ᵗ Batesme par mons.ʳ Pierre Quintard et mad.ᵉ Jeane Quintard parrain et Marainne.

    J: J: Moulinars Pasteur.   Benjᴬ Appelbe
                                   Peter Quintard
                                   Jeanne Quintard

Batême—Auiourd'huy 10.ᵉ de Novembre 1723. Monsieur Louis Rou aprest lexercisse de pieté de la prest midy a batisé guillaume Mainard né le 27ᵐᵉ d'octobre fils de monsieur daniel Mainard et d'Elisabeth son Epouse presenté au S.ᵗ batesme par monsieur guillaume le Conte et Mademois.ˡᵉ Margueritte Allaire parrain et Marainne.

    L: Rou min.   Daniel Mesnard
                         Gᴹᴇ Le Conte
                         Margueritte allaire

Batesme—A la Nouvelle York ce 29me de Decembre 1723. Auiourdhuy dimanche aprest le sermon du soir mons^r Moulinars a Batisé Marie Neville neé le 30me de 9bre dernier fille du Sr Guillaume Neville anglois et de susanne son Epouze presenteé au St Batesme par le dit Sr Neville et par Mad^e Marie la Mare parrain et Maraine.

    J: J: Moulinars Pasteur   Wm Nevile
                                   Marie de la Mare

Batesme—Auiourd'huy mecredy 15me de Janvier 172¾ aprest la priere du matin mons^r Louis Rou a batisé andré bon repos né le 5me de ce mois fils d'alexandre Bonrepos et de margueritte son Epouse presenté au St Batesme par mons^r André Fresneau et mad^le Blanche Hett parrain et Marainne.

    L: Rou Pasteur.   Alexandre De Bonrepos
                                   And^e fresneau
                                   Blanche het

Batesme—Auiourd'huy mecredy 12me de fevrier 172¾ aprest la priere du matin monsieur Louis Rou a batisé Jaques Quintard né le 6me de ce mois fils de mons^r Pierre Quintard et de Jeanne son Epouse presenté au St Batesme par monsieur Jaques Ballereau et mad^le Marie anne Morin parrain et Marraine.

    L: Rou min: Peter Quintard
                               Jacque Ballereau

Batesme—A la Nouvelle York ce 15me de mars 172¾. Auiourd'huy dimanche aprest la predication du soir, monsieur louis Rou a Batisé Susanne gautier née le 11me de ce mois fille de daniel gautier et de marie son Epouse presenteé au St Batesme par le dit daniel gautier et Elegonde Bogart parain et Marainne.

    L: Rou Pasteur.   Daniel Gautier
                                 Hellgont Bogart

Batesme—Aujourd'huy dimanche 29ᵐᵉ de Mars 1724. aprest la predication du soir monsʳ Louis Rou a batisé Estienne Vallete né le 23ᵐᵉ de ce mois fils de Monsʳ Pierre Vallete et de Mademoiselle Marie son Epouse presenté au Sᵗ Batesme par monsieur Auguste Jay et Madˡᵉ Anne Jay Marraine.

    L: Rou Pasteur.   Pʳ Vallete

                                   Auguste Jaÿ

                                   ann Jaÿ

Batesme—Auiourd'huy dimanche 29ᵐᵉ de mars 1724. aprest la predication du soir monsʳ Louis Rou a batisé Josué Quereau né le 21ᵉ de ce mois fils de Josué Quereau presenté au Sᵗ Batesme par le dit Josué quereau et françoise Quantein parrain et Marraine.

    L: Rou Pasteur.   Josué Quereau

                                   fransoise (?)

Batesme—A la Nouvelle York ce 26ᵐᵉ d'avril 1724. Auiourd'huy dimanche aprest lexercisse du soir monsieur louis Rou a Batisé Isaac la Touche né le 10ᵐᵉ de ce mois fils de monsʳ Jeremie la Touche et de Jeanne son Epouse presenté au Sᵗ Batesme par monsʳ Simon Soumain et Madˡᵉ Susanne Bourdet parrain et Marainne.

    L: Rou Pasteur.   Jer. Lattouch

                                   S. Soumain

                                   Susane Bourdet

Batesme—Aujourd'huy mecredy 19ᵐᵉ d'Aoust 1724. monsʳ Moulinars a batisé anne Chardavoine née le 4ᵐᵉ de ce mois fille d'Elie chardavoine et de Susanne son Epouse presenteé au Sᵗ Batesme par Jeremie chardavoine et anne dupuy Parrain et Marainne.

J: J: Moulinars Pasteur.   Elias Chardavoyne Junʳ

                                Jeremie Chardauoyne

                                     anne Dupuy

Batême—Auiourd'huy 4.ᵉ d'octobre aprest la priere du soir monsieur Moulinars a batisé daniel giraud ne le 28.ᵐᵉ septembre dernier fils de andré Giraud et d'anne son Epouse presenté au S.ᵗ Batesme par daniel Giraud et Elisabeth phinix parrain et Marainne.

J: J: Moulinars Pasteur.   Andre Giraud
                            Daniel Giraud
                            Elisabet Phenix

Batesme—A la Nouvelle York ce 27.ᵐᵉ x.ᵇʳᵉ 1724. Auiourd'huy dimanche aprest la Priere du soir mons.ʳ Moulinars a batisé Elizabeth Hastier née le 13.ᵉ de ce mois fille de mons.ʳ Jean Hastier et d'Elisabeth son Epouse presentée au S.ᵗ Batesme par mons.ʳ Pierre Bontecou et mad.ᵉ Pregente Carré parrain et Marainne.

J: J: Moulinars Pasteur.   Jean Hastier
                            P. Bontecou
                            Pregente Carré

Batesme—Aujourdhuy dimanche 27.ᵉ de decembre 1724. Monsieur Moulinars a batisé Elie Pelletreau né le 20.ᵉ de ce mois fils de mons.ʳ Erie Pelletreau et de Mad.ˡᵉ Elisabeth son Epouse presenté au S.ᵗ Batesme par Mons.ʳ Paul Pelletreau et Mad.ˡᵉ Marie anne Bontecou parrain et maraine.

J: J: Moulinars Pasteur.   Elie Pelletreau Jun.ʳ
                            Paul Pelletreau
                            Marianne Bontecou

Batesme—Auiourd'huy Vendredy premier Jour de Janvier 172⅘ mons.ʳ Moulinars a baptisé Pierre Ross né le 27.ᵐᵉ dessembre dernier fils de mons.ʳ Jean Ross et de mad.ˡᵉ Louise son Epouse presenté au S.ᵗ Baptesme par mons.ʳ Jean Hastier et Mad.ˡᵉ Catherinne Carré parain et maraine.

J: J: Moulinars Pasteur.   John Hastier
                            Cathrine Carré

Batesme—A la Nouvelle York le 11me d'avril 1725. Auiourdhuy dimanche aprest la priere du soir Monsr Moulinars a Batisé Guillaume Coutant né le 27me Janvier dernier fils de Monsieur Jean Coutant et d'Elisabeth son Epouze presenté au St Batesme par Monsieur Guillaume le Conte et Mad^e Marguerite Perdriau parrain et Marainne.

　　J: J: MOULINARS Pasteur.　　JEAN COUTANT
　　　　　　　　　　　　　　　G^ME LE CONTE
　　　　　　　　　　　　MARGUERITE PERDRIAU

Batesme—Auiourd'huy mecredy 14e de Juillet 1725. aprest la priere du matin mons^r Moulinars a Batisé margueritte Menbrut née le 2e de ce mois fille de Jean Menbrut et de Ester son Epouze presentée au St Batesme par Elie Menbrut et Susanne Menbrut parain et Maraine.

　　J: J: MOULINARS Pasteur.

Batesme—Aujourd'huy mecredy 21e de Juillet 1725. aprest la priere du matin mons^r Moulinars a batisé thomas Champenois né le 19me de Juin dernier fils de Daniel Champenois et de margueritte son Epouse presenté au St Batésme par mons^r Thomas Bayeux et Mad^le Magdeleine Bayeux sa fille parain et maraine.

　　J: J: MOULINARS Pasteur.　　THOMAS BAYEUX
　　　　　　　　　　　　　　　MADELEN BAYEUX

Batesme—Aujourd'huy le mesme jour que dessus Monsr Moulinars a batisé Marianne Bayeux née le 14me de ce present mois de Juillet fille de mons^r Thomas Bayeux et de Mademoiselle Magdeleine son Epouse presentée au St Batésme par mons^r Abraham Jouneau et mad^le anne Bayeux parain et Maraine.

　　J: J: MOULINARS Pasteur.　　THOMAS BAYEUX
　　　　　　　　　　　　　　　ABRAHAM JOUNEAU
　　　　　　　　　　　　　　　ANNE BAYEUX

Batesme—A la Nouvelle York ce 27.ᵐᵉ d'octobre 1725. Aujourd'huy mecredy aprest la priere Monsʳ Moulinars a Batisé marie Basset nee le 25ᵉ de ce mois fille de Jean Basset et d'Elisabeth son Epouse presentée au Sᵗ Batésme par francois Basset et Susanne Madeleine Basset parrain et Maraine.

J: J: MOULINARS Pasteur.   JEAN BASSET
                            FRANÇOIS BASSET
                    SUSANNE MADELENE BASSET

Batesme—Auiourd'huy dimanche 26ᵉ de decembre 1725. monsieur moulinars a batisé charles you né le 6ᵉ de ce mois fils de monsʳ Jaques you et de marie son Epouze presenté au Sᵗ Batésme par le dit Sʳ Jaques You et madˡᵉ Marthe poutreau parrain et Marainne.

J: J: MOULINARS Pasteur.   JACQUE YOU
                            MARTHE POUTREAU

Batesme—Aujourd'huy mecredy 16ᵉ febvrier 172⅚ aprest la priere monsʳ Moulinars a Batisé Isaac le Tellier né le 21ᵐᵉ de Janvier dernier fils de monsʳ David le Tellier et de Susanne son Epouze presenté au Sᵗ Batesme par le dit David le Tellier et madᵉ anne van guelder parrain et Marraine.

J: J: MOULINARS Pasteur.   DAVID LE TELIER
                            JANE VAN GELDER

Batesme—Aujourd'huy mecredy 16ᵐᵉ de mars 172⅚ aprest la priere monsieur Moulinars a Batisé Elisabeth et Damarice de bonrepos née le 11ᵐᵉ de ce mois * * * * * fille de monsʳ Alexandre de bonrepos et de Madᵉ Margueritte son Epouse presentee au Sᵗ Batesme par Monsieur Jean du Puy et Madᵉ Jeanne la touche parrain et Marraine.

J: J. MOULINARS Pasteur.   ALEXANDRE DE BONREPOS
                            J. DUPUY
                            JANE LATTACHE

Batesme—A la Nouvelle York ce 4ᵉ de May 1726. Auiourd'huy mecredy aprest la Priere Monsʳ Moulinars a Batisé Jean Targé né le 28ᵉ d'avril dernier fils de Daniel Targé et de Jeanne son Epouze presenté au Saint Batesme par monsʳ Daniel Targé et Madˡᵉ Mariane Ablain parrain et Maraine.

J: J: Moulinars Pasteur.   Daniel Targé

✝

Batesme—Aujourd'huy Jeudy Jour de lassention aprest la priere monsieur Moulinars a batisé Henry Jamain né le 14ᵉ du present mois de may 1726 fils de Joseph Royden Jamain et Sarra son Epouze presenté au Sᵗ Batesme par monsʳ Pierre Morin et Madᵉ Judith Jamain parrain et Marainne.

J: J: Moulinars Pasteur.   Joseph Royden Jamain
                          Pierre Morin
                          Judith Jamain

Batesme—Aujourd'huy dimanche 21ᵉ de May 1726. aprest la priere du soir monsʳ Moulinars a batisé Isaac Bertrand né le 20ᵉ de ce mois fils de abraham Bertrand et de Elizabeth son Epouze presenté au Sᵗ Batesme par monsʳ Isaac quantain et madˡᵉ Jeane filladams parrain et Marainne.

J: J: Moulinars Pasteur.   Abraham Bertrand
                          Isaac quantein

Batesme—Aujourd'huy dimanche 5ᵉ de Juin 1726. aprest la priere du soir monsʳ Moulinars a batisé marie quintar née le 23ᵉ de May dernier fille de Pierre quintar et de Jeane son Epouse presentée au Sᵗ Batesme par monsʳ Pierre quintar et madˡᵉ Jeanne Ballereau Parrain et Marainne.

J: J: Moulinars Pasteur.   Peter Quintard
                          Isaac Quintard
                          Jeanne ballereau

Batesme—A la Nouvelle York ce premier de Juillet 1726. aprest lexercisse du matin mons.^r Rou a batisé Elizabeth Quereau née le 25.e de Juin dernier fille de mons.^r Josue Quereau et de Judith son Epouze presentée au St Batesme par mons.^r Pierre Hibon et mad.^{le} Marie David parrain et Marainne.

L: Rou Pasteur.

JOSUE QUEREAU
PETER heBON

Batesme—Aujourd'huy dimanche 17.me de Juillet 1726. Monsieur Rou a batisé René Buau ne le 3.me de ce mois fils de Daniel Buau et d'Ester son Epouse presenté au S.^t batesme par Monsr René Het et mad.^e Het son Epouze parain et Marainne.

L: Rou Pasteur.

RENÉ HET
BLANCHE HET

Batesme—Le 7.me de fevrier 172¼ a Esté baptisé par moy Ministre a la Nouvelle york dans ma maison Jean Elie Rou né le 18.e de Janvier 172⅘ fils de Louis Rou Ministre et de Renée Marie Gougeon Rou Estant presenté au Baptesme par Monsr Elie Pelletreau marchand, et Mademoiselle Renée Gougeon ses Parrain et Marraine fait a la Nouvelle York au dit jour.

Louis Rou Pasteur et Pere de l'enfant
ELIE PELLETREAU

Batesme—A la Nouvelle York ce 18.me de Septemb.^e 1726. Aujourd'huy dimanche aprest la priere du soir mons.^r Moulinars a batisé margueritte mesnard née le 7.me d'aoust dernier fille de Daniel Mesnard et d'Elizabeth son Epouze presentee au St Batesme par le dit Pere et la ditte Mere parain et Maraine.

J: J: MOULINARS Pasteur.

DANIEL MESNARD
ELIZABETH MENARD

Batesme—Aujourd'huy 18ᵐᵉ de Septembre 1726. aprest la priere du soir monsʳ Moulinars a batisé andré giraud né ce jourdhuy fils de andré Giraud et de ———— son Epouze presenté au Sᵗ Batésme par le dit andré Giraud et Catherine Comfort parrain et Marraine.

    J: J: Moulinars Pasteur.   André Giraud
                                        X

Batesme—Aujourd'huy mecredy 21ᵐᵉ de Septembre 1726. aprest la priere du matin Monsʳ louis Rou a batisé Elie manbrut né le 18ᵐᵉ de ce mois fils d'elie Manbrut et de Susanne son Epouze presenté au Sᵗ Batesme par le dit Manbrut et anne Marie Cornifleau parrain et Marainne.

    L: Rou Pasteur.   Elie manbrut
       La marque X d'Anne Marie Cornifleau

Batesme—A la Nouvelle York ce 13ᵐᵉ 9ᵇʳᵉ 1726. Aujourd'huy dimanche aprest la priere du soir Monsʳ louis Rou a batisé Jean Roy né le 12ᵐᵉ de ce mois fils de Jean Roy et de Magdeleine son Epouse presenté au Sᵗ Batesme par le Sʳ Pierre Prieur parrain et Susanne Colier Marrainne.

    L: Rou min.   Jean Roy
                     P. Prieur
                     Susane Colié

Batesme—Aujourd'huy dimanche premier Jour de lan 1727 Monsieur louis Rou a batisé Margueritte hastier nee le 28ᵐᵉ Xᵇʳᵉ dernier fille de monsieur Jean hastier et d'Elisabeth son Epouse presentee au Sᵗ Batesme par monsʳ guillaume Emett et madᵉ Marie Basset parrain et maraine.

    L: Rou Pasteur.   Jean Hastier
                     W. E. Mott
                     E. Marie Basset

Batesme—Aujourd'uy mecredy 8me de fevrier 172⁴⁄₅ aprest la Priere du matin mons^r. louis Rou a batisé Susanne Le Conte né le 5me de ce mois presenté au S^t. Batesme par le S^r. guillaume le Conte Pere du dit Enfan en la place de Pierre le Conte Parrain et susanne mercier Marraine la mere du dit Enfan se nomme Marianne.

L: Rou min.   G. Le Conte
                                   S. mercier

Batesme—Auiourdhuy 5me de Mars 172⁴⁄₅ aprest la priere du soir mons^r. Louis Rou a Batisé anne Taveau née le 21e de fevrier dernier fille de Jean Taveau et de Marie son Epouse presentée au S^t. Batésme par Denis Riché et Ester Massé parain et Marainne.

L: Rou min.   Jean Taueau
                                   denis Riché
                                   ester Massé

Batesme—A la Nouvelle York ce 15me de Mars 172⁴⁄₅ Auiourd'huy mecredy aprest la priere du matin Monsr. Rou a batisé Susanne Beaumier né le 3me de ce mois fille de françois Beaumier et d'anne son Epouse presentée au St Batesme par mons^r. Guillaume Heurtin et Mad^le. Susanne Heurtin Parain et Marainne.

L: Rou Past^r.   Guilleaume Heurtin
                                   Suannah Heurtin

Batesme—Aujourd'huy dimanche 19me de Mars 172⁴⁄₅ aprest la priere du soir Monsr. Rou a Batisé Auguste Vallete né le 5me de ce mois fils de mons^r. Piere Vallete et de mad^le. Marie son Epouze presenté au S^t. Batesme par Monsieur Pierre Jay et Mademoiselle Judith Jay Parrain et Marraine.

L: Rou Pasteur.   Pr. Vallete
                                   Peter Jay
                                   Judith Jay

Batesme—Auiourd'huy dimanche 9me d'avril 1727. aprest la Priere du soir Monsr louis Rou a batisé Ester de bon repos née le prem.^r jour de ce mois fille de mons.^r Alexandre de bon repos et de marguerite son Epouse presentée au St Batesme par mons.^r Jean la font et mad.^le Ester Bourdet Parrain et Marraine.

  L: Rou Past.^r   Alexand.^r De Bonrepos
           Jean Lafont
           Ester Bourdet

Batesme—Aujourd'huy dimanche 4me de Juin 1727. aprest la priere du soir mons.^r Louis Rou a batisé Jeanne Marie Rou née a la Nouvelle York le 26me de May 1727. fille du dit Sieur Rou Ministre et de Mad.^le Renée Marie son Epouse presentée au St Baptesme par Monsr Pierre Morgat et Mad.^le Jeanne Gougeon Parrain et Marraine.

  L: Rou min.   L: Rou
           Pierre Morgat
           Janne Gougon

Batesme—A la Nouvelle York ce 5me de Juillet 1727. Aujourd'huy mecredy aprest la priere du matin mons.^r Louis Rou a batisé Nicholas fils de Nicholas Carter et de marianne son Epouze presenté au St Batesme par mons.^r Jean du Puy et mad.^e Jeane Ballereau parrain et maraine.

  L: Rou Past.^r   J. Dupuy
           Jeanne Ballereau

Batesme—Auiourdhuy 6e de Septembre aprest la priere du matin mons.^r Rou a batisé Isabelle fille de mons.^r Jean dupuy et de anne son Epouze née le 26e d'aoust dernier presentée au St Batesme par mons.^r George murson et mad.^e Isabelle Pintard Parrain et marraine.

  L: Rou min.   J. Dupuy
           George Muirson
           Isabella Pintard

Batesme—Aujourd'huy mecredy premier de Novembre 1727 a Esté baptisee en chambre par moy louis Rou Ministre lydie Pintard fille de Jean Pintard et de lydie Bown son Epouse estant née a la Nouvelle York le 27ᵉ d'octobre 1727. Et presentée au b̓atesme par Samuel Pintard, et florinde Pintard ses Parrain et Marraine.

L: Rou Pasteur.   JEAN PINTARD

Jusques ici va le Registre tenu par Monsʳ Jean Barberie Tresorier et Secretaire de l'Eglise lequel est mort le 9ᵉ de Janvier 172⅞. V. S.

Batesme—Le Mecredy 6ᵉ de Decembre 1727. après la priere, a esté baptisé par moy L: Rou Ministre de cette Eglise le fils de Monsʳ Philippe Riché et de Marie son Epouse, âgé de 2 ans né sur la Longue Isle le 22ᵉ de Decembre 1725. et a esté nommé Thomas estant presenté au Sᵗ Baptesme par Mʳ Marmaduke Bouteflort, et Mᵉ Marie Ablain ses Parrain et Marraine.

L: Rou Pasteur.   MARMADUKE BOOTFLOWER
        La marque ┼ de MARIE ABLAIN :

Batesme—Le Mecredy 13ᵉ de Decembre 1727. après la priere, a esté baptisé par moy, Ministre de cette Eglise, Jean Quereau, fils de Josué Quereau et de Judith son Epouse, né à la Nouvelle York le Samedy 9ᵉ de Decembre estant presenté au Sᵗ Baptesme par Abraham Bertrand et Elizabeth Bertrand sa femme, Parrain et Marraine de l'enfant.

L. Rou min: JOSUE QUEREAU
                       ABRAHAM BERTRAND
                       ELIZABETH BERTRAND

Baptesme—Aujourd'hui Dimanche 31ᵉ de Mars 1728. après la priere du soir a eté baptisé par moy Miⁿistre de cette Eglise, Elizabeth Huertin née à la Nouvelle York le 18ᵉ de Mars 172⅞. fille de Guillaume Heurtin et de

Susanne son épouse, êtant presentée au S̝ Baptesme par
M̝ Paul Pelletreau et Elizabeth Huertin, ses Parrain et
Marraine.

L: Rou min.

GUILLEAUME HEURTIN
PAUL PELLETREAU
ELIZABETH HEURTIN

Baptesme—Aujourd'hui 28ᵉ̣ d'Avril 1728. après la
priere du soir a esté baptisé par moy Ministre de cette
Eglise, Elizabeth You, fille de Jaques You et de Marie
son Epouse, née à la Nouvelle York le 12 d'Avril 1728.
estant presenté au S̝ Baptesme par M̝ Elie Pelletreau
le jeune, et Mad̝ Marie Garreau, ses Parrain et Marraine.

L: Rou min.

JAQUE YOU
ELIE PELLETREAU Junᵣ̣
MARE GARANE

Baptesme—Aujourd'hui 5ᵉ de May 1728. après la
priere du soir a esté baptisé par moy Ministre de cette
Eglise, Mariane Membrut née à la Nouvelle York le 4ᵉ̣
de May 1728. fille d'Elie Membrut et de Susanne son
Epouse estant presentée au S̝ Baptesme par M̝ François Basset et Mad¹ᵉ̣ Mariane Vincent ses parrain et
Marraine.

L: Rou min.

ELIE MANBRUT
FRANÇOIS BASSET
La marque ✕ de MARIANE VINCENT

Baptesme—Aujourd'hui 26. de May 1728. après la
Priere du soir a esté baptisé par moy Ministre de cette
Eglise Pierre Bonnet né à la Nouvelle York le 19ᵉ̣ de
May dernier, fils de Daniel Bonnet et de Peternelle son
Epouze estant presenté au S̝ Baptesme par Jaques
Bonnet et Elizabeth Parcot ses Parrain et Marraine.

L: Rou min.

DANIEL BONNET
JACQUES BONNET
La marq –|– d'ELIZABETH PARCOT

Baptesme—A la Nouvelle York le 5ᵉ de Juin 1728. le Jeudi precedent jour de l'ascention et 30ᵉ de May 1728. après l'exercice fini, a eté baptisé dans l'Eglise par moy Ministre de la dite Eglise, Jaques Hutchins né à Shrewsbury dans la Nouvelle Jersey le   de 1727. fils de Jaques Hutchins et de Magdeleine son Epouse, etant presenté au Sᵗ Baptesme par Mᵣ Jean Pintard, et Mademˡᵉ Catherine Searle ses parrain et Marraine.

L: Rou min.   J. PINTARD
                               CATHARINE SEARLE.

Baptesme—Aujourd'hui 18ᵉ de Septemb. 1728. après la priere a eté baptisé par moy L: Rou, ministre de cette Eglise Guillaume Pelletreau né à la Nouvelle York le 13ᵉ de Septembre dernier, fils de Mᵣ Paul Pelletreau et de Susanne Heurretin son Epouse, etant presenté au Sᵗ Baptesme par Mᵣ Elie Pelletreau l'aisné et Mademˡᵉ Susanne Heurretin ses Parain et Marraine.

L: ROU min: PAUL PELLETREAU
                              ELIE PELLETREAU
             La marque *S h* de SUSANE HEURRETIN

Baptesme—Aujourd'hui 4ᵉ d'Octobre 1728. après le Sermon de preparaôn a eté baptisé dans l'Eglise Françoise par moi Ministre de la dite Eglise, Estienne Boyer Faviere, né à la Nouvelle York le 25ᵉ de Septembre 1728. fils de Mᵣ Jaques Faviere et de Madˡᵉ Charlotte Boyer son Epouse, etant presenté au Sᵗ Baptesme par Mᵣ Elie Pelletreau le jeune, et Madˡᵉ Catherine Carré ses Parrain et Marraine.

L: ROU min.   JACQUES FAUIERE
                              ELIE PELLETREAU Junᵣ
                              CATHRINE CARRÉ

Baptesme—A la Nouvelle York le 4ᵉ de Septemb. 1728. Le jour precedent 3ᵉ d'Octobre j'ai baptisé en chambre l'enfant de M.r Alexandre de Bonrepos et de Marguerite sa femme qui etoit fort malade. Elle etoit née le......Septembre precedent et fut presentée au Baptesme par le dit S.r Alexandre de Bonrepos et M.e Marguerite Perdriau, et fut nommée Magdeleine.

L: Rou min.

Baptesme—Aujourd'hui 27.e d'Octobre 1728. après le 2.d exercice a esté baptisé par moi L: Rou Ministre de cette Eglise, Sara Van Dam née à la Nouvelle York le 12.e d'Octobre dernier, fille de M.r Isaac Van Dam et de Mad.le Isabelle Pintard son Epouse estant presentée au S.t Baptesme par M.r Isaac Van Dam et Madem.le Catherine Searle Parrain et Marraine.

L: Rou min.   ISAAC VAN DAM
                                           CATHARINE SEARL

Baptême—Aujourd'hui 20.e de Novembre 1728. après la Priere, a été baptisé par moi Ministre de cette Eglise, Confort Giraud né à la Nouvelle York le 18.e de Novembre dernier, fils de André Giraud et d'Anne son Epouse, estant presenté au S.t Baptême par Pierre Burger et Maraine Ablain, ses Parrain et Marraine.

L: Rou min: ANDRE GIRAUD
                                           PIETER BURGER
        La marque –|– de MARIANE ABLAIN

Baptesme—A la Nouvelle York le 4.e Decembre 1728. Aujourd'hui Mecredi 4.e du courant après la priere a eté baptisée par moi Ministre de cette Eglise, Françoise Bertrand née à la Nouvelle York le 26.e de Novembre dernier, fille d'Abraham Bertrand et d'Elizabeth son Epouse etant presenté au S.t Baptesme par M.r Josué Quereau et M.e Françoise Quantin ses Parrain et Marraine.

L: Rou Pasteur.   ABRAHAM BERTRAND
                                           JOSUE QUEREAU
        La marq *f* de FRANÇ. QUANTIN.

Baptesme—Le Dimanche 12ᵉ de Janvʳ 172⅔. après le 2ᵈ exercice a eté baptisé dans cette Eglise par moi Ministre de la dite Eglise, l'Enfant de Jaques Harden et d'Abija Bouquet son Epouse, et a eté nommé Jean, né à la Nouvelle York le 7ᵉ de Janv.* 172⅝ etant presenté au Sᵗ Baptesme par Mʳ Jean Dragaud et Susanne son Epouse.

L: Rou Ministre.   Jean Dragaud

Batesme—Aujourd'hui 19ᵉ de Janvier 172⅔. après le 2ᵈ exercice à eté baptisé dans cette Eglise par moi L: Rou Ministre, Elizabeth Pelletreau née à la Nouvelle York le 12ᵉ de Janvier dernier fille de Monsʳ Elie Pelletreau le jeune et de Madˡᵉ Elizabeth son Epouse, etant presentée au Sᵗ Baptesme par Monsʳ Jacques Faviere et Mademˡᵉ Susanne Heurretin, ses Parrain et Marraine.

L: Rou Pasteur.   Elie Pelletreau junʳ
                        Jacques Fauiere
                        Susanne Pelletreau

Baptesme†—A la Nouvelle York le 27ᵉ d'Avril 1729. Aujourd'hui après le 2ᵈ exercice a eté baptisé dans cette Eglise par Mʳ Louis Rou notre Ministre Vincent Tillou, né a la Nouvelle York le 16ᵉ d'Avril dernier, fils de Pierre Tillou et d'Esther Pelletreau sa femme, etant presenté au Sᵗ Baptesme par Mʳ Elie Pelletreau, et Mᵉ Elizabeth Tillou, ses Parrain et Marraine.

L: Rou min: Pierre Tillou
              Elie pelletreau
              Elizabeth tiellou

Baptesme—Le mesme jour et à la mesme heure a eté baptisé encore dans cette Eglise par moi Ministre, l'Enfant de Mʳ Guillaume Heurretin et de Susanne sa femme,

---

* This record occurs twice in the original ; the date of the birth, Jan. 7th, is here completed from the second entry.

† Nᵃ lextrait Batistaire de Madᵉˡˡᵉ Catherinne Hastier devrait Etre ici, mais ayant Eté obmis, Il a Ete parte au pressent en date du 5 Janv. 1757.

                               Vallade, ancien

et a eté nommée Susanne, née à la Nouvelle York le 26ᵉ d'Avril dernier, et a eté presenté au Sᵗ Baptesme par Mᵣ Paul Pelletreau et Mademˡᵉ Susanne Pelletreau, Parrain et Marraine.

L: Rou Pasteur. Guilleaume Heurtin
        Paul Pelletreau
        Susanne Pelletreau

Baptesme—Aujourd'hui 11ᵉ de May 1729. après le Second exercice a eté baptisé dans cette Eglise par moi Ministre de la dite Eglise, François Basset né à la Nouvelle York le 30ᵉ d'Avril dernier, fils de Mᵣ Jean Basset et d'Elizabeth Fisher, etant presenté au Sᵗ Baptesme par Monsᵣ Francois Basset, et Madˡᵉ Elizabeth Marie Basset, ses Parrain et Marraine.

L: Rou min.   Jean Basset
        François Basset
        E. Marie Basset

Baptesme—Aujourd'hui Jeudi 15ᵉ de May 1729. après les prieres a eté baptisée dans cette Eglise Marie Elizabeth Rou, née a la Nouvelle York le 4ᵉ de May dernier, fille de Mᵣ Louis Rou Ministre et de Renée Marie Rou, sa femme, étant presentée au Sᵗ Baptesme par Mᵣ Jacques Favieres et Madˡᵉ Florinde Pintard, ses Parrains et Marraine.

L: Rou Pasteur.   L: Rou
       Jacques Fauieres
       Florand Pintard

Baptesme—Aujourd'hui 22ᵉ de Juin 1729 après le 2ᵈ exercice a eté baptisé dans cettte Eglise par Mᵣ L: Rou nôtre Ministre, Joseph Anau né à la Nouvelle York le 18ᵉ de Juin dernier, fils de Joseph Aneau et de Merci sa femme, étant presenté au Sᵗ Baptesme par lui mesme et par Judith Quereau, Parrain et Marraine.

L: Rou min: La marque *Aⱼ* de Joseph Aneau.
        Judith Quereau

Baptesme—A la Nouvelle York le 7ᵉ de Septembre 1729. Aujourd'hui après le 2ᵈ exercice á eté baptisée dans cette Eglise par moi Ministre de la dite Eglise, Esther la Touche née à la Nouvelle York le 20ᵉ de Juillet 1729. dernier, fille de Monsieur Jeremie la Touche et de Madᴵᵉ Jeanne Soumain son Epouse, étant presentée au Sᵗ Baptesme par Isaac la Touche et Mademᴵᵉ . . . . Soumain ses Parrain et Marraine.

L: Rou Ministre.

Baptesme—Aujourd'hui 21ᵉ de Septembre 1729. après le Second exercice a eté baptisé dans cette Eglise par moi Ministre de la dite Eglise, Benjamin Quereau né à la Nouvelle York le 12ᵉ de Septemb. dernier, fils de Josué Quereau et de Judith son Epouse, étant presenté au Sᵗ Baptesme par Jacques David et Jeanne Quantin ses Parrain et Marraine.

L: Rou Pasteur.   JOSUE QUEREAU
                    JAQUE DAVID
                    JEANNE QUANTEIN

Baptesme—Aujourd'hui Dimanche 8ᵉ Fevrier 1730. après le 2ᵈ exercice a eté baptisée dans cette Eglise, par moi Ministre de la dite Eglise, Marie Denise Favieres, née à la Nouvelle York le 29ᵉ de Janvier dernier, fille de Mʳ Jacques Favieres et de Mademᴵᵉ Charlotte Favieres son Epouse, étant presentée au Sᵗ Baptesme par Monsʳ Thomas Bayeux et Mademᴵᵉ Magdeleine Bayeux son Epouse, Parrain et Marraine.

L : Rou Pasteur.   JACQUES FAUIERES
                    THOMAS BAYEUX
                    MADELENE BAYEUX

Baptesme—A la Nouvelle York le 12ᵉ d'Avril 1730 Aujourd'hui Dimanche après le 2ᵈ exercice a eté baptisé dans cette Eglise par moi Ministre de la dite Eglise, Marie Tillou, fille de Jean Tillou et de Marie su femme, née à la Nouvelle York le 7ᵉ d'Avril dernier, estant pre-

sentée au S<u>t</u> Baptesme par Pierre et Anne Tillou, ses
Parrain et Marraine.

L: Rou min.

JEAN TILLOU

PAERE TELLOU

ANNE TILLOU

Baptesme—Le mesme jour et la mesme heure a eté
baptisé ancore Elie Pelletreau né à la Nouvelle York le
7<u>e</u> d'Avril dernier, fils de Paul Pelletreau et de Susanne
son Epouse, estant presenté au S<u>t</u> Baptesme par Guillaume Heurretin, et Elizabeth Pelletreau ses Parrain et
Marraine.

L: Rou min.

PAUL PELLETREAU

GUILLAUME HEURTIN

ELISABETH PELLETREAU

Baptesme—Le Lundi 27<u>e</u> d'Avril 1730. a eté baptisé
par moi Ministre de cette Eglise à Bloemendall dans la
maison de Pierre Price, un enfant agé de 4 ans et quelques mois, né à la Nouvelle York hors le mariage en
Fevrier 1726. Fils, autant qu'on l'a pû decouvrir, de
Jean Garreau et d'Anne Faneuil, et a eté nommé Jean,
étant presenté au S<u>t</u> Baptesme par Mad<u>e</u> Garreau et M<u>r</u>
Elie Pipon, ses parrain et Marrain et Marraine.

L: Rou min.

J. GARREAU

ELIE PIPON

MARIE GARREAU

Baptesme—A la Nouvelle York le 10<u>e</u> de Juin 1730.
Aujourd'hui Mecredi apres la priere a eté baptisé par
moi L: Rou Ministre de cette Eglise, Jean Pipon né à la
Nouv<u>le</u> York le 28<u>e</u> de May dernier fils d'Elie Pipon et de
Blanche La Fonds, étant presenté au S<u>t</u> Baptesme par
M<u>r</u> Jean La font et Madem<u>le</u> Charlotte Faviere ses par-
rain et Marraine.

L: Rou Pasteur.

ELIE PIPON

JEAN LAFONT

CHARLOTTE FAUIERES

Baptesme—Aujourd'hui Dimanche La pres midi a Esté Batisée par moi L. Rou ministre de cette Eglise Susanne Taueau née a la Nouuell York le 10ᵉ de Juillet 1730. filles de Jean Tauau et de Marie Tauau Estant presentée au Sᵗ Baptéme par Mʳ Jean Taueau et Elizabeth Garnier ses parain et marraine le 26ᵉ du dit

L: Rou min JEAN TAUEAU

La marq —|— d'ELIZABETH GARNIER *

Baptesme—A la Nouvelle York le 27ᵉ Decembre 1730. Aujourd'hui Dimanche après le second exercice a eté baptisé par moi Ministre de cette Eglise, Gregoire Rou, né à la Nouvelle York le 19ᵉ de Decembre 1730. fils de Louis Rou Ministre de cette Eglise et de Renée Marie son Epouse, etant presenté au Sᵗ Baptesme par Mʳ Gregoire Gougeon Grand-Pere de l'enfant et Mademˡᵉ Judith Morgat, Parrain et Marraine.

L: Rou Pasteur. L: ROU

GREGOIRE GOUGEON

JUDITH MORGAT

Baptesme —Aujourd'hui Vendredi 1ᵉʳ jour de Janvier 173¼. a eté baptisé par moi Soussigné Ministre de cette Eglise, Marie Magdeleine Tillou, née à la Nouvˡᵉ York le 29ᵉ de Decembre dernier, fille de Pierre et Esther Tillou, étant presentée au Sᵗ Baptesme par Jean Tillou et Elizabeth le Berthon ses parrain et Marraine.

L: Rou Pasteur. PAEIRE TELLOU

JEAN TILLOU

La marq × d'ELIZ. TILLOU

Baptesme—Aujourd'hui Mecredi 10ᵉ de Fevrier 1731. après la priere a eté baptisée par moi Soussigné Ministre de cette Eglise, Charlotte Heurretin, née a la Nouvelle York le 5ᵉ de Fevrier dernier, fille de Mʳ Guillaume

---

* Here is found in the original another blank space sufficient for one entry.

Heurretin et de Susanne son Epouse, étant presentée au S.t Baptesme par le dit Guillaume Heurretin et Louise Kocherthal ses parrain et Marraine.

L: Rou Pasteur.   GUILL.E HEURTIN

La marque $\mathcal{L}$ k de LOUISE KOCHERTHAL

Baptesme—A la Nouvelle York le 14.e Mars 173$\frac{0}{1}$. Aujourd'hui apres la priere du soir a eté baptisée dans cette Eglise par moi Soussigné Ministre de la dite Eglise, Catherine Giraud, née à la Nouvelle York le 1.e de Mars dernier, fille d'André Giraud et d'Anne Burger son Epouse, étant presentée au S.t Baptesme par Daniel Burger, et Françoise Applebee ses Parrain et Marraine

L: Rou Pasteur.   ANDRE GIRAUD

DANEL BURGER

La marque $\int$ de FRANÇOISE APPLEBEE

Baptesme—Aujourd'hui 4.e d'Avril 1731. après la priere a eté baptisée dans cette Eglise par moi Soussigné Ministre de la dite Eglise, Catherine Pintard née à la Nouvelle York le 25.e de Mars dernier, fille de M.r Jean Pintard et de M.le Catherine Carré son Epouse, étant presentée au S.t Baptesme par le dit Jean Pintard au nom de M.r son Pere, et Mad.le Prejante Carré ses Parrain et Marraine.

L: Rou min: J. PINTARD

PREGENTE CARRÉ

Baptesme—Aujourd'hui Mecredi 18.e d'Août 1731. après la priere a éte baptisée dans cette Eglise par moi Soussigné Ministre, Judith Bourdet, née à la Nouvelle York le 13.e d'Août dernier, fille de M.r Samuël Bourdet le jeune, et de Judith Blagg, son Epouse, étant presentée au S.t Baptesme par M.r Samuël Bourdet le Pere, et M.e Judith Bourdet, Parrain et Marraine.

L: Rou Pasteur.   SAM.L BOURDET

JUDHT BOURDE

Baptesme—A la Nouvelle York le 22ᵉ d'Août 1731. Aujourd'hui après le 2ᵈ exercice a eté baptisée par moi Soussigné Ministre de cette Eglise, Marie Aineau, née à la Nouvelle York le 18ᵉ d'Août dernier, fille de Joseph Aineau et de Mercy sa femme, étant presentée au Sᵗ Baptesme par Josué Quereau et Elizabeth Bertrand, ses Parrain et Marraine.

L: Rou, min.   La marque $\mathcal{A}$ de Joseph Aineau
                            Josue Quereau
                            Elizabeth Bertrand

Baptesme—Aujourd'hui Mecredi 25ᵉ d'Août 1731. après la priere a eté baptisée par moi Soussigné Ministre de cette Eglise, Violette Pell, née à la Nouvelle York le 1ʳ d'Août dernier, fille de Samuel et Susanne Pell, etant presentée au Sᵗ Baptesme par Mʳ Rostal Richardson, et Mᵉ Susanne Riché ses Parrain et Marraine.

L: Rou min: Samuel Pell
                            R. Richardson
                            susane riché

Baptesme—Aujourd'hui Dimanche 28ᵉ de Novembre 1731. apres la priere du soir a eté baptisée par moi Soussigné Ministre de cette Eglise, Marie Aymar née à la Nouvelle York le 18ᵉ Novembre dernier, fille de Jean Aymar et de Françoise Belon son Epouse, étant presentée au Sᵗ Baptesme par Jean Roy et Marie sa femme parrain et Marraine.

L: Rou, Pasteur.   Jean Eymar
                            Jean Roy
La marque de Marie m Magdeleine Pasearen Roy.

Baptesme—Aujourd'hui Mecredi 1ʳ de Decemb. 1731. après la priere a eté baptisé par moi Soussigné Ministre de cette Eglise, Jean Basset, né le 28ᵉ de Novemb. dernier, fils de Mʳ Jean Basset et de Elizabeth Vischer son

Epouse, etant presentée au S? Baptesme par M? Jean Hastier et Anne Jackson, Parrain et Marraine.

L : Rou Pasteur.   JEAN BASSET
                    JEAN HASTIER
                    ANNA JACKSYN

Baptesme—Le Samedi 1? de Janvier 1732. apres le Sermon, a eté baptisée par moi Soussigné Ministre de cette Eglise, Elizabeth Pelletreau, née ·à la Nouvelle York le 27? Decembre 1731. fille de M? Paul Pelletreau, et de M?e Susanne Pelletreau son Epouse, etant presentée au S? Baptesme par M? Jean Dragaud et M? Susanne Dragaud, Parrain et Marraine.

L: Rou min.   PAUL PELLETREAU
                  JEAN DRAGAUD

Baptesme—Aujourd'hui Dimanche 27? de Fevrier 1732. après la priere du soir, a eté baptisée par moi Soussigné Ministre de cette Eglise, Françoise Quereau, née à la Nouvelle York le 8? de Fevrier courant, fille de Josué Quereau et Judith son Epouse, étant presentée au S? Baptesme par les dits Josué et Judith Quereau, Parrain et Marraine.

L: Rou Pasteur.   JOSUÉ QUEREAU
                  JUDITH QUEREAU

Baptesme—A la Nouvelle York le 10? de May 1732. Aujourd'hui Mecredi après la priere, a eté baptisé par moi Soussigné Ministre de cette Eglise, Jacques Favieres né à la Nouvelle York le 3? de May dernier, Fils de Mons? Jacques Favieres, et de Madem!e Charlotte Bouyer son Epouse, etant presenté au S? Baptesme par M? Jacques Des Brosses, et Madem!e Marie Magdeleine Droilhet, ses Parrain et Marraine.

L: Rou Pasteur.   JACQUES FAUIERES
                  JACQUES DESBROSSES
              MARIE MAGDELAINE DROILHET

Baptesme—Aujourd'hui Mecredi 5ᵉ de Juillet après la priere a eté baptisé par moi Soussigné Ministre de cette Eglise, Jean Henry Rou né à la Nouvelle York le 29ᵉ de Juin dernier, fils de moi Louis Rou Ministre, et de Renée Marie Gougeon mon Epouse, étant presenté au Sᵗ Baptesme par Monsʳ Jeremie La Touche et Madᵉ Charlotte Favieres ses Parrain et Marraine.

    L: Rou Pasteur   L: Rou
                                      Jer: Lattouch
                                  Charlotte Fauiere

Baptesme—Le mesme jour a eté baptisé par moi Ministre de cette Eglise, Elizabeth Homes, née à la N. York le 23ᵉ de Juin dernier, fille d'Alexandre Homes et de Mariane Massé son Epouse, etant presentee au Sᵗ Baptesme par Monsʳ Jean Garreau et Mˡᵉ Marie Garreau, ses parrain et Marraine.

    L: Rou Pasteur   Jᴺ Garreau
                                  Marie Garreau

Baptesme—Le Mecredi 2ᵉ d'Aoust 1732. après la Priere, a eté baptisé par moi Soussigné Ministre de cette Eglise, Pierre Quintard, né a la Nouvelle York le 22ᵉ de Juillet dernier, fils de Mʳ Pierre Quintard, et de Jeanne Ballereau son Epouse, étant presenté au Sᵗ Baptesme par le dit Pierre Quintard son Pere, et par Madᵉ Marie Ballereau, Grand-Tante de l'enfant, l'un et l'autre Parrain et Marraine.

    L: Rou Pasteur.   Peter Quintard
                                  Marie ballereau

Baptesme—Aujourd'hui 6ᵉ d'Aoust 1732. après le 2ᵈ exercice, a eté baptisé par moi Soussigné Ministre de cette Eglise, Jean Allaire né à la Nouvelle York le 28ᵉ de Juillet dernier, Fils d'Alexandre Allaire et d'Esther Clatworth son Epouse, étant presenté au Sᵗ Baptesme par M.̲ Simon Janssen, et M.̣ Catherine Royal ses Parrain et Marraine.

L: Rou Pasteur.
ALEX. ALLAIRE
S. JOHNSON
CATHARINA ROYALL

Baptesme—Aujourd'hui Mecredi 16ᵉ d'Aoust 1732. après la Priere a eté baptisé par moi Soussigné Ministre de cette Eglise, Jean Tillou né à la Nouvelle York le 29.ᵉ de Juillet dernier, fils de Pierre Tillou et d'Esther Pelletreau son Epouse, étant presenté au S.ᵗ Baptesme par M.̲ Paul Pelletreau, et Mad.ˡᵉ Anne Tillou ses parrain et Marraine.

L: Rou, Pasteur.
PIERRE TILLOU
PAUL PELLETREAU
ANNE TILLOU

Baptesme—Aujourd'hui Dimanche 3.ᵉ de Septembre 1732. après le 2.ᵈ exercice, a eté baptisée par moi Soussigné Ministre de cette Eglise, Elizabeth Aineau, née à la Nouvelle York le 28.ᵉ d'Aoust dernier fille de Joseph Aineau et de Mercy son Epouse, étant presentée au S.ᵗ Baptesme par le dit Joseph Aineau et Catherine Mecologh ses Parrain et Marraine.

L: Rou, Pasteur.   La marque   de JOSEPH AINEAU
La marque ✕ de CATHERINE MECOLOGH

Baptesme—A la Nouvelle York le 6ᵉ de Septembre 1732.   Aujourd'hui Mecredi après la priere, a eté baptisé par moi Soussigné Ministre de cette Eglise, Jacques Des Brosses, né a la Nouvelle York le 28.ᵉ d'Aoust dernier, fils de M.̲ Jacques Des brosses, et de Mad.ˡᵉ Maraine Guyenneau son Epouse, étant presenté au S.ᵗ Baptesme par M.̲ Estienne Des Brosses, et Mad.ˡᵉ Anne Signac ses Parrain et Marraine.

L: Rou, Pasteur.
JAQUES DESBROSSES
ESTIENNE DESBROSSES
ANNE SIGNAC

Baptesme—Aujourd'hui Vendredi 29ᵉ Septembre 1732 après le Sermon de preparation a eté baptisé dans cette Eglise par moi Soussigné Ministre de la dite Eglise, Jacques Perrot, né à la Nouvelle York le 18ᵉ de ce mois, fils de Philippe Perrot et d'Elizabeth Ailesworth son Epouse, étant presenté au Sᵗ Baptesme par Mʳ Jacques Faviere, Ancien, et Mˡᵉ Marthe Perrot, ses Parrain et Marraine.

    L: Rou, Pasteur.   PHILIPPE PERROT
                               JACQUES FAUIERES
                               MARTHE PEROT

Baptesme—Aujourd'hui Dimanche 15ᵉ d'Octobre 1732. après le 2ᵈ exercice, a eté baptisé par moi Soussigné Ministre de cette Eglise, Louis Pintard, né à la Nouvelle York le 1ʳ de ce mois, fils de Monsʳ Jean Pintard et de Madˡᵉ Catherine Carré son Epouse, étant presenté au Sᵗ Baptesme par Monsʳ Louis Carré, et Mademˡᵉ Anne Françoise Pintard, ses parrains et Marraines.

    L: Rou, Pasteur.   J. PINTARD
                               LOUIS CARRÉ
                               ANNE PINTARD

Baptesme—A la Nouvelle York le 29ᵉ Novembre 1732. Aujourd'hui Mecredi après la Priere a eté baptisé par moi Soussigné Ministre, Guillaume Heurretin né le 21ᵉ de Novembre dernier à la Nouvelle York, fils de Guillaume Heurretin et de Susanne Kocherthal son Epouse, étant presenté au Sᵗ Baptesme par Mʳ Paul Pelletreau et Mˡᵉ Susanne Heurretin son Epouse, Parrain et Marraine.

    L: Rou, Pasteur.   GUILLEAUME HEURTIN
                               PAUL PELLETREAU
                               SUSANNE PELLETREAU

Baptesme—Aujourd'hui 17ᵉ de Decembre 1732. après le 2ᵈ exercice a eté baptisé dans cette Eglise par Monsieur Louis Rou notre Ministre, Elie Rey, né à la

Nouvelle York le 6ᵉ Decembre dernier, fils de Jean Rey et de Marie Magdelaine sa femme, étant presenté au Sᵗ Baptesme par Elie Membrut et Susanne Andries, ses Parrain et Marraine.

L: Rou Pasteur

Baptesme—Aujourd'hui 25ᵉ de Mars 1733. Jour de Pasque, après le 2ᵈ exercice, a esté baptisé dans cette Eglise, par moi Soussigné Ministre de la dite Eglise, Vincent Bodin, né à la Nouvelle York le 10ᵉ de Mars dernier, fils de Mʳ Vincent Bodin et d'Helene Smith son Epouse, estant presenté au Sᵗ Baptesme par Mʳ Denys Riché, et Madᵉ Mariane Ablain, ses Parrain et Marraine.

L: Rou, Pasteur. Vincent bodin
denis Riché
La marque –|– de Mariane Ablain

Baptesme—Le Dimanche 22ᵉ de Juillet 1733. après le 2ᵈ exercice a eté baptisée dans cette Eglise par moi Ministre de la dite Eglise, Jeanne Giraud, née à la Nouvelle York le 19ᵉ de Juillet dernier, fille d'André Giraud, et d'Anne Burger, étant presentée au Sᵗ Baptesme par Mʳ Alexandre Phenix, et Mˡᵉ Catherine Comfort ses Parrain et Marraine.

L: Rou, Pasteur. Andre Giraud
Alexᴿ Phenix
Catharine Comfort

Baptesme—Aujourd'hui Mecredi 8ᵉ de Juillet 1733. après la Priere, a eté baptisé dans cette Eglise par moy Soussigné Ministre de la dite Eglise, Pierre Bonnet, né à la Nouvelle York le 5ᵉ de Juillet dernier, fils de Daniel Bonnet, et d'Helene Van de Water son Epouse, étant presenté au Sᵗ Baptesme par le dit Daniel Bonnet et par Françoise Bouquet, ses Parrain et Marrain.

L: Rou, Pasteur. Daniel Bonnet
francinte Bocket

Baptesme—Aujourd'hui Mecredi 28ᵉ de Novembre 1733. après la Priere a eté baptisé dans cette Eglise, par moi Soussigné Ministre de la dite Eglise, Daniel Aymar, né a la Nouvelle York le 17ᵉ de Novembre dernier, fils de Jean Aymar et de Françoise son Epouse, étant presenté au Sᵗ Baptesme par Daniel Ravaux, et Jeanne Ravaux ses Parrain et Marraine.

L: Rou, Pasteur.　　JEAN YMAR
　　　La marque X de DANIEL RAVAUX
　　　La marque =|= de JEANNE RAVAUX

Baptesme—Le Mardy 1ʳ Jour de Janvier 1734. après le Sermon a esté baptisée dans cette Eglise, par moy Soussigne Ministre de la dite Eglise, Susanne Pelletreau, née à la Nouvelle York le 26ᵉ Decembre 1733. fille de Mʳ Paul Pelletreau, et de Madˡᵉ Susanne Heurretin son Epouse, étant presentée au Sᵗ Baptesme par le dit Sieur Paul Pelletreau son Pere et Parrain et par Madᵉ Elizabeth Heurretin sa Grand-Mere et Marraine

L: Rou, Pasteur.　　PAUL PELLETREAU

Baptesme—Aujourd'hui 13ᵉ de Janvier 1734. Dimanche, après le 2ᵈ exercice a esté baptisé dans l'Eglise Françoise de la Nouvelle York par Monsʳ Louis Rou notre Ministre, Son Fils né à la Nouvelle York le 7ᵉ de Janvier dernier, de sa femme Renée Marie Gougeon, et a eté nommé Pierre, étant presenté au Sᵗ Baptesme par Monsʳ Jean Cazalz Parrain, et Mademˡᵉ Jeanne La Touche Marraine.

L: Rou, Pasteur　　　L: ROU
　　　　　　　　　　JEAN CAZALZ
　　　　　　　　　　JANE LATAHE

Baptesme—Aujourd'hui Mecredi 16ᵉʳ de Janvier 173¾. après la Priere a esté baptisé dans cette Eglise, par moi Soussigné Ministre de la dite Eglise, Simon Allairè, né à la Nouvelle York le 10ᵉ de Janvier dernier, fils de Mʳ Alexandre Allaire, et d'Esther Clatworthy son Epouse, étant presenté au St Baptesme par Mr Simon Johnson Parrain et Madem^{le} Catherine Royal Marraine.

L: Rou Pasteur. Alex^{r} Allaire
G. Johnson
Catharina Royall

Baptesme—Aujourd'hui Dimanche 7e d'Avril 1734. après le 2^{d} exercice a esté baptisé dans cette Eglise, par moi Soussigné Ministre de la dite Eglise, Samuel Favieres, né à la Nouvelle York le 21e de Mars dernier, Fils de Monsr Jaques Favieres, et de Madem^{le} Charlotte Bouyer son Epouse, étant presenté au St Baptesme par Mr Elie Pipon, et Madem^{le} Catherine Van Horne, ses Parrain et Marraine.

L: Rou Pasteur. Jaques fauieres
Elie Pipon
Cathrine van Hoorn

Baptesme—A la Nouvelle York le 26e de May 1734. Aujourd'hui après le 2^{d} exercice a eté baptisé dans cette Eglise par moi Soussigné Ministre de la dite Eglise Jean Kiersted né à la Nouvelle York le 22e de May dernier, fils de Mr Roelof Kiersted, et d'Anne Vezien son Epouse, étant presenté au St Baptesme par Mr Jean Vezien et par Ariaentje Tappen ses Parrain et Marraine.

L: Rou Pasteur. Roelof Kiersted
La marque  de Jean Vezien

Baptesme—Le mesme jour a la mesme heure a eté baptisée dans la dite Eglise par moi soussigné Ministre de l'Eglise, Elizabeth Tillou, née a la Nouvelle York le 19e de May 1734. fille de Pierre Tillou et d'Esther Pelletreau son Epouse, étant presentée au St Baptesme par Mr Michel le Berton et Elizabeth Tillou ses Parrain et Marraine.

L: Rou Pasteur. Pierre Tillou
Michel Berthon
La marque X d'Elizabeth Tillou le Breton

Baptesme—Aujourd'hui Dimanche 25ᵉ d'Aoust 1734. après le 2ᵈ exercice a eté baptisé dans cette Eglise, par moi Soussigné Ministre de la dite Eglise, Jean Pintard, né à la Nouvelle York le 12ᵉ d'Aoust dernier, fils de Monsʳ Jean Pintard et de Mademˡᵉ Catherine Carré, son Epouse, étant presenté au Sᵗ Baptesme par Monsʳ Jacques Favieres et Madˡᵉ Jeanne Tongrelou, ses Parrein et Marreine.

L: Rou, Pasteur   Jean Pintard
                          Jacques Fauieres
                          Jane Tongrelou.

Baptesme—Aujourd'hui Mecredi 8ᵉ de Decembre 1734. après la Priere a eté baptisé dans cette Eglise, par moy Soussigné, Elizabeth Rey, née à la Nouvelle York le 26ᵉ de Novembre dernier, fille de Jean Rey, et de Marie Magdeleine son Epouse, étant presenté au Sᵗ Baptesme par Jean Aymar et Francoise sa femme, Parrain et Marraine

L: Rou min.   Jean Roy
                       Jean amar
       La marque ✕ de Françoise Aymar.

Baptesme—A la Nouvelle York le 15ᵉ Janvʳ 173⁴⁄₅. Aujourd'hui Mecredi après la priere a eté baptisé dans cette Eglise par moi Soussigné Ministre de l'Eglise Françoise, Samuel Ridet né à la Nouvelle York le 27ᵉ Decembre dernier, fils de Matthieu Ridet et de Susanne son Epouse, estant presenté au Sᵗ Baptesme par Capitaine Samuel Bourdet, et Mᵉ Marie Tavaux ses Parrain et Marraine.

L. Rou Pasteur.   Matthieu Ridet
                          Samᴸ Bourdet junʳ
       La marque =|=- de Marie Tavaux

Baptesme—Aujourd'hui Dimanche 19ᵉ de Janvier 1735. après le 2ᵈ exercice a eté baptisé en chambre à cause de mauvais temps par moi Soussigné Ministre de l'Eglise

Françoise, Jeremie La Touche né à la Nouvelle York le 2ᵉ de Janvier dernier, fils de Monsʳ Jeremie La Touche et de Madˡᵉ Jeane Soumain, estant presenté au Sᵗ Baptesme par Monsʳ Joseph Haynes, et Mademˡᵉ Marie Soumain ses Parrain et Marraine.

L: ROU, min.   JER: LATTOUCH
                                 JOSEPH HAYNES
                                 MARY SOUMAIN

Baptesme—Aujourd'hui Dimanche après-midy 9ᵉ de Fevrier 1735 a eté baptisé dans cette Eglise par moi Soussigné Ministre, Samuel Bourdet né à la Nouvelle York le 22ᵉ de Janvier dernier, fils de Capitaine Samuel Bourdet le Jeune et de Judith Blag son Epouse, étant presenté au Sᵗ Baptesme par Mʳ Siméon Soumain et Madˡᵉ Jeanne Esther Bourdet ses Parrain et Marraine.

L: ROU min.   SAMˡ BOURDET junʳ
                                 SIMEON SOUMAIN
                                 JANNE ESTER BOUERDET

Baptesme—A la Nouvelle York le 30ᵉ Mars 1735. Aujourd'hui Dimanche après le 2ᵈ exercice, a eté baptisée dans cette Eglise par moi Soussigné Ministre, Mariane Des Brosses née à la Nouvelle York le 17ᵉ de Mars dernier, fille de Mʳ Jaques Des Brosses et de Mademˡᵉ Mariane Guyonneau son Epouse, estant presentée au Sᵗ Baptesme par Monsʳ Jaques Favieres et Mademˡᵉ Magdeleine Des Brosses, ses Parrain et Marraine.

L: ROU min.   JAQUES DESBROSSES
                                 JACQUES FAUIERES
                                 MADELAINE DESBROSSES

Baptesme--Aujourd'hui Mecredi 23ᵉ d'Avril 1735. après la Priere a eté baptisé dans cette Eglise par moi Soussigné Ministre, Michel Berthon Tillou, né à la Nouvelle York le 5ᵉ d'Avril dernier, Fils de Jean Tillou, et de

Marie Van Geldre son Epouse, étant presenté au S̱t̲ Baptesme par M̱r̲ Michel le Breton et M̱le̲ Elizabeth le Breton, ses Parrain et Marraine.

L : Rou, Min :　　　　　Jean Tillou
　　　　　　　　　　　Michel Berthon
　　　　La marque × d'Elizabeth Le Breton

Baptesme—Aujourd'hui Dimanche 18̱e̲ de May 1735. après le 2̱d̲ exercice, a eté baptisée dans cette Eglise par moi Soussigné Ministre, Marie Aineau, née a la Nouvelle York le 2̱e̲ de ce mois, fille de Joseph Aineau et de Mercy sa femme, étant presentée au S̱t̲ Baptesme par M̱r̲ Jean Roy, et Marie Magdeleine son Epouse, Parrain et Marraine de l'enfant.

L : Rou, Min :　　La marque *A* de Joseph Aineau
　　　　　　　　　Jean Roy
　　　La marque / de Marie Magdeḻme̲ Roy

Baptesme—Le Mecredi 13̱e̲ d'Aoust 1735. après la priere a eté baptisé dans cette Elise, Jean Jacques Aymar né à la Nouvelle York le 2̱e̲ d'Aoust, fils de Jean Aymar et de Françoise Belon, estant presenté au S̱t̲ Baptesme par M̱r̲ Jacques Buvelot et M̱le̲ Marguerite Perdriau sa femme, Parrain et Marraine.

L : Rou min.　　　　　Jean Eymar
　　　　　　　　　　　Jagues Buvelot
　　　　　　　　　　　Marguerite Buuelot

Baptesme—Aujourd'hui Mecredi 27̱e̲ d'Aout 1735. après la Priere a eté baptisé dans cette Eglise par moi Soussigné Ministre, Christophle Kirsted né à la Nouvelle York le 25e d'Août dernier, fils de Roulof Kirsted et d'Anne Vezien, étant presenté au S̱t̲ Baptesme par le dit S̱r̲ Kirsted et M̱e̲ Añne Rezeau, Vezien, ses Parrain et Marraine.

L : Rou Pasteur.　　　Roelof Kiersted
　　　　　　　　　　　Anne Rezau Uezien

Baptesme—Le mesme jour et à la mesme heure a eté baptisé dans cette Eglise, Jean Membrut, né à la Nouvelle York le 16 de ce mois d'Août, Fils d'Elie Membrut, et de Sara Butler son Epouse, étant presenté au St Baptesme par Mr Henry de Meyer, et M.^{le} Mariane Vincent son Epouse, Parrain et Marraine.

L: Rou, Pasteur.   ELIE MANBRUT

H. DEMEYER

La marque 𝑋 de MARIANE DE MEYER

Baptesme—Le Dimanche 31.e d'Aoust 1735. aprés le Second exercice a esté baptisée dans cette Eglise par moi Soussigné Ministre, Marie Elizabeth Giraud née à la Nouvelle York le 25.e d'Aoust dernier, fille d'André Giraud et d'Anne Burger son Epouse, étant presentée au St Baptesme par Mr Pierre Vergereau, et Mad.^{le} Marie Elizabeth Vergereau sa Soeur, Parrain et Marraine.

L: Rou, Pasteur.   ANDRÉ GIRAUD

PIER.^R VERGEREAU

MARIE ELISABETH VERGEREAU

Baptesme—Aujourd'hui Dimanche 9.e de Novembre 1735. après le 2.^d Exercice, a eté baptisée dans cette Eglise par moi Soussigné Ministre de la dite Eglise, Renée Elizabeth Rou, née à la Nouvelle York le 20.e d'Octobre dernier, fille de Louis Rou, Ministre de cette Eglise, et de Renée Marie Gougeon son Epouse, étant presentée au St Baptesme par Mr Paul Pelletreau, Ancien de l'Eglise, Parrain, et par Louise Rou, Soeur et Marraine de l'enfant.

L: Rou, min.   L: ROU

PAUL PELLETREAU

LOUISE ROU

Baptesme—Aujourd'hui Mecredi 25.e de Fevrier 1736. après la Priere a eté baptisée par moy Ministre de cette Eglise, Magdeleine Gambauld née à la Nouvelle York le

13.° de Fevrier dernier, fille de M.ʳ Moyse Gambauld, et d'Anne Francoise son Epouse, étant presentée au S.ᵗ Baptesme par M.ʳ Jean Pintard et Mad.ˡᵉ Catherine Searls, Parrain et Marraine.

L: Rou Min.   JOHN PINTARD
                 CATHARINE SEARLE

Baptesme——Le mesme Jour et à la mesme heure a eté baptisée dans cette Eglise par moy Soussigné Ministre, Marie Pelletreau née à la Nouvelle York le 16.° de Fevrier dernier, fille de M.ʳ Paul Pelletreau Ancien de notre Eglise, et de Susanne Heurretin son. Epouse, étant presentée au S.ᵗ Baptesme par le dit Sieur Paul Pelletreau et Elizabeth Cockrem Parrain et Marraine.

L: Rou, Min.   PAUL PELLETREAU
                 ELIZABEATH COCKREM

Baptesme—Aujourd'huy Mecredy 10.ᵉ de Mars 1636. après la Priere a eté baptisée dans cette Eglise par moy Soussigné Ministre, Anne Elizabeth Louchard, née à la Nouvelle York le 24.ᵉ de Fevr.ʳ dernier, fille de Charles Louchard, et d'Anne Tillou son Epouse étant presentée au S.ᵗ Baptesme par le dit Charles Louchard, et Elizabeth le Breton, Parrain et Marraine.

L: Rou, Pasteur.   La marque ⋈ de CHARLES LOUCHARD
                   La marque X d'ELIZABETH LE BRETON

Baptesme—Aujourd'hui Dimanche 18.ᵉ d'Avril 1736. après le 2.ᵈ exercice, a eté baptisé dans cette Eglise, par moy Soussigné Ministre, Samuel Pintard, né à la Nouvelle York le 5.ᵉ d'Avril dernier, fils de M.ʳ Jean Pintard, et de M.ˡᵉ Catherine Carré son Epouse, étant presenté au S.ᵗ Baptesme par M.ʳ Daniel Bontecou, Parrain, et Mad.ˡᵉ Susanne Boudinot, au nom de Mad.ˡᵉ Marie Catherine Boudinot Marraine.

L. Rou, Pasteur.   JEAN PINTARD
                    DANIEL BONTECOU
                    SUSANNE BOUDINOT

Baptesme—Aujourd'hui Mecredy 28ᵉ d'Avril 1736. après la Priere ordinaire, a eté baptisé dans cette Eglise par moy Soussigné Ministre, Benjamin Bogles né dans la Nouvelle Jersey le 17ᵉ de Mars dernier, fils de Salomon Bogles et de Susanne Pelletreau son Epouse, étant presenté au Sᵗ Baptesme par Mʳ Paul Pelletreau, Ancien de l'Eglise et Parrain, et Mˡᵉ Sara Leddle Marraine.

L: Rou, Pasteur.   PAUL PELLETREAU
                                    SARAH LEDDEL

Baptesme—Aujourd'huy Mecredy 14ᵉ de Julliet après la Priere, a eté baptisée dans cette Eglise par moy Soussigné Ministre, Louise Heurretin, née a la Nouvelle York le 6ᵉ de Juillet 1736. fille de Mʳ Guillaume Heurretin de Susanne Kokerthal son épouse étant presentée au Sᵗ Baptesme par Mʳ Guillaume Leddle et Madˡᵉ Sara Leddle, Parrain et Marraine.

L: Rou Pasteur.   GUILLEAUME HEURTIN
                                   GUILEAM: LEDDEL
                                   SARAH LEDDEL

Baptesme—Aujourd'hui Mecredi 1ʳ de Decembre 1736. après la Priere, a esté baptisé dans cette Eglise par moy Soussigné Ministre, Pierre Joseph Tillou, ne à la Nouvelle York le 20ᵉ de Novembre dernier, fils de Pierre Tillou et d'Esther Pelletreau son Epouse, étant presenté au Sᵗ Baptesme par le dit Pierre Tillou, Pere, et Madˡᵉ Sara Leddle, ses Parrain et Marraine.

L: Rou, Pasteur.   PITRE TELLOU
                                    SARAH LEDDEL

Baptesme—Aujourd'hui Dimanche 27ᵉ de Fevrier 1737. après le 2ᵈ exercice a eté baptisé dans cette Eglise par moy Soussigné Ministre, André Rey né à la Nouvelle York le 26ᵉ de Janvier dernier, fils de Jean Rey et de Marie Magdeleine son Epouse, étant presenté au Sᵗ

Baptesme par M.ʳ Jeremie Chardavoyne et Marie Renaud son Epouse, ses Parrain et Marraine.

L: Rou, Pasteur.　　　　　Jean Roy
　　　　　　　　　Jeremie Chardauoine
　　　La marque ┼── de Marie Chardavoyne.

Baptesme—A la Nouvelle York le 25ᵉ de May 1737. Aujourd'hui Mecredy après la Priere a eté baptisée par moy Soussigné Ministre de cette Eglise, Marie Louchard née à la Nouvelle York le 9ᵉ de May dernier, fille de Charles Louchard et d'Anne Tillou son Epouse, étant presenté au S.ᵗ Baptesme par M.ʳ Michel Berthon et M.ᵉ Garreau ses Parrain et Marraine.

L: Rou Pasteur.　　La marque　　de C. Louchard
　　　　　　　　　　　　Michel Berthon
　　　　　　　　　　　　Marie Garou

Baptesme—Le Dimanche 24ᵉ de Juillet 1737. après le Second exercice a eté baptisée dans cette Eglise par moi Soussigné Ministre de la dite Eglise, Elizabeth Membrut née à la Nouvelle York le 22ᵉ de Juillet dernier fille de Elie Membrut et de Sara Butler son Epouse, étant pretée au S.ᵗ Baptesme par M.ʳ Jean Ben et M.ˡᵉ Anne Dupuy ses Parrain et Marraine.

L: Rou min:　　　　　　Elie Manbrut
　　　　　　　　　　　　John Bend
　　　　　　　　　　　　Anne Dupuy

Baptesme—Aujourd'huy Mecredy 10ᵉ d'Aoust 1737. après la Priere, a esté baptisée par moy Soussigné Ministre de cette Eglise, Marguerite de Lorme née à la Nouvelle York le 5ᵉ de Juin dernier, fille de M.ʳ Joseph de Lorme et de Marie Rollin son Epouse, étant presentée au S.ᵗ Baptesme par Mons.ʳ Abraham Kip, et Mad.ˡᵉ Susanne Pelletreau ses Parrain et Marraine.

L: Rou Pasteur.　　　Jos: Delorme
　　　　　　　　　　Abraham Kip
　　　　　　　　　　Susanne Pelletreau

Baptesme—A la Nouvelle York le 28.e d'Aoust 1737. Aujourd'huy Dimanche après le Second exercice a esté baptisé dans cette Eglise par moy Soussigné Ministre, Charles Guillaume Faviéres, né à la Nouvelle York le 10.e d'Aoust, fils de Mr Jaques Favieres Ancien, et de Mad^{le} Charlotte Bouyier son Epouse, étant presenté au St Baptesme par Mr Jean Groesbeek et Mad.^{le} Elizabeth Pelletreau ses Parrain et Marraine.

L: Rou Pasteur.   JACQUES FAUIERES
                           JOHN GROESBEEK
                           ELISABETH PELLETREAU.

Baptesme—Aujourd'hui Mecredy 18.e de Janvier 1738. après la Priere a eté baptisée dans cette Eglise par moy Soussigné Ministre, Sara Bogles, née à Baskin Ridge dans la Nouvelle Jersey le 22.e d'Aoust 1737. fille de Salomon Bogles et de Susanne Pelletreau son Epouse étant presenté au St Baptesme par Mr Guillaume Leddle Mad.^{le} Marie Leddle ses Parrain et Marraine.

L: Rou, Pasteur.   GUIL: LEDDEL
                           MARY LEDDEL

Baptesme—Aujourd'hui 5.e de Fevrier 173$\frac{7}{8}$ après le 2.^d exercice a esté baptisée dans cette Eglise Anne Aineau, née à la Nouvelle York le 3.e de Janvier dernier, fille de Joseph Aineau et de Mercy Casten son Epouse, étant presentée au St Baptesme par Jean Eymar et la dite Mercy Casten ses Parrain et Marraine.

L: Rou Pasteur.   La marque ✕ de Jos: AINEAU.
                           JEAN EMAR.

Baptesme—Aujourd'hui Mecredy 8.e de Fevrier 173$\frac{7}{8}$. après la Priere a esté baptisée dans cette Eglise par moy Soussigné Ministre Elizabeth Garnier, née à la Nouvelle York le 5.e de Fevrier dernier, fille d'Isaac Garnier et de Marie Machfiedt son Epouse, étant presentée au St Baptesme par Isaac Garnier le Pere, et Elizabeth sa femme, Parrain et Marraine.

   L: Rou, min.   Isaac Garnier
                               Isaac garnier

Baptesme—A la Nouvelle York le 1ͬ de Mars 173⅞. Aujourd'huy Mecredy après la Priere, a eté baptisé dans cette Eglise par moy Soussigné Ministre, André Giraud, née à la Nouvelle York le 24ͤ de Fevrier dernier, fils d'André Giraud et d'Anne Burger sa femme, étant presenté au Sͭ Baptesme par Nicolas Rosevelt et Marie Roomen ses Parrains et Marraine.

   L: Rou, Pasteur.   André Giraud
                            Nicolaes Roosevelt
                            Mary Roome

Baptesme—Aujourd'hui Dimanche 23ͤ d'Avril 1738. après le 2ͩ exercice a eté baptisé par moy Soussigné Ministre de l'Eglise Françoise Gregoire Rou, né à la Nouvelle York le 15ͤ d'Avril dernier, fils de Louis Rou, Ministre, et de Renée Marie Gougeon sa femme, étant presenté au Sͭ Baptesme par Monsͬ Moyse Gombauld, et Mademˡͤ Catherine Pintard ses Parrain et Marraine.

   L: Rou, min.   Louis Rou
                            Moise Gombauld
                            Cathrine pintard

Baptesme—Aujourd'huy Jeudy 11ͤ de May 1738. jour de l'Ascension après le Sermon a eté baptisée dans cette Eglise par moy Soussigné Ministre, Susanne Bourdet, née à la Nouvelle York le 28ͤ d'Avril dernier, fille de Capitaine Samuel Bourdet, et de Judith Blagg son Epouse, étant presentée au Sͭ Baptesme par Mͬ Estienne Bourdet, et Madˡͤ Allette Blagg, ses Parrain et Marraine.

   L: Rou Pasteur.   Samˡ Bourdet
                            Estienne Bourdet
                            Alette Blagge

Baptesme—Aujourd'hui Dimanche 18<u>e</u> de Juin 1738 après le 2<u>d</u> Exercice a eté baptisée dans cette Eglise, par moy Soussigné Ministre, Anne Françoise Gombauld, née à la Nouvelle York le 4<u>e</u> de Juin dernier, fille de M<u>r</u> Moyse Gombauld, et de Demoiselle Anne Françoise Pintard son Epouse, étant presentée au S<u>t</u> Baptesme par M<u>r</u> Etienne Courtlandt, et Madem<u>le</u> Florinde Pintard Spencer, ses Parrain et Marraine.

　　　L: Rou Pasteur.　　　　　MOISE GOMBAULD
　　　　　　　　　　　　　　　　STEP<u>N</u> CORTLANDT
　　　　　　　　　　　　　　　　FLORANDA SPENCER

Baptesme—Aujourd'hui Mecredy 19<u>e</u> de juillet 1738, après la priere a eté baptisé dans cette Eglise, par moy Soussigné Ministre, Guillaume Healms, né à la Nouvelle York le 12<u>e</u> de Juillet dernier, fils de Harter Healms, et de Jeanne Applebe son Epouse, étant presenté au S<u>t</u> Baptesme par Benjamin Applebe, et Françoise Applebe, ses Perrain et Marraine.

　　　L: Rou, Pasteur.　　　　BENJ<u>A</u> APPELBE
　　　　　　La marque ∫ de FRANÇOISE APPLEBE

Baptesme—Aujourd'huy 30<u>e</u> de Juillet 1738. après le Second exercice a eté baptisée dans cette Eglise par moy Soussigné Ministre de la dite Eglise, Jeanne La Touche née à la Nouvelle York le 14<u>e</u> de ce mois de Juillet, fille de M<u>r</u> Jeremie La Touche, et de M<u>le</u> Jeanne Soumain son Epouse, étant presentée au S<u>t</u> Baptesme par Mons<u>r</u> Jaques Favieres, et Mad<u>e</u> Jeanne Haynes ses Parrain et Marraine.

　　　L: Rou, Ministre　　　　JACQUES FAUIERES
　　　　　　　　　　　　　　　JANE HAYNES

Baptesme—A la Nouvelle York le 27. d'Aoust 1738. Aujourd'huy Dimanche après le 2<u>d</u> exercice a eté baptisée dans cette Eglise par moy Soussigné Ministre, Catherine Membrut, née à la Nouvelle York le 16ᵉ d'Aoust dernier, fille d'Elie Membrut et de Sara sa femme, étant presentée au Sᵗ Baptesme par le dit Elie Membrut et Susanne sa fille, Parrain et Marraine.

L: Rou, Pasteur. ELIE MANBRUT
SUSANNE MANBRUT

Baptesme—Aujourd'huy Dimanche 24ᵉ de Septembre 1738. apres le 2ᵈ Sermon, a eté baptisée dans cette Eglise par moy Soussigné Ministre, Elizabeth Louchard, née à la Nouvelle York le 12ᵉ de Septembre dernier, fille de Charles Louchard et d'Anne Tillou son Epouse, étant presentée au Sᵗ Baptesme par Monsʳ Moyse Gombauld, et Mademˡᵉ Charlotte Favieres, ses Parrain et Marraine.

X

L: Rou, Ministre. MOISE GOMBAULT
CHARLOTTE FAUIERES

Baptesme—Aujourd'hui Mecredy 18ᵉ d'Octobre 1738. après la Priere a eté baptisé dans cette Eglise par moy Soussigné Ministre, Josué Heurretin, né à la Nouvelle York le 24ᵉ de Septembre dernier, fils de Guillaume Heurretin et de Susanne son Epouse, étant presenté au Sᵗ Baptesme par Mʳ Jacques Buvelot et Mademˡᵉ Louise David ses Parrain et Marraine.

L: Rou, Min. JAQUE BUVELOT
LOUISE DAVID

Baptesme—Le Dimanche 10ᵉ de Decembre 1738. a eté baptisée dans cette Eglise après le Second exercice par moy Soussigné Ministre, Marthe Carter née à la Nouvelle York le . . . . fille d'Estiene Carter et de Françoise Smith sa femme, étant presentée au Sᵗ Baptesme par Paul Parcot, et Marthe sa femme, ses Parrain et Marraine, tous les deux de la Nouvelle Rochelle.

L: Rou, Pasteur.

Baptesme—Le Dimanche 24ᵉ de Decembre 1738. après le 2ᵈ exercice a eté baptisé par moy Soussigné Ministre, en chambre, Pierre Louis Vergereau, né à la Nouvelle York le 11ᵉ Decembre dernier, fils de Mʳ Pierre Vergereau et de Madˡᵉ Susanne Boudinot son Epouse, étant presenté au Sᵗ Baptesme par Monsʳ Louis Carré, et Madˡᵉ Marie Elizabeth Vergereau, ses Parrain et Marraine.

    L: Rou, Pasteur.   Pirre Vergereau
                                Louis Carré
                Marie Elisabeth Vergereau

Baptesme—Aujourd'hui Mecredy 31ᵉ de Janvier 1739. après la priere, a été baptisé dans cette Eglise par moy Soussigné Ministre, Jean Kirsted né à la Nouvelle York le 27ᵉ de Janvier, fils de Mʳ Roeloff Kirsted et d'Anne Vezien son Epouse, étant presenté au Sᵗ Baptesme par Mʳ Jean Vezien Parrain et Anne Vezien son Epouse, en la place de Mᵉ Adrienne Kirsted Marraine.

    L: Rou, Min: Roelof Kierstede
                              anne uzin
            La marque ⌒ de Jean Vezein.

Baptesme—Le mesme jour et à la mesme heure a eté baptisé Guillaume Tillou, né à la Nouvelle York le 12ᵉ du mesme mois, fils de Pierre Tillou et d'Esther Pelletreau son Epouse étant presenté au Sᵗ Baptesme par Mʳ Jean Tillou Parrain et Mademˡᵉ Louise David Marraine.

    L: Rou Min: Peter Tellou
                              Jean Tillou
                              Louise David

Baptesme—Aujourd'hui Mecredy 20ᵉ de Juin 1739. après la Priere, a eté baptisé par moy Soussigne Ministre de cette Eglise, Toussaint Rey, né à la Nouvelle York le 11ᵉ d'Avril dernier, fils de Jean Rey et de Marie Magdeleine Pasierin son Epouse, étant presenté au S! Baptesme par le dit Jean Rey et sa femme Parrain et Marraine.

L: Rou, Min: JEAN ROY

Baptesme—Aujourd'hui Dimanche 8ᵉ de Juillet 1739. après le 2ᵈ exercice a esté baptisé dans cette Eglise par moy Soussigné Ministre, Jean Cebe, né à la Nouvelle York le 5ᵉ de Juillet dernier, fils de Mʳ Paul François Cebe, et de Mˡᵉ Mariane Géreau son Epouse, étant presenté au S! Baptesme par Mʳ Jean Hastier le jeune, et Mademˡᵉ Susanne Marshall ses Parrain et Marraine.

L: Rou, Pasteur.   PAUL FRANÇOIS CEBE
                             JEAN HASTIER Junʳ
                             SUSANNAH MARSHALL

Baptesme—Le Mecredy 25ᵉ de Juillet 1739. après la Prierè, a eté baptisée dans cette Eglise par moy Soussigné Ministre, Anne Garnier, née à la Nouvelle York le 19ᵉ de Juillet dernier, fille d'Isaac Garnier et de Marie Machfet sa femme, étant presentée au S! Baptesme par Isaac Taveau et Marie Tavaux sa mere, Parrain et Marraine.

L: Rou, Min.   ISAAC GARNIER
                             ISAAC TAVEAU
                   La marque ⨯ de MARIE TAVAUX

Baptesme—A la Nouvelle York le 15ᵉ d'Aoust 1739. Aujourd'huy Mecredy après la Priere, a eté baptisée dans cette Eglise par moy Soussigné Ministre, Jeanne Eymar, née a la Nouvelle York le 7ᵉ d'Aoust dernier, fille de Jean Eymar et de Françoise Belon sa femme, etant presentée au S! Baptesme par Daniel Hatchinson et Judith Eymar ses Parrain et Marraine.

L: Rou, Pasteur.   JEAN EMAR
                             DANIEL HUTCHISON
                   La marque ᗡ de JUDITH EMAR.

Baptesme—Aujourd'huy Dimanche 30ᵉ de Decembre 1739. après le 2ᵈ •Exercice, a eté baptisé par moy Soussigné Ministre, dans cette Eglise, Catherine Gombauld, née à la Nouvelle York le 12ᵉ du present mois de Decembre, fille de Mʳ Moyse Gombauld, et de Madˡᵉ Anne Pintard son Epouse, étant presentée au Sᵗ Baptesme par Mʳ Jean Groesbeek, et Mademˡᵉ Elizabeth Van Dam, ses Parrain et Marraine.

L: Rou, Min: JOHN GROESBEEKE
                          ISABELLA VAN DAM.

Baptesme—Aujourd'hui Mecredi 5ᵉ de Mars 1740. après la Priere a esté baptisée dans cette Eglise, par moy Soussigné Ministre, Jeanne Pelletreau, née à la Nouvelle York le 25ᵉ de Fevrier dernier, fille de Mʳ Paul Pelletreau et de Mˡᵉ Susanne Heurretin son Epouse, étant presentée au Sᵗ Baptesme par le dit Sieur Pelletreau et Madˡᵉ Jeanne Pelletreau ses Parrain et Marraine.

L: Rou, Min: PAUL PELLETREAU
                          IANNE PELLETREAU

Baptesme—Aujourd'huy Samêdy 5ᵉ d'Avril 1740. après le Sermon de preparation a eté baptisé par moy Soussigné Ministre, Pierre Allaire né à la Nouvelle York le 12ᵉ de Mars dernier, fils de Mʳ Pierre Allaire, et de Mˡᵉ Marie Garland, sa femme, étant presente au Sᵗ Baptesme par Mʳ Alexandre Allaire et Mˡᵉ Jeanne Garland ses Parrain et Marraine.

L: Rou, Pasteur.   ALEXANDER ALLAIRE
                          JOANNA GARLAND

Baptesme—Le Mecredy 23ᵉ d'Avril 1740. après la Priere a été baptisée dans cette Eglise par moy Soussigné Ministre, Anne Giraud, née à la Nouvelle York le 22ᵉ d'Avril dernier, fille d'André Giraud et d'Anne Burger sa femme, étant presentée au St Baptesme par Pierre Burger et Rebecca Burger ses Parrain et Marraine.

L: Rou Pasteur.   ANDRE GIRAUD
PETER BÜRGER
La marque –|–, de REBECCA BURGER.

Baptesme—Aujourd'hui Dimanche 29e de Juin 1740. après le 2^d exercice a eté baptisé per moy Soussigné Ministre de cette Eglise, Elie Nixon né à la Nouvelle York le 30e de May dernier, fils de Guillaume Nixon et de Susanne Membrut sa femme, étant presentê au St Baptesme par Elie Membrut et Sara Butler Membrut ses Parrain et Marraine.

L: Rou, Min: WILLIAM NEXSEN
ELIE MANBRUT
La marque ✕ de SARA MEMBRUT

Baptesme—Aujourd'hui Mecredi 16e de Juillet 1740. après la Priere, a eté baptisé dans cette Eglise par moy Soussigné Ministre, Pierre Tillou, né à la Nouvelle York le 1^r de ce mois, fils de Pierre Tillou, et d'Esther Pelletreau sa femme, étant presenté au St Baptesme par le dit Pierre Tillou et Esther Riché Smith, ses Parrain et Marraine.

L: Rou Pasteur.   PETER TELLOU
HESTERS SMITH

Baptesme—Le Mecredy 20e d'Aoust 1740. après la Priere, a eté baptisé dans cette Eglise, Edouard Bourdet, né à la Nouvelle York le Lundy 11e de ce mois, fils du Capitaine Samuel Bourdet, et de Judith Blagg son Epouse, étant presenté au St Baptesme par Mª Benjamin Blagg, et Mad^{le} Jeanne la Touche ses Parrain et Marraine.

L: Rou, Pasteur.

Baptesme—A la Nouvelle York le 10e de Septemb^e 1740. Aujourd'hui Mecredi après la Priere a eté Baptisé dans cette Eglise par moy Soussigné Ministre, Frederic Basset, né à la Nouvelle York le 24ᵉ d'Aoust dernier, fils de Mʳ Jean Basset, et d'Elizabeth Fisher son Epouse, étant presenté au Sᵗ Baptesme par Mʳ Egbert Egbers, et Mˡᵉ Marie Linch Egbers, ses Parrain et Marraine.

L: Rou, Min: Jean Basset
           Egbert Egbers
           Mary Egberts

Baptesme—Aujourd'hui Mecredi 19ᵉ de Novembre 1740. a eté baptisée dans cette Eglise par moy Soussigné Ministre de l'Eglise Françoise de la Nouvelle York, Denyse Marie Rou, née à la Nouvelle York le 6ᵉ de Novembre dernier, fille de Louis Rou, Ministre de la dite Eglise, et de Renée Marie Gougeon sa femme, étant presentée au Sᵗ Baptesme par Mʳ Paul François Cebe, Ancien, et Mademˡᵉ Marie Catherine Carré, Boudinot ses Parrain et Marraine.

L: Rou, Min: Paul Fˢ Cebe
    Marie Catherine Boudinot

Baptesme—Aujourd'huy Mecredy 11ᵉ de Mars 1741. après la Prierie, a eté baptisé dans cette Eglise par moy Soussigné Ministre, Charles Louchard, né à la Nouvelle York le 12ᵉ de Fevrier dernier, fils de Charles Louchard et d'Anne Tillou son Epouse, étant presenté au Sᵗ Baptesme par Mʳ Michel Berthon et Elizabeth Tillou sa femme, Parrain et Marraine.

L: Rou Pasteur. La marque ✕ de Ch. Louchard
       Michel Berthon
   La marque ✕ d'Elizabeth Berthon

Baptesme—Aujourd'hui Mecredy 18ᵉ de Mars 1741 après la Priere, a eté baptisée dans cette Eglise par moy Soussigné Ministre, Susanne Garnier, née à la Nouvelle York le 5ᵉ de Mars dernier, fils * d'Isaac Garnier et de

---

* "Fils," evidently for fille.

Marie Manswell sa femme, étant presentée au S.ᵗ Baptesme par le dit Isaac Garnier et Elizabeth Garnier, Parrain et Marraine.

L: Rou, Min: ISAAC GARNIE

Baptesme—A la Nouvelle York le 15ᵉ d'Avril 1741. Aujourd'huy Mecredy après la Priere a eté baptisée dans cette Eglise, par moy Soussigné Ministre, Anne Kiersted, née à la Nouville York le 11ᵉ d'Avril dernier, fille de Roeloff Kiersted et d'Anne Vezien sa femme, étant presentée au S.ᵗ Baptesme par Jean Vezien le Fils Parrain et par Anne Rezeau Vezien au nom de Sara Kiersted, Marraine.

L: Rou, Pasteur ROELOF KIERSTED
JOHN VERIEN Jun.ʳ
ANNE UEZIEN

Baptesme—Aujourd'huy Dimanche 19ᵉ d'Avril 1741. après le 2.ᵈ exercice, a eté baptisé dans cette Eglise par moy Soussigné Ministre, Pierre Moynot, né à la Nouvelle York le 30ᵉ de May dernier, fils de Pierre Moynot et de Mariane Angevin sa femme, étant presenté au S.ᵗ Baptesme par M.ʳ Paul François Cebe et Mad.ˡᵉ Mariane Cebe, ses Parrain et Marraine.

L: Rou, Pasteur. PIERRE MOYNOT
PAUL F.ˢ CEBE
MARIANE CEBE

Baptesme—Aujourd'huy Dimanche 14ᵉ de Juin 1741. après le 2.ᵈ Exercice a eté baptisé dans cette Eglise par moy Soussigné Ministre, Elizabeth Hutchinson, née à la Nouvelle York le 7ᵉ de Juin dernier, fille de Daniel Hutchinson et de Judith Eymar sa femme, étant presentée au S.ᵗ Baptesme par Jean Eymar, et Françoise Eymar, ses Parrain et Marraine.

L. Rou, Pasteur. DANIEL HUTCHISON
JEAN EMAR
La marque *f* de FRANÇOISE EYMAR

Baptesme—Aujourd'hui Dimanche 23ᵈ d'Aoust 1741. après le 2ᵈ Exercice a eté baptisée daus cette Eglise par moy Soussigné Ministre, Anne Tillou née à la Nouvelle York le 4ᵉ de ce mois, fille de Jean Tillou et de Marie Van Gelder sa femme étant presentée au Sᵗ Baptesme par le dit Jean Tillou et Avje Tillou soeur de l'enfant ses Parrain et Marraine.

    L: Rou, Pasteur.   JEAN TILLOU
                                  AFIA TILLOU

Baptesme—Aujourd'huy Mecredy 28ᵉ d'Avril 1842. a eté baptisé dans cette Eglise par moy Soussigné Ministre, Moyse Gombauld né à la Nouvelle York le 15ᵉ d'Avril dernier, fils de Moyse Gombauld et d'Anne Françoise Pintard son Epouse, étant presenté au Sᵗ Baptesme par Mᵣ Olivier De Lancey et Madˡᵉ Catherine Carré Pintard ses Parrain et Marraine.

    L: Rou, Min: MOISE GOMBAULD
                                OLIVER DE LANCEY
                                CATHIRNE PINTARD

Baptesme—Aujourd'huy Dimanche 16ᵉ de May 1742. après le 2ᵈ Sermon, a eté baptisée dans cette Eglise par moy Soussigné Ministre, Mariane Pelletreau, née à la Nouvelle York le 10ᵉ de May courant, fille de Mᵣ Paul Pelletreau, et de Madˡᵉ Susanne Heurretin son Epouse, étant presentée au Sᵗ Baptesme par Mᵣ Paul François Cebe, et Madˡᵉ Maraine Cebe sa femme, Parrain et Marraine.

    L: Rou, Pasteur.   PAUL PELLETREAU
                                PAUL FRANCOIS CEBE
                                MARIANE CEBE

Baptesme—Aujourd'hui Dimanche 11ᵉ de Juillet 1742. après le 2ᵈ Exercice, a eté baptisé dans cette Eglise par moy Soussigné Ministre, Matthieu Ridet, né à la Nouvelle York le 4ᵉ de Juillet dernier, fils de Matthieu

Ridet le Fils, et d'Elizabeth Woodfort, étant presenté au S.t Baptesme par M.r Matthieu Ridet le Pere et M.e Marie Tavaux, ses Parrain et Marraine.

L: Rou, Pasteur.   La marque ⊥ de M. RIDET Jun.r

                                               MATTHIEU RIDET

Baptesme—Aujourd'hui Mecredy 27.e d'Octobre 1742. après la Priere a eté baptisée dans cette Eglise, Marie Magdeleine Leddle, née à la Nouvelle York le 12.e de Septembre dernier, fille de Guillaume Leddle et de Louise David son Epouse, étant presentée au S.t Baptesme par Pierre Tillou et Marie Leddle ses Parrain et Marraine.

L: Rou, Pasteur.   PETER TELLOU
                                   MARY LEDDEL

Baptesme—A la Nouvelle York le 26.e Decembre 1742. Aujourd'hui Dimanche, après la Priere du soir, a eté baptisée dans cette Eglise par moy Soussigné Ministre, Jeanne Ravaux, née à la Nouvelle York le 19.e Decembre dernier, fille de Daniel Ravaux fils, et de Marie Raven sa femme, étant presentée au S.t Baptesme par Daniel Ravaux le Pere, et Jeanne Raven ses Parrain et Marraine.

L: Rou, Pasteur.   La marque + de DANIEL RAVAUX.
                                 JANNE REUEN
                                 DANIEL RAUAU

Baptesme—Aujourd'hui Dimanche 2.e de Janvier 1743. après la Priere du soir, a eté baptisée dans cette Eglise par moy Soussigné Ministre, Esther Bourdet, née a la Nouvelle York le. . . . Decembre dernier, fille de M.r Samuel Bourdet et de Judith Blagg son Epouse, étant presentée au S.t Baptesme par le dit Samuel Bourdet Parrain et Marie Soumain Marraine.

L : Rou, Min :   SAM.L BOURDET.

Baptesme—Aujourd'hui Mecredy 5ᵉ de Janvier 1743. après la Priere a eté baptisee dans cette Eglise par moy Soussigné Ministre, Susanne Vergereau nee á la Nouvelle York le 21ᵉ de Decembre dernier, fille de Mʳ Pierre Vergereau et de Mademˡᵉ Susanne Boudinot son Epouse, etant presentée au Sᵗ Baptesme par Mʳ Jean Pintard Parrain et Mademˡᵉ Marie Catherine Carré Boudinot Marraine.

L: Rou, Pasteur.   PETER VERGEREAU
                     JOHN PINTARD
                     MARIE CATHERINE BOUDINOT

Baptesme—Aujourd'hui Mecredy 19ᵉ Janvier 1743. après la Priere a esté baptisée dans cette Eglise, par moy Soussigné Ministre, Isaac Garnier né à la Nouvelle York le 12ᵉ de Janvier dernier, fils d'Isaac Garnier et de Marie Maxwell sa femme étant presenté au Sᵗ Baptesme par le dit Isaac Garnier et Jeanne Beau, Parrain et Marraine.

L: Rou, Pasteur.   ISAAC GARNIER
                     JEANNE BEAU

Baptesme—A la Nouvelle York le 9ᵉ de Mars 1743. Aujourd'huy Mecredy 9ᵉ du dit a eté baptise dans cette Eglise par moy Soussigné Ministre, Luc Kiersted, né à la Nouvelle York le 20ᵉ de Fevrier dernier, fils de Roelof Kiersted et d'Anne Vezien sa femme, étant presenté au Sᵗ Baptesme par Jean Vezien le Fils, au nom de Luc Kiersted Parrain, et Anne Vezien la Mere, au nom d'Anne Le Roux Marraine.

L: Rou, Min: ROELOF KIERSTED
                 JEAN VEZIEN Junʳ
                 ANNE UEZIEN

Baptesme—Aujourd'hui Dimanche 14ᵉ d'Aoust 1743. après le Second Sermon, a eté baptisé dans cette Eglise par moy Soussigné Ministre, Paul François Cebe, né à la Nouvelle York le 10ᵉ de ce mois, Fils de Monsʳ Paul

François Cebe et de Demoiselle Mariane Jarreau son Epouse, étant presenté au St Baptesme par Monsr Jean Cazalz, Parrain, et Mad.^{le} Marie Magdeleine Droilhet, Marraine.

L: Rou, Pasteur   PAUL FRANCOIS CEBE
JEAN CAZALZ
MARIE MAGDELEINE DROILHET

Baptesme—Aujourd'huy Mecredy 7.e de Mars 1744. après la Priere a eté baptisé dans cette Eglise par moy Soussigné Ministre, Jean Demel, né à la Nouvelle York le 22.e de Fevrier dern.^r fils d'Antoine Demelt et de Jeanne Raven sa femme, étant presenté au St Baptesme par Daniel Ravaux, et Jeanne Moreau ses Parrain et Marraine.

L: Rou, Ministre.   ANTON DMELT
La marque ⌐ de DANIEL RAVAUX
JANNE MORO

Baptesme—Aujourd'hui Jeudy 3.e de May 1744. après le Sermon a eté baptisé dans cette Eglise par moy Soussigné Ministre, Daniel Hutcheson, né à la Nouvelle York le 27.e d'Avril dernier, fils de Daniel Hutcheson et de Judith Eymar sa femme, étant presenté au St Baptesme par Daniel Ravaux, et Magdeleine Eymar Watkins ses Parrain et Marraine.

L: Rou, Pasteur.   DANIEL RAUAU
La marque ✕ de MAGDELEINE WATKINS.

Baptesme—Aujourd'hui Mecredy 20.e de Juin 1744. après la Priere ont eté baptisez dans cette Eglise par moy Soussigné Ministre, Guillaume et Paul Pelletreau, tous deux nez à la Nouvelle York le 12.e de Juin dernier, fils gemeaux de Mr Paul Pelletreau et de Mad.^{le} Susanne Heurretin, sa femme, étant presentez au St Baptesme par

M.ʳ Thauvet Besly et Mad.ˡᵉ Esther Vincent, Parrain et Marraine de Guillaume, et par M.ʳ Daniel Bontecou, et Mad.ˡᵉ Marquise le Boyteulx Parrain et Marraine de Paul.

L: Rou, Ministre.　　PAUL PELLETREAU
　　　　　　　　　　THAUVET BESLY
　　　　　　　　　　HESTER BESLY
　　　　　　　　　　DANIEL BONTECOU
　　　　　　　　　　MARQUIZE BONTECOU

Baptesme—Aujourd'hui Dimanche 11.ᵉ de Novembre 1744. après le 2.ᵈ Exercice a eté baptisé dans cette Eglise, par moi Soussigné Ministre, Daniel Ravaux né à la Nouvelle York le 29.ᵉ d'Octobre dernier, fils de Daniel Ravaux et de Marie Raven, étant presenté au S.ᵗ Baptesme par Daniel Hutcheson et Jeanne De milt ses Parrain et Marraine.

L: Rou, Pasteur.　　DANIEL RAUO
　　　　　　　　　　DANIEL HUTCHISON
　　La marque –|– de JEANNE DE MILT

Baptesme—Aujourd'hui Mecredi 13.ᵉ de Fevrier 1745. après la Priere a eté baptisée dans cette Eglise par moy Soussigné Ministre, Jeanne Cownhoove née à la Nouvelle York le 13.ᵉ de Janvier dernier, fille de Pierre Cownhoove et d'Elizabeth Raven sa femme, étant presentée au S.ᵗ Baptesme par le dit Peter Cownhoove et Jeanne Raven, Marraine

L: Rou, Pasteur.　　La marque –|– de P. COWNHOOVE
　　　　　　　　　　JANNE RAUEN

Baptesme—Aujourd'huy Vendredy Saint 12.ᵉ d'Avril 1745. après le Sermon de Preparation a eté baptisé dans cette Eglise par moy Soussigné Ministre, Abdias Langevin né à la Nouvelle York le 1.ʳ de Mars dernier, fils de Jean Langevin et d'Esther Parmer sa femme, étant presenté au S<u>t</u>. Baptesme par le dit Jean Langevin Parrain et Marie Ball Langevin Marraine.

L: Rou, Pasteur.   JEAN ANGEUIN
                                   MARI BALL

Baptesme—Le Dimanche 5<u>e</u> de May 1745. après le second Exercice a eté Baptisé dans cette Eglise par nôtre Ministre M<u>r</u>. L<u>s</u> Rou, Jaques Buvelot né à King Street le 25<u>e</u> de Janvier dernier, fils de J. Pierre Buvelot et de Rachel Sutton sa femme, étant presanté au S<u>t</u> Baptême par Jaque Buvelot Parrain et Margueritte Buvelot née Perdriau Marraine.

L: Rou, Pasteur.   JEAN PIERRE BUVELOT
                           JAQUES BUVELOT
                           MARGUERITE BUVELOT

Baptesme—Aujourd'hui Mecredy 23<u>e</u> d'Avril 1746. après la Priere, a eté Baptisé dans cette Eglise par moy Soussigné Ministre, Nicholas Carter né à la Nouvelle York le 11<u>e</u> d'Avril dern<u>r</u> fils de feu Nicholas Carter et de Catherine Allaire sa femme, étant presenté au S<u>t</u> Baptesme par Alexandre Allaire et Mariane Bricou, Carter, ses Parrain et Marraine.

L: Rou, Pasteur.   ALEXANDER ALLAIRE
                La marque –|– de MARIANE CARTER

Baptesme—Le Mercredy 25<u>e</u> de Juin 1746. après la Priere, a eté baptisé dans cette Eglise, par moy Soussigné Ministre, François Hutchinson, né à la Nouvelle York le 16<u>e</u> de Juin dernier, fils de Daniel Hutchinson et de Judith Eymar sa femme, étant presenté au S<u>t</u> Baptesme par Jean Sanders et par Judith Pearse, ses Parrain et Marraine.

L: Rou, Pasteur   DANIEL HUTCHISON
                La marque X de JEAN SAUNDERS
                    JUDA PIERS X her mark

Baptesme—Aujourd'huy 19ᵉ de Novembre 1746 Après la Priere a eté baptisez dans cette Eglise par moy sous-signé Ministre, Isaac Thomas, né le 9ᵉ Novembre a la Nᴸᵉ York fils de Mᵣ Mathieu Thomas et de Madᴸᵉ Jeanne Peltreau sa femme, étant presenté au Sᵗ Bapteme par Mᵣ Elie Peltreau et Mᵐᵉ Elizabet Peltreau Parrin et Marraine.

L: Rou, Ministre.   MATHIEU THOMAS
ELIAS PELLETREAU junᵣ
ELIZABETH PELLETREAU

Baptesme—Aujourd'huy Dimanche 30ᵉ de Novembre 1746 après le second Exercice, a été Baptisè dans cette Eglise, par Mᵣ L. Rou, nôtre Ministre, Marie Ravaux, née à la Nouvelle York le 22ᵉ de Novembre dernier, fille de Mᵣ Daniel Ravaux, et de Marie Raven sa femme, étant presenté au Sᵗ Baptesme par le dit Sᵣ Ravaux, et Suson Demilt, ses Parrain et Marraine.

L: Rou, Ministre.   DANIEL RAUO
La marque –|– de SUSON DEMILT

Baptesme—Aujourd'huy Dimanche 3ᵉ d'Aoùst 1747. après le second Exercice, à ètè Baptisè dans cette Eglise par Mᵣ L: Rou, nôtre Ministre, Anne Parquot, neé à la Nouvelle Rochelle le 22ᵉ d'Avril de la même annèe, fille de Mᵣ Jean Parquot et de Jeanne Ravaux sa femme, ètant presenté par Mᵣ Daniel Ravaux et Marie Revain, au Sᵗ Baptesme.

L: Rou, Pasteur.   DANIEL RAUO
La marque ✝ de MARIE RAVAU

Baptesme—Le Samedy 29ᵉ d'Aoust 1747. a esté baptisé en chambre par moy Soussigné Ministre, Robert Joncourt né à la Nouvelle York le 5 de Juillet dernier, fils de Mᵣ Pierre Joncourt et de Mademᴸᵉ Jeanne Couillette sa femme, etant presenté au Sᵗ Baptesme par Mᵣ Robert

Crommelin et Mad? Marie Verplank ses Parrain et Marraine.

L: Rou, Pasteur. P?? De Joncourt
ROB? Crommelin
Mary Verplanck

Baptesme—Le Vendredy 18? de Septembre 1747 a eté Baptisèe en Chambre par M? Louis Rou Ministre de cet Eglise Anne Beaudouin nèe à Bosswick en la Long Ile, le 28? d'Avril dernier, fille de Jeremie Beaudouin et de Madem?? Anne Devin sa femme ètant presenté au S? Baptesme par M? Pierre Vergerau et Madem?? Susanne Vergerau ses Parrain et Marraine.

L: Rou, Pasteur. Jeremie Beaudouin
Pir?? Vergereau
Susanne Vergereau

Baptesme—Aujourd'hui Mecredy 8? de Juin 1748. après la priere a eté baptisée dans cette Eglise par moy Soussigné Ministre, Henriette Kirstede, née à la Nouvelle York le 29? de May dernier, fille de M? Roelof Kirstede et d'Anne Vezien son Epouse, étant presentée au S? Baptesme par M? Jean Vezien au nom de Christofle Kirstede Parrain, et par Anne Vezien au nom de Catherine de Meyer, Marraine.

L: Rou, Pasteur. Roelof Kiersted
John Vezien
Anne Uezien

Baptesme—Aujourd'hui Mecredy 26? d'Octobre 1748. après la Priere, a eté baptisé dans cette Eglise par moy Soussigné Ministre, Louis Garnier, né à la Nouvelle York le 24? d'Octobre dernier, fils d'Isaac Garnier et de Marie Macswill sa femme, étant presenté au S? Baptesme par François Blanchard Parrain, et Elizabeth Blanchard, Marraine.

L: Rou, Pasteur. Isaac Garnier
François blanchard
La marque ✝ d'Elizabeth Blanchard

Baptesme—Aujourd'huy Mecredy 30ᵉ de Novembre 1748. après la priere, a eté Baptisé dans cette Eglise par M.ʳ Rou nôtre Ministre, Madelaine Ravo neé à la Nouvelle York le 16ᵉ de Novembre dernier, fille de M.ʳ Daniel Ravo et de Marie Raioin sa femme étant presenté au S.ᵗ Baptesme par M.ʳ Daniel Houchson et Judith houchson Parain et Marraine.

    L: Rou, Pasteur.   DANIEL RAUO
                          D. HUTCHISON
        La marque 𝒰 de JUDITH HOUTCHESON

Baptesme—Aujourd'hui Mecredy 25ᵉ Janvier 1749 après la Priere a eté baptisé dans cette Eglise par moy Soussigné Ministre Jaques Baudoin, né à la Nouvelle York le 15ᵉ du dit Janvier, fils de Jeremie Baudoin et d'Anne Dwane sa femme, étant presenté au S.ᵗ Baptesme par M.ʳ Daniel Mesnard et Mad.ˡᵉ Elizabeth Mesnard ses Parrain et Marraine.

    L: ROU, Ministre.   JEREMIE BEAUDOUIN
                          D. MESNARD

Baptesme—Aujourd'hui Mecredy 14ᵉ de Juin 1749. après la Priere, a eté baptisée dans cette Eglise par moy Soussigné Ministre, Phila Joncourt, née à la Nouvelle York le 26ᵉ de May dernier, fille de M.ʳ Pierre de Joncourt, et de Madem.ˡᵉ Jeanne Couillete son Epouse, étant presentée au S.ᵗ Baptesme par le dit Sieur de Joncourt, à la place de Monsieur Olivier De Lancey, Parrain, et par Mad.ᵉ Phila De Lancey, Marraine.

    L: ROU, Pasteur.   Pʀᴇ DE JONCOURT
                        PHILA DE LANCEY

Baptesme—Aujourd'hui Mecredy 13ᵉ de Decembre 1749. après la Priere, a eté baptisée dans cette Eglise par moy Soussigné Ministre, Elizabeth Ayrault, née à la Nouvelle York le 2ᵉ de ce mois fille de M.ʳ Bernard Ayrault, et de Mad.ᵉ Judith Mesnard son Epouse, étant presentée au St Baptesme par Mr Danl Mesnard, et Mad.^{le} Elizabeth Mesnard ses Parrain et Marraine.

L: Rou, Ministre.

Baptesme—Le Mecredy 15.e d'Aoust 1750. après la Priere, a eté baptisée dans ma maison, par moi Soussigné étant malade, Françoise Many, née à la Nouvelle York le 8.e de Juillet dernier, fille de François Many, et de Magdelaine Eymar sa femme, étant presentée au St Baptesme par Jean Eymar et Françoise Belon sa femme, Parrain et Marraine.

L. Rou, Ministre.   Francois Many
                              Jean Eymar
                          ┼ Francoise Belon

Baptesme—Le mesme jour et à la mesme heure et au mesme endroit a eté baptisée par moy Soussigné Ministre, Marie Hutcheson née à la Nouvelle York le 10.e de Juillet dernier, fille de Daniel Hutcheson et de Judith Eymar sa femme, étant presentée au St Baptesme par Jean Eymar le Fils, et sa soeur Marie Eymar Parrain et Marraine.

L: Rou Pasteur.   Daniel Hucheson
                            Jean Emar Junr
                    Marie Aimar ✕ Sa marque

Enterrem.^t —Le Samedi 17.e de May 1729. a eté enterré dans l'Eglise Francoise de la N. York au costé droit du parquet en entrant, Jean Elie Rou, agé de 4 ans et environ 4 m. mort le 15.e de May precedent

L: Rou, Ministre et Pere de l'Enfant.*

---

*. These five burials are recorded in the original at the end of the volume. As they could not be fully understood if they were inserted in their proper places, they are here recorded together after the last entry made by Mr. Rou.

Enterrem. —Le Jeudi 2ͤ de Septembre 1731. a eté enterré dans cette Eglise au Parquet a costé du precedent,
Gregoire Rou, agé de huit mois et quatre jours, mort le
mardi 31ͤ d'Aoust, de la petite verole.

L: Rou, Min.

Enterrem. —Le Jeudi 30ͤ de Septembre 1731. a eté enterré dans la dite Eglise au mesme endroit, et en mesme
ligne que le petit Jean, Thomas Rou, agé de huit ans, 7
mois et onze jours, mort le 29ͤ precedent aussi de la petite
verole.

L: Rou, Min.

Enterrem. —Le Mecredy 27ͤ de Juin 1739. a eté enterré dans la mesme Eglise de l'autre costé du Parquet
et vers les degrez de la chaire, Gregoire Rou, 11, du nom,
mort le 26ͤ du mesme mois, de la petite verole agé de 14
mois et onze jours.

L: Rou, Min

Enterrem. —Le Lundy Suivant 2ͤ de Juillet 1739. a
eté enterré encore dans la dite Eglise, au mesme endroit
vers la Table, et au dessus du petit Gregoire, Sus dit,
Pierre Rou, mort pareillement de la petite verole le jour
auparavant sur la fin, et vers l'heure de minuit etant agé
de cinq ans et six mois, moins, cinq jours.

L: Rou, Ministre.

Baptesme—A la Nouvelle York le 7ͤ D'octobre 1753.
Aujourdhuy Dimanche apres le Second Exercice a Esté
Baptisé dans cette Eglise par moy soussigné ministre
Piere Nicolas fils de Nicolas fracois et Glodine Vales sa
mere Est né le Troizieme du dit mois a la nouvelle York
et presanté au Sͭ Bapteme par Daniel Huguoniot et
Catherine Grogean Parrin et Marraine.
J: L: Mayor Ministre. Nicola francois — sa marque

Baptesme—A la Nouvelle York le 7me D'octobre 1753. Aujourdhuy Dimanche apres le Second Exercice a Esté Baptisé dans cette Eglise par moy Soussigné Ministre Charles Los fils de George Los et de Glodine Petrémon Né le premier D'octobre a la Nouvelle York présanté aux St Baptesme par Jean Roorback le jeune et Blanche Beau Parrin et Marraine.

J: L: MAYOR Ministre.   DANIEL HUGUONIOT

Baptesme—A la Nouvelle York le 22 Octob^{re} 1753. Aujourdhuy Dimanche Apres le Segon Exercice a Esté Baptisé par moy Soussigné Ministre Elie Pelletreau fils de Elie Pelletreau et de Rachel Ball né le 18e Octobre 1753 presenté au St Baptesme par Jean Hastier parrin et Marie Hastier en la place de Marquize Bontecou Marraine.

J: L: MAYOR Ministre.   JEAN HASTIER
                            MARQUIZE BONTECOU

Baptesme—A la Nouvelle York le 9me Decembre 1753. Aujourdhuy Dimanche apres le Segon Exercice a Esté Baptisé dans cette Eglise par moy Soussigné Ministre Vincent né à la Nouvelle York le 30 novemb^r dernier fils de francois Many et de Magdeleine Emar Presenté aux St Bapteme par francois Many et Marguerite Salter parrin et marenne.

J: L: MAYOR Ministre.

Baptesme—Auiourdhuy le 20me Janvier 1754 apres le Segons Excercice a Esté baptisé dans cette Eglise par moy Sousigné Ministre Pierre Renaud né le 19 du dit mois a la Nouuelle York fils de Pierre renaud et de Catherine Marguerite son Espouse Estans presenté aux St Batesme par Mr Elie Débrosses et Anne Mesnard ses parrin et Marraine.

J: L: MAYOR Ministre.

Baptesme—A la Nouvelle York le 17 feburier 1754. Aujourdhuy Dimanche apres le Segons Exercice a Esté Baptisé dans cette Eglise par moy Sousigné Ministre Guillaume Emar fils de Jean Emar et delizabeth Dobs pere et mere Né a la Nouvelle York le 3ᵐᵉ de feburier de la dite annee 1754 Estant presanté au Sᵗ baptéme par Pierre Lagar et Francoise Emar parain et Marraine.

J: L: Mayor Ministre.   pierr lagear

Francoise Emar X Sa marque

Mariage—En vertu dune Licence de mʳ James de Lancey Lieutenant gouverneur dans la province de la Nouvelle york et terres qui en dependent, datée le 6ᵉ 7ᵇʳᵉ 1754, et la 28ᵉ Année du Regne de notre legitime Souverain george 2ᵉ Roy de la grande Bretagne etc. jay Beni Ches Madᵉ Alaire, le 8ᵉ 7ᵇʳᵉ 1754, le Mariage de Louis Pavey officier dans la Compagnie du fort George de cette ville et Marie allaire les temoins etoient Marguerite Allaire, mere de l'Epousée, Jean Morin Seat, et Andrè. freno, ses Cousins germains, et demoiselle Marie Morin, grand mere de l'épousée. ce que je declare et enregistre pour Servir Come de Besoin Sera. a la Nouvelle York ce 7ᵉ Juillet, 1761.

Jean Carle Pasteur. *

Bapteme—Aujourdhuy onzieme 7ᵇʳᵉ 1754 a eté Baptisé dans cette Eglise par Moy Pasteur de cette Eglise Soubsigné, guilhaume Richard, fils de guilhaume

---

* On July 7th, 1761, Mr. Carle recorded separately, in this register, all the marriages, except one, which he had celebrated until then. This one exception is the marriage which took place on May 2nd, 1756, and which is found in its proper order. Of the other marriages, one, namely, that of Sept. 8th, 1754, had already been recorded in the book of minutes ; and three, namely, those of Feb. 3rd, 1755 (also recorded in the book of minutes), Feb. 3rd, 1756, and Sept. 6th, 1756, had been recorded in their proper places in the regular register. All these records are here found in their natural order, the first four having been partially completed by *data* furnished by the duplicate entries.

Richard, et de Marie Elisabet Rou ses pere et Mere, né
a la Nouvelle york le 28ᵉ Aoust 1754 a 5 heures du
Matin. il a eté presenté au Sᵗ Bateme par Jean henry
Rou, et Renée Elisabet Rous, oncle et tante du sus dit
Enfant, et cy bas Sousigné a la Nouuelle york ce 11ᵉ
7ᵇʳᵉ 1754.

JEAN CARLE Pasteur.   JEAN HENRY ROU
                            RENÉE ELIZBATH ROU

Bapteme—Aujourdhuy 15—7ᵇʳᵉ 1754 a eté Baptisé apres
lexercice du Soir Pierre abraham fils de Nicolas gendre,
et Marguerite gogué unis ensemble par le S. Lien du
Mariage. le Parain cest Jean george Laureillar et la
Maraine Anne Catherine Laureillar sa femme née Rossel.
a la Nouuelle york ce 15ᵉ 7ᵇʳᵉ 1754.

JEAN CARLE Pasteur   NICOLA JEANDHUR
        JEAN GEORGE LEAURILLIARD, Pour Mon fils

Bapteme—Aujourdhuy 6ᵉ 8ᵇʳᵉ 1754 a eté Baptisé apres
lexercice du soir Marie Magdelaine Nicolet fille Naturelle
et legitime* de pierre Nicolet, et Susanne Nicolet née
gindrat, il a eté tenu par Mʳ et Madᵉ Buvelot Parain et
Maraine a la Nouvele york ce 6ᵉ 8ᵇʳᵉ 1754.

JEAN CARLE Past.   PIERRE NICOLET

Bapteme—Aujourdhuy 20ᵉ 8ᵇʳᵉ 1754 a eté Baptisé apres
lexercice du soir henry Palme fils Naturel et legitime de
jean palme et d'Ester Chadeayne, il a eté presenté en
Bateme par son g̅r̅d Pere et sa Mere cy dessous Signe.
lenfant est né le 30ᵉ 7ᵇʳᵉ 1754 et a eté Baptisé par n̅s̅
Pasteur Sous signé a la Nouvelle york ce 20ᵉ 8ᵇʳᵉ 1754.

JEAN CARLE Pasteur.   HENRY CHADEAYNE
                          BLANCHE CHADEAYNE

---

* A child is said to be "naturel *et* légitime" when it is neither an
adopted nor an illegitimate child.

Bapteme—Nous Pasteur de l'Eglise francoise de la Nouvele york, auons batisé dans la Maison (mais sans Consequence P. lavenir) a flakenbousch le fils de Claude fournier et madelaine Carle, né de legitime Mariage, et nes ds la Religion Chretiene reformée, mais par la dureté du temps q. a affligé l'Eglise Reformée de france, depuis la revocaon de ledit de Nante, le Sr Claude fournier a eté eleué dans la Religion Romaine, n̄ luy auons demandé en presence de Monsieur Etiene desbrosse, ce q̄l pensoit de cette religion, il nous a repondu qu'il la Croyoit fausse et q̄l etoit ds la ferme resoluōn de labandoner, de se faire instruire ds la Religion Reformée, laquelle le pere de Claude fournier a eté trois an aux galeres, et Cela le plutot qu'il luy seroit possible, et dy viure jusqu'a la mort, ce q̄l a promis en presence de Mr Etiene desbrosses, et de tous les Membres du Consistoire de cette Eglise. et cōme les parains andre lucam, et jean chretien tomelson sont lutheriens, nous auon exigé deux en presence de Mr Etiene desbrosses et Claude fournier, qu'il fairoient eleuer lenfant de Claude fournier ds la Religion Chretiene reformée ce qu'il ont promis, Sur ces promesses nous auons batisé lenfant, qui a eté nommé Jean andré, et est né le 8e de ce present mois de 9bre a flakembousch. la mere du dit enfant est reformée et de famille reformée, a la Nouuelle york ce 17e 9bre 1754.

le pere ne sachant pas signé a fait cette marque
J EAN C ARLE Pasteur. La marque ✕ de C LAUDE F OURNIER

Bapteme—Suiuant le temoignage qui nous a eté remis par Mr Baudouin, il paroit que Mr J. L. Mayor cy deuant Ministre par interim de cette Eglise a Batisé le fils de Jeremie Baudouin, ds. la Maison du dit Baudouin, lenfant a eté nommé pierre, il a Eu P. parain Roosevelt et Anne Menar, tous deus de cette ville, il est né le 14e Auril 1754 et a eté Batisé le 19e May de la dite Année. cest ce qui paroit par le Certificat du Sr J. L. Mayor qui a eté remis au Consistoire. n̄s auon voulu enregistrer le dit

Bateme, mais sans que cela tire a Consequence P. lauenir
fait en Consistoire apres lexercice du soir ce 5ᵉ Janʳ
1755.

JEAN CARLE Pasteur.   JEREMIE BAUDOUIN
                       pere du dit Enfant
                       P. VALLADE ancien
                       JAQUES BUVELOT ancien
                       CHARLES JANDIN
                       JAQUE DESBROSSES

Bapteme—Aujourdhuy quinzieme jour du mois de
Janvier 1755. aprés La priere du soir á Eté Baptisé par
moy pasteur soussigné Daniel fils de Daniel Ravo et de
Marie Rivens Etant né le 6ᵉ du present mois, á Eté
presenté au Sᵗ Bapteme par Mʳ françois Blanchard pour
parain et par Elizabeth Gaillard, femme du dᵗ Sʳ Blanchard Maraine, fait en Consistoire le dit jour 15ᵉ Janvier
1755.

JEAN CARLE Pasteur.   DANIEL RAUAU
                       FRANCOIS BLANCHR
        Marque ordinaire–|–d'ELIZABETH GAILLARD

Mariage—Aujourd'huy 3ᵉ feuʳ 1755 a eté Marié par
moy Pasteur Soussigné d̄s une Maison particuliere a 8
heures ½ du soir, en vertu d'une licence de James de
Lancey, Esquier, Lieutenant gouverneur de la Nouvelle
york, datée du 3ᵉ feurier, 1755, Pierre Rougeon Charpentier de navire, de cette ville, venu de france depuis
quelques années, et Marie Aima fille de Jean Aima, et de
francoise Aima née belone, de la meme Ville les temoins
sont Signes cy bas. fait en Consistoire ce 5ᵉ feuʳ 1755.

JEAN CARLE Past.   PEIR ROUGON
                    DANIEL AMAR
                    GAIRED JAMAIN

Bapteme—Aujourdhuy ce 16ᵉ feuʳ 1755 a eté Batisé
apres lexercice du soir pierre, fils Naturel et legitime de
francois Conrad et Anne Marie née Meteta sa femme.
lenfant est né le 11ᵉ du courant mois a Environ Onze

heure et demi du soir. il a eté presenté au St Bateme par
Daniel heugonio, et Sussanne née gendrat Ve de Pierre
Nicolet. Sous Signé fait en Consistoire ce 16 feu^r 1755.
    JEAN CARLE Pasteur.   FRANÇOI CONRAD
                                DANIEL HUGUENIOT
                        VEVE NICOLET NEZ GINDRA

Bapteme—Aujourdhuy 26e fevrier 1755. apres Lexercice á Eté Batisé Pierre fils naturel et legitime de Laurand Leteillier et de Marie Clark sa femme, L'anfant
Etant né le 15e du Courant. Il á Ete presenté au saint
Bapteme par pierre Vallade Parain et par Marie Vallade
maraine, fait En Consistoire le d^t jour 26e fevrier 1755.
    JEAN CARLE. Pasteur.   LAURENT LE TELIER
                              P^{RE} VALLADE
                              MARIE VALLADE

Bapteme—Aujourdhuy 16e Mars 1755. aprés Lexercice
du soir á Eté Batisé par moy pasteur sousigné, Marie
fille de Jacques Erouard, et de Jeanne Jabouin sa femme,
Elle a etée presentée au St Bapteme par Pierre Vallade
parain et par Marie Elizabeth Collon Veuve Disleau
Maraine. fait en Consistoire Le dit Jour 16e Mars 1755.
Je dis que L'anfant Est né le 11e du present mois.

    Marque ordinaire **✗** de JACQUES EROUARD, pere
    JEAN CARLE Pasteur.   PIERRE VALLADE
                    MARIE COLLON UEUUE DISLEAU

Bapteme—Ce jourdhuy 13e avril 1755. aprés Lexercice
du soir á etée Baptisée par moy Pasteur soussigné Judith
fille Legitime de abel Henry marchand et de Marie Madelaine Peyterman sa femme, née le 6e du Courant. Elle á
etée presentée au St Bapteme par francois Conrard et
Marie Vogie Parain et maraine, fait a la Nouvelle York
le d^t Jour 13e avril 1755.
    JEAN CARLE Past.   ABEL HENRI MARCHAND
                            FRANCOI CONRAD
                    Marque –|– de MARIA VOGIE

Bapteme—Ce Jourdhuy 23ᵉ avril 1755. aprés le priere á Eté Baptisé par Moy Pasteur soussigné Daniel fils Legitime de francois Manny et de Madelaine aymar sa femme, né le 2ᵉ de ce mois, presenté au Sᵗ Bapteme par Jeremie Baudouin et Judith aymar, Parrain et Mairene, fait a la nouvelle york le dit jour 23 avril 1755.

JEAN CARLE Past. FRANCOIS MANŸ
JEREMIE BAUDOUIN
Cest ici la marque –|– de JUDITH AIMA

Bapteme—Ce Jourdhuy 11ᵉ May 1755. apres Léxércisse de Laprés midy á Eté Baptisé par moy Pasteur Soussigné, Jean George Jamar, fils legitime de Nicolas Jamar et de Catherine pocha Né le 28. mars dernier a la Nouuelle Rochele, et presenté au Sᵗ Bapteme par Jean George Laureillard, et Marie Vogie parain et Maraine, fait en Consistoire a la nouvelle york le 11ᵉ May 1755.

Marque ordinaire –|– de NICOLAS JAMAR pere de
JEAN CARLE Past. l'enfant.
JEAN GEORGE LEAURILLIARD
Marque ordinaire ⅄ de MARIE VOGIE maraine.

Bapteme—Le 23 Juillet 1755 a eté Batisé par moy Pasteur Soubsigné, Jeanne Charlote fille Naturelle........de Jean Silvestre de Nante et de Charlote Cluso native de quebec.......le dit Enfant est né le 19ᵉ Juillet courant de pere et de Mere Ne, Eleué, et actuellemᵗ dans l'Eglise Romaine dont il reconoit les Erreurs, et veut les abandoner ce qu'il nous a temoigne. le Parain a eté Mʳ Pierre Vallade Ancien de cette Eglise, et Madᵉ Jeanne de joncourt a eté la Maraine. le dit enfant a eté Batisé apres lexercice du soir a la Nouuelle york, fait en Consistoire le 27ᵉ Juillet 1755.

JEAN CARLE Pasteur. P. VALLADE
JEANNE DE JONCOURT

Moy Pasteur Soussigné déclare que le Sus dit Sylvestre* ma confessé n'etre ni le pere, ni le Mari, de l'enfant
et de la femme Mentiones dans larticle cy dessus. il a
reconu que la femme qui est nommée cy dessus Charlote
Cluso, etoit femme legitime du sieur Bernard demeurant
a Montreal, et que la fille qui a ete nommée, jeanne Charlote etoit fille Naturelle et legitime du sieur Bernard, ce
que jay Cru deuoir Couché dans le present registre, affin
qu'il puisse seruir a qui appartiendra. fait en Consistoire apres la priere du soir le 2ᵉ 8ᵇʳᵉ 1755

JEAN CARLE Pasteur.

La Sus dite confession a eté fait par la femme du sieur
Bernard a Moy Jeane de Joncourt en foy de quoy jay
signé a la Nouuelle york ce sus dit 2ᵉ 8ᵇʳᵉ 1755.

fait en notre presence,   JEANNE DE JONCOURT.
JAQUE DESBROSSES
CHARLES JANDIN
P. VALLADE ancien

Bapteme—Aujourdhuy 22ᵉ 8ᵇʳᵉ 1755 apres lexercice du
soir a eté Batisé par moy pasteur soussigné george fils
Naturel et legitime du Sieur Elie Pelletreau, et Rachel
Baal son Epouse. le dit enfant est né le 28ᵉ 7ᵇʳᵉ derʳ et
a eté presenté au Sᵗ Batesme par Louis Carré parain et
demoiselle Elisabet hatier la Maraine. fait en Consistoire ce 22ᵉ 8ᵇʳᵉ 1755.

JEAN CARLE Pasteur   ELIE PELLETREAU
P. VALLADE ancien   LOUIS CARRÉ
            ELIZᵀᴴ HASTIER

Bapteme—Aujourdhuy Vingt Sixieme du Mois de
Novembre 1755. apres Lexercice du soir, á etée Batisée
par moy Pasteur soussigné Suzanne fille de pierre Rou-

---

* Le nom que Sylvestre a pris ici de Sylvestre n'est pas le sien, il se nom-
moit en Canada Colet.

geon et de marie ayma Née de leur Legitime mariage
le 15ᵉ du present mois, Presentée au Sᵗ Bateme par le
Sᵣ Daniel Ravau Parain, et par la dame Veuve aymar
maraine, fait a la nouvelle York le 26ᵉ_9ᵇʳᵉ 1755.

JEAN CARLE Past.   PIERRE ROUGON
P. VALLADE ancien.   DANIEL RAUO
  Marque de la dame ✕ VEUVE AYMAR maraine.

Mariage—Le 3ᵉ feuᵣ 1756, a 7 heures du soir, dans la
Maison de la Vᵉ Aimar, jay beni le Mariage du Sᵣ
dennis Wortman Charpentier de Navire, dans la Ville de
la Nouvelle york, avec Jeanne Aimar fille Naturelle et
legitime de la Vᵉ Aimar, Conformement a la licence de
son Excellence Charles hardy gouverneur en Chef dans
la Nouvelle york, Expediée le 2ᵉ feuᵣ 1756, laquelle ma
eté remise fait a la Nouvelle york le sus dit jour 3ᵉ
feurier 1756. les temoins du Mariage ont eté Rougeon
et sa femme, Mani et sa femme, la Vᵉ aimar et le reste
de sa famille.

JEAN CARLE Pasteur.

Bapteme—Aujourdhuy apres la priere a eté batisé
dans l'Eglise, Daniel fils Naturel et legitime de Jean
Aima et Elisabet Aima nee dobs; le dit enfant est né le
7ᵉ Mars, et a eté presenté au Saint Bateme par gerard
jamain Parain et Judit hachesend Maraine. il a eté
Batisé par moy Pasteur Soubsigné. fait en Consistoire
le 17ᵉ Mars 1756.

JEAN CARLE Pasteur.   JEAN AYMAR
VALLADE ancien.   GARRET JAMAIN
  Ceci est la marque ✕ de la Maraine

Bapteme—Aujourdhuy apres lexercisse du soir a
êté batisé dans l'Eglise Joseph Fortin fils naturel et
Legitime de Joseph fortin et de Sarah fortin née menbrut le dit enfant est né le 18ᵉ de fevrier dernier, a eté

presenté au S<u>t</u> Bateme par francois Basset jeune Parain et Jeanne Buau Maraine, il a eté Batise par moy Pasteur Soussigné fait en Consistoire le 21<u>e</u> mars 1756.

JEAN CARLE Past.   JOSEPH FORTIN
FRANÇOES J. BASSETT
JANE BEAU

Bapteme—Aujourd'huy 28<u>e</u> avril aprés Lexercisce à êté Batisé Jean Baudoin fils Naturel et Legitime de Jeremie Baudoin et de anne Pomiers sa femme, Né le 19e du Courant, et presenté au S<u>t</u> Bateme par Pierre Vallade Parain et marie Vallade Maraine, fait en Consistoire le dit Jour 28<u>e</u> avril 1756.

JEAN CARLE Past.   JEREMIE BAUDOUIN
CHARLES JANDIN   PIERRE VALLADE
MARIE VALLADE

Mariage—Aujourdhuy Deuxieme Jour du mois de may, avant Le Chant du dernier psaume de Lexercisse de lapres midy a eté Marie Dans Cette Eglise par moy Pasteur Soussigné Daniel Jacot, masson de profession, Natif Dottobon et Bourgois de Locle et Valangin souveraineté de Neuchatel, fils Naturel et Legitime de David Jacot Tailleur de pierre et de Catherine Valiton ses pères et mere Bourgois de Locle et Valangin Souverainete de Neuchatel dune part,
Et Marie Vogie, Native de Montbeliard fille Naturelle et Legitime de David Vogie et Catherine Martin ses peres et meres, habitant du d<u>t</u> Montbeliard D'autre part.—
Sellon La Dicipline de nos Eglises Les annonces de ce Mariage ont etées publiees dans Cette Eglise, La premiere le 19<u>e</u> avril Lundy de pasque, La seconde le 25<u>e</u> du d<u>t</u> et La troizieme Le Deuxieme may a lexercisse du Dimanche au matin, sans aucune oppozition, En Consequ'ance le d<u>t</u> mariage a ete Beny, fait en Consistoire En presence des temoins Soussignes, le d<u>t</u> Jour 2<u>e</u> May 1756. Je dis le Con-

sistoire de Leglise françoise reformée de la nouvelle york.

JEAN CARLE Pasteur	DANIEL JACOT
NICOLA JEANDHUR	marque ord.^{re} X de MARIE VOGIE
FRANCOI CONRAD	DANIEL HUGUONIOT
	JAQUE DESBROSSES
	CHARLES JANDIN

Bateme—Aujourdhuy Cinquieme jour du mois de may 1756. aprés La priere du soir á etée Batisée par moy pasteur Soussigné Marie Durand fille naturelle et Legitime de pierre frederick Durand et de anne Clemence sa femme, Lanfant est ne Le 8.e de novembre 1755. fait En Consistoire a la nouvelle york le d.^t jour 5.e may 1756. Parain Daniel Jacob et marie Vogie sa femme.

JEAN CARLE Past. P. F. DURAND
DANIEL JACOT
Marque X de MARIE JACOB

Bapteme—Aujourd'huy Douxieme Jour du Mois de May 1756. après la priere, á Eté Batisée par moy Pasteur soussigné Jeanne Charlotte Galaudet, fille Naturelle et Legitime de Elisée Galaudet et de Jeanne Dubois sa femme ; l'Enfant Est Né Lé 6.e Jour du mois D'avril dernier et presenté au St Bapteme par Jean Romain Parain et Charlotte favierre Maraine, fait En Consistoire le dit Jour 12.e May 1756.

JEAN CARLE Pasteur ELISHA GALLAUDET
JOHN ROMINE
CHARLOTTE FAVIERES

Bateme—Aujourdhuy Vingt Sept Juin 1756. aprés Lexercisse du soir á eté Batisée par moy Pasteur soussigné hester flandreau, fille naturelle et Legitime de Benjamin flandreau et de Hester Badeau sa femme, Née le

18ᵉ de Ce mois, et presentée au Sᵗ Bateme par Jean Badeau Parain et Jeanne Beau Maraine, fait En Consistoire Le dit Jour 27ᵉ Juin 1756.

JEAN CARLE P.   Marque ordinaire *Bf* du pere de lanfant
   VALLADE ancien.   JEAN BADEAU
                                            JANE BEAU

Bateme—Aujourdhuy Mecredy 4ᵉ Aoust 1756. aprés Lexercsse á etée Baptisé par moy pasteur Soussigné Jean fils Naturel et Legitime de Mʳ Jean Debevernier, et de françoize Hits sa femme, Né le 30ᵉ Juillet dernier, presenté au Sᵗ Bapteme par le Sʳ Jean Louis Maillet et Dˡˡᵉ Margueritte Blanchard, parain et Maraine, fait En Consistoire le dᵗ Jour 4ᵉ aoust 1756.

JEAN CARLE Past.   J. DE BEUVREGNY
Marque X de Mˡˡᴱ BLANCHARD   JAEN LOUIS MAILLET

Bateme—Aujourdhuy Mecredy 11ᵉ Daoust 1756. après la priere á été Batisé par moy Pasteur soussigné, andré, fils naturel et Legitime de Jean George Los et de Claudinne sa femme, Lanfant est né le 21ᵉ Juillet dernier et presenté au Sᵗ Bateme par sieur andré Macinher et Madᵉ Madelaine trumeau Parain et Maraine. fait En Consistoire le dᵗ Jour 11ᵉ aoust 1756.

   JEAN CARLE Pasteur.   VALLADE ancien.
   ANDRE MACINHER
   MAGDELAINE TRUMAU

Mariage—Cejourdhuy Sixieme Jour de Septembre 1756. ont eté Marié par moy pasteur soussigné, En vertu d'une Licence de son Exellance, Mʳ Charles hardy gouverneur de la Nouvelle York, En datte de ce jour, le sieur Guillaume albrespy et Demˡˡᵉ Johannah Bourdett,* tous deux de la ville de la Nouvelle York. le mariage a

---

* In the duplicate this name is Anna Bourdet.

ete Beny dans ma chambre le d.t Jour Cy dessus Environ Les huit heures et demy du soir, En presence des Temoins soussignes. fait En Consistoire le 12.e 7.bre 1756.

JEAN CARLE P.	G. ALBRESPY
VALLADE an.n Et Temoin	JOHANNAH BOURDETT
CHARLES JANDIN	MARIE DISLEAU
JAQUE DESBROSSE	MARIE VALLADE*

Bateme†—Le lundy 2.e fevrier de l'année 1729.e Madame Elizabeth Le Boiteux Epouze de M.r Jean Hastier Est heureuzement acouchée a 11 heures du matin, d'une fille, qui fut Batizée le Dimanche suivant 9.e du d.t mois de fevrier par M.r Louis Rou pasteur de la ditte Eglize, et Cella dans sa Propre maison par Cause de maladie; Nommée Catherinne et presentée au S.t Bateme par M.r françois Basset parain et Mad.e Catherinne Pintard maraine; le present ayant Ete obmis en son lieu et place, M.r Jean Hastier, ayant Requis lenregistrement, nous luy avons accordé pour servir et valoir. fait en presence des anciens qui ont signe, á la nouvelle York le 5. Janvier 1757.

JEAN CARLE Pasteur.	JEAN HASTIER
JAQUES BUVELOT Diacre.	VALLADE anc.n
JAQUES DESBROSSES	

Batême—Aujourd'huy 9.e fevrier 1757 apres l'Exercice du Mecredy a etée Batisée par moy pasteur soussigné Marie Magdelaine Née le 1.er de ce mois a onze heures du Matin, fille naturelle et Legitime de Pierre Lajar, et de Magdelaine Lajar sa femme (née Garson) presentée au S.t Bateme par M.r pierre Vallade parain et Mad.e Marie Elizabeth Vallade son Epouze maraine, fait en Consistoire le d.t Jour 9.e fev.r 1757.

JEAN CARLE Pasteur.	PIARRE LAGEAR
MARIE VALLADE	VALLADE
	JAQUE DESBROSSES anc.

---

* Delivré copie de lextrait cy-dessus avec certificat et cashet de l'Eglise, le 20. 8.bre 1757.

† Obmis en son rang, etant de 1729.

Bateme—Aujourdhuy troisieme du mois davril 1757. aprés la prierre du soir á etée Batizée par Moy pasteur Soussigné Marie Catherine Jeander fille naturelle et Legitime de Nicolas Jeander et de Margueritte Goguenne sa femme, Lanfant Est né Ce jour Environ les Cinq heures du matin, presenté au St Bateme par Le Sr Jean George Laureillard parain et Marie Catherine Rossel sa femme. fait En Consistoire le d^t Jour 3e avril 1757.

JEAN CARLE Past.
NICOLA JEANDHUR
JAQUE DESBROSSES   JEAN GEORGE LEAURILLIARD
JAQUES BUVELOT   MARIE CATHERINE ROSSEL

Bateme—Nouvelle York le 8e avril 1757. Aujourdhuy aprés Lexercisse du soir a etée Batisée Elizabeth Erouard fille naturelle et Legitime de Jacque Erouard et de Jeanne Jabouin sa femme, Lanfant est Née le 27e Janvier dernier presentée au St Bateme par le Sr Jean Jabouin et Elizabeth sa femme parain et Maraine, par moy pasteur soussigné, fait en Consistoire le d^t Jour 8e avril 1757.

JEAN CARLE P.
Marque ordinaire ✕ de JEAN JABOIN
ELIZABATH JABWAIN
JAQUES BUVELOT   VALLADE an.

Batemé—Aujourdhuy 8e Avril 1757. apres Lexercisse du soir á eté Batisé par moy pasteur soussigné Pierre Dubois fils naturel et Legitime de Louis Dubois et de Elizabeth Dubois sa femme (née Soulice) presenté au St Bateme par Mr Louis Pintard et Demoiselle Margueritte Dunstard parain et maraine. L'anfant est né le 21e mars dernier. fait en Consistoire le d^t Jour 8e avril 1757.

JEAN CARLE Past.   LOUIS PINTARD
JAQUES BUVELOT   MARGARITTE DUNSTAR
VALLADE an.

Bateme—Aujourdhuy 27ᵉ Avril 1757. apres la priere á etée Batisée par moy Pasteur Soussigné, marie Rougeon, fille naturelle et Legitime de pierre Rougeon et de Marie aymar sa femme, Lanfant Est née le 15 du present mois, presentée au Sᵗ Bapteme par Jean aymar parrain, et Judy acheson maraine, fait en Consistoire a la Nouvelle York le dᵗ Jour 27 avril 1757.

JEAN CARLE Past.   PEIRRE ROUGONT
JEAN AYMAR
Marque ordinaire ✕ de JUDHY ACHESON

Mariage.—En vertu dune Licence de Charles hardy gouverneur de la Nouv. York datée le 26ᵉ avril 1757 etant la 30ᵉ année du Regne de George 2ᵉ Jay Benis ches mʳ Bontecou, en presence de mʳ et Madᵉ Bontecou et des familles Basset et hatier, jay dis je Beni le 28 avril 1757 a 8 heures du soir le Mariage de Jean Basset et Marie hatier.

JEAN CARLE Past.

Bateme—Aujourdhuy 15 Juin 1757. après lexercisse du soir à eté Batisée par moy pasteur soussigné Elizabeth Marie fille Legitime de Mʳ Elie Peletrau et Rachel Baal son Epouze, presentée au Sᵗ Bateme par Mʳ Louis Pintard et demoizelle Marie Desbrosse parain et maraine. Lanfant Est née le 21ᵉ may dernier fait en Consistoire le dᵗ Jour 15. Juin 1757.

JEAN CARLE Pasteur.   ELIAS PELLETREAU
CHARLES JANDIN   LOUIS PINTARD
MARY ANNE DESBROSSES
VALLADE

Bateme—A la Nouvelle York le 1ᵉ Juillet 1757, Aprés Lexercice du soir Jour de preparation a la Sᵗᵉ Cene, a êté Batisé par moy pasteur soussigné Paul Gallaudet fils naturel et Legitime de Elizée Gallaudet et Jeanne Dubois sa femme, Ne le 23ᵉ Juin dernier, presenté au

St Bateme par M^r othon parisien parin. et demoiselle marguerite Dunstard Maraine. fait en Consistoire le d^t Jour premier Juillet 1757.

JEAN CARLE Pasteur　　　　ELISHA GALLAUDET

OTTO PARISIEN

MARGARET DUNSTAR

Bateme—Aujourdhuy 11e 7bre 1757 a eté baptisé apres le Sermon du soir par moy Pasteur Soubsigné Jean Ravau fils Naturel et legitime de Daniel Ravau et de Marie riven sa femme, le dit Jean Ravau est né le 9e 7bre 1757 et a eté presenté au St Bateme par Jean Aima Parain, et Jeanne Parcot Maraine. fait en Consistoire ce 11e 7bre 1757.

JEAN CARLE Pasteur　　　　DANIEL RAUO

CHARLES JANDIN　　　　JEAN YMAR

JAQUE DESBROSSES　　　　JEANNE PARCOT

DANIEL BONNT

Bateme—Aujourdhuy neuf octobre 1757. á eté Batisé par M^r pierre Testard Ministre françois, En l'absence du ministre soussigné, Jean Many fils naturel et legitime de S^r françois many et Madelaine aymar sa femme, Lenfant Batisé dans la maison du S^r many pour Cause de maladie, sans tirer a Consequ'ance pour Lavenir, presenté au St Bateme par Jean aymar parain et Louise aymar Jamain maraine, Lenfant est né le 7 du Courant. fait en Consistoire le 30e 8bre 1757.

JEAN CARLE Past.　　　　FRANCOIS MANY

VALLADE an.　　　　JEAN AYMAR

JAQUES BUVELOT Diacre.　　　　LUCE JAMAIN

Bateme—Aujourdhuy 20e Jour du mois de Novembre 1757. aprés la priere du soir à etée Baptisée par moy pasteur soussigné Judith Albrespy fille naturelle et Legitime de Mr Guillaume albrespy et de m^{lle} anne albrespy, née Bourdet son Epouze presentée au St Bateme par Pierre Vallade parain et Judy Bourdet Ma-

raine, l'enfant est né le 5ᵉ du Courant. fait en Consistoire
a la nouvelle York le dᵗ Jour 20ᵉ 9ᵇʳᵉ 1757.

JEAN CARLE Past. G. ALBRESPY
VALLADE
JUDITH BOURDET

Mariage—En vertu d'une Licence de James de Lancey
Lieutenant gouverneur dans la province de la Nouvelle
york, datée le 29—9ᵇʳᵉ 1757 etant la 31ᵉ année du Regne
de george 2. Jay Beni dans ma Chambre, en presence de
la famille de mʳ Valade, Colonel et Capitaine Prevost,
le 1ᵉ xᵇʳᵉ 1757 a 7 heures du soir, le Mariage de Pierre
Penier et Marguerite Dunstar.

JEAN CARLE Past.

Bateme—Aujourdhuy Premier Jour du mois de Mars
1758. apres la priere du soir, a eté Batisée par moy
pasteur Soussigné Madelaine Lajar fille Naturelle et
Legitime de pierre Lajar et Madelaine Garsin sa femme,
l'anfant Est Né le 21ᵉ fevrier dernier, presenté au Sᵗ
Bateme par Jean pierre Chapelle parain et Judith acheson
Maraine. fait en Consistoire a la nouvelle York le dᵗ
Jour 1ᵉ Mars 1758.

JEAN CARLE Pasteur. PIERRE LAGEAR
VALLADE anc. JEAN PIERRE CHAPPELLE
JAQUE DESBROSSES Marque ordʳᵉ ✕ de MADELᴺᴱ ACHESON
CHARLES JANDIN

Bateme—A la Nouvelle York le 24 mars 1758. Aujourdhuy après Léxercisse du soir á êteé Batisée par moy
pasteur soussigné Lucresse, fille naturelle de Jean pierre
Chappelle et de Catherine Don sa femme, presenté au
Sᵗ Bateme par pierre Lajar parrain, et madelaine Garsin
sa femme Maraine, l'anfant est né le 21ᵉ du mois de
fevrier dernier, fait en Consistoire a la nouvelle York le
dᵗ Jour 24 Mars de 1758.

JEAN CARLE Pasteur. JEAN PIERRE CHAPPELLE
CHARLES JANDIN PIERRE LAGEAR
VALLADE an. MADELEN GARCIN

Bateme—Aujourdhuy 18ᵉ Juin 1758. apres Lexercisse du soir á eté Batisé par moy Pasteur soussigné Mathieu fils naturel et legitime de Jacques Balme et de Suzanne Balme sa femme, parain Mathieu morel, maraine Jeanne Marie Morel, lenfant est né le 15. du mois de may dernier, fait en Consistoire le dᵗ Jour 18ᵉ Juin 1758.

JEAN CARLE Pasteur.　　　MATHIEU MOREL
　　　　　　　　　　　　JANNE MARIE MORELLE
　　　　　　　　　　　　VALLADE ancien
　　　　　　　　　　　　JAQUE DESBROSSES

Bateme—Aujourdhuy 12ᵉ Juillet 1758. apres lexercisse du soir á étée Batisée par moy pasteur soussigné Catherine Durand fille Naturelle et Legitime de pierre Durand et de Clemence Durand sa femme, l'anfant est née le 30ᵉ Juin dernier, presentée au Sᵗ Bateme par Mʳ pierre Vallade Parain, et Catherine Hastier Maraine. fait en Consistoire a la Nouvelle York le dᵗ Jour 12ᵉ Juillet 1758.

JEAN CARLE Pasteur.　　　P. DURAND
CHARLES JANDIN　　　　　VALLADE
　　　　　　　　　　　　CATHEᴺᴱ HASTIER

Bateme—Aujourdhuy 9ᵉ aoust 1758. apres lexercisse et priere a Etée Batisée par moy Pasteur soussigné Charlotte Rougeon fille Naturelle et Legitime de pierre Rougeon et de Marie aymar sa femme, l'anfant Est né le 3ᵉ du Courant, presentée au Sᵗ Bateme par pierre Lajar parain et Elizabeth Dobbs Maraine, fait en Consistoire le dᵗ Jour 9ᵉ aoust 1758.

JEAN CARLE Pasteur.　　　　PEIRRE ROUGON
VALLADE　　　　　　　　　　PIERRE LAGEAR
CHARLES JANDIN　Marque ordʳᵉ ✗ de ELIZABETH DOBBS
JAQUE DESBROSSES　femme de 　　　JEAN AYMAR

Bateme—A la Nouvelle York le 15ᵉ aoust 1758. Aujour-d'huy après la prierre du Mecredy au soir á etée Batisée par moy pasteur soussigné Mary Elizabeth Richard, fille naturelle et Legitime de Guillaume Richard et Marie Rou son Epouze, presentée au Sᵗ Bateme par Jⁿ Richard parain, et Madˡᵉ Denise Rou Maraine ; Lanfant est né le 30ᵉ Juillet dernier, fait en Consistoire a la nouvelle York le dit Jour 15ᵉ aoust 1758.

JEAN CARLE Past.	WILLᴹ RICHARD
JAQUES BUVELOT	JOHN RICHARD
VALLADE anc.	DENYSE MARY ROU

Bateme—Aujourdhuy Dimanche 20ᵉ aoust 1758. aprés lexercisse du soir á etée Batisée par moy Pasteur sous-signé Marie Demilt, fille naturelle et Legitime de Jean Demilt, et Suzanne Raven sa femme, La ditte fille Est née le 27ᵉ du mois de Decembre dernier, presantée au Sᵗ Bateme par Daniel Ravau parain, et Marie Raven sa femme Maraine, fait en Consistoire le dᵗ Jour 20ᵉ aoust 1758.

JEAN CARLE Past.   DANIEL RAUO
JAQUES BUVELOT   Marque ordinaire X de MARIE RAVEN
VALLADE anc.   maraine

Bateme—Aujourdhuy 20ᵉ aoust 1758. apres lexercisse du soir, à eté Batisé par moy pasteur soussigné Pierre Demilt fils naturel et Legitime d'antoine Demilt, et de Jeanne Raven sa femme, né le 24ᵉ de Juillet der-nier presenté au Sᵗ Bateme par mʳ Daniel Ravau et anne Ravau sa fille parain et maraine, fait en Consistoire le dᵗ Jour Cydessus.

JEAN CARLE Past.
            Marque ordinaire –|– du Sʳ DANIEL RAVAU
JAQUES BUVELOT   parain
VALLADE anc.   Marque ordinaire X de la maraine

Bateme—New York 29ᵉ 7ᵇʳᵉ 1758. Aujourdhuy Vendredy aprés le Sermon de preparation a la Sᵗᵉ Cene, a Etée Batisée par Moy pasteur soussigné Judith Galaudet fille Naturelle et Legitime de Mʳ Elizée Galaudet et de Jeanne Dubois sa femme, presentée au Sᵗ Bateme par Mʳ otho parisien parain et Marie Wilmit maraine, Lanfant est née le 26ᵉ du Courant. fait en Consistoire le dᵗ Jour 29ᵉ 7ᵇʳᵉ 1758.

ELISHA GALLAUDET

JEAN CARLE Pasteur. O. PARISIEN

VALLADE ancien. Marque ordʳᵉ ✕ de MARIE WILMET

JAQUES BUVELOT

Bateme—Aujourd'huy 22ᵗʰ 8ᵇʳᵉ 1758. apres le Sermon Et Exercisse du soir, a etée Batisée par moy pasteur soussigné Elizabeth Gro Jean, fille Naturelle et Legitime d'andre Gro Jean, et Marie sa femme, presantée au Sᵗ Bateme par philip Will parain et demoizelle Marthe Jandin, Maraine, Lanfant Est Né le 12ᵗʰ du courant. fait en Consistoire le dᵗ Jour 22ᵉ 8ᵇʳᵉ 1758.

JEAN CARLE Pasteur. Marque *A J* du pere de Lanfant ayᵗ

VALLADE an. mal a un doit de la main

CHARLES JANDIN PHILLIP WILS

JAQUE DESBROSSES MARTHA JANDIN

Mariage—En vertu dune Licence de James de Lancey Lieut. gouverneur, datée le 12ᵉ Avril 1759. etant la 32ᵉ année du Regne de George 2. Jay beni dans ma Chambre, en presence de quelques membres de la famille Bourdet, le 14 Avril 1759 a 8 heures ½ du soir, le Mariage de Samuel Bourdet et Sara van Voorst.

JEAN CARLE Past.

Bateme—New York 2ᵉ May 1759. Aujourd'huy Mecredy après lexercisse et priere du soir, á etée Batisée Catherine morelle fille Naturelle et Legitime de matieu morelle, et de Jeanne marie, née ozias, sa femme presentée au St Bateme par Jean Henry tiers parain et Catherine tiers sa femme maraine, Lenfant Est né le 19.e avril dernier, fait en Consistoire le d.^t Jour 2.e may 1759.

JEAN CARLE Past.
VALLADE an
JAQUES BUVELOT

MATHIEU MOREL
JEAN HENRI TIER

Bateme—Aujourdhuy Neufieme May 1759. apres la priere de Laprés midy á Eté Baptisé par moy Pasteur Soussigné Samuel Peletrau fils naturel et Legitime de Mr Elie Peletrau et Dem.^{le} Rachel Baal son Epouze, presenté au St Bateme par Mr Jean Lamb, Parain, et Mad.^e Charlotte faviere maraine, l'Enfant Est né le 18.e du Mois Davril dernier, fait en Consistoire le d.^t Jour 9.e May 1759.

JEAN CARLE Past.

ELIAS PELLETREAU
JOHN LAMB
CHARLOTTE FAVIERES.

Bateme—Le d.^t Jour A Eté Batisé par moy Pasteur soussigné François Many fils naturel et Legitime de françois Many et de Magdelaine aymar sa femme, presenté au St Bateme par Pierre Lajar Parain et Madelaine Garsain sa femme maraine ; Ne le 19.e avril d.^{er} fait en Consistoire le d.^t Jour 9.e May 1759. le pere Etant absant na point signé.

JEAN CARLE Pasteur.
JAQUE DESBROSSES
VALLADE ancien.

PIERRE LEGEAR
MADELEN GARCINE

Enterrement—A la Nouvelle York le 11.e May 1759. Aujourdhuy a eté Enterré dans le Cimetiere de cette Eglize Mr Pierre La Carier habitant du quartier du Borgne Isle de Saint Domingue agé de 23 ou 24 ans, Embarque sur le navire Lafriquain Cap.^{ne} Bouché de Nantes, pris et conduit En Cette ville par le Corsaire Le

Hardy Beggar Cap^{ne} Troup, decedé hier 10e Courant Chez le Sr Jacob Van Wagen, fait en Consistoire le dit Jour 11e May 1759.*

JEAN CARLE Past.   VALLADE ancien.

                               JAQUES BUVELOT†

Bateme—New York premier Juillet 1759. Aujourd'huy apres Lexercisse du soir á etée Batisée par Mr Jean Pierre Testard Ministre, Marie aymar fille Naturelle et Legitime de Jean aymar et de Elizabeth aymar sa femme, presentée au St Bateme par Denis Wortman parain et Dorcas Dobs Maraine, La fille née le 11e du mois de Juin dernier, fait en Consistoire le d^t Jour 1e Juillet 1759.

JEAN CARLE Pasteur.   J. P. TÊTARD
VALLADE   JEAN AYMAR
CHARLES JANDIN   DENIS WORTMAN
JAQUE DESBROSSES   Marque × de DORCAS DOBS

Mariage—En vertu d'une Licence de James de Lancey Lieutenant gouverneur dans la province de la Nouv. York, datée le 4e Jour d'Aoust 1759 etant la 33e annee du Regne de george 2e Jay beni, dans la Maison de m^r Blanchard, en presence de la famille, le 4e aoust 1759 a 8 heures ½ du soir, le Mariage de francois dominique et Marguerite Blanchard.

JEAN CARLE Pasteur.

Bateme—Aujourdhuy 15e aoust 1759. apres lexercisse du Mecredy, a Etée Baptisée par moy Pasteur soussigné Charlotte Duclou, fille Naturelle et Legitime de Jean Duclou et de frederick Silvie Vinnet sa femme, presentée au St Bapteme par Mr Jacob Van Waganen Parain et Mad^e Charlotte favierre maraine, Lenfant Est Né le

---

* Delivré un Extrait a Mr Rieux le 29e 7bre 1761.

† This and the following five burials are found in the original at the end of the volume; they are placed here in their proper order.

11ᵉ du Courant. fait en Consistoire a la nouvelle York le dᵗ Jour 15ᵉ aoust 1759.

JEAN CARLE Past.   DECLOUS
VALLADE an.   JACOB VAN WAGENER
CHARLES JANDIN   CHARLOTTE FAVIERES
JAQUE DESBROSSES   BOULINEAU

Mariage—En vertu dune Licence de James de Lancey Lieut. gouverneur, datée le 25_ 7ᵇʳᵉ 1759. etant la 32 année du Regne de George 2ᵉ Jay beni dans la Maison de Madᵉ Roux, en presence de la famille Rou a 7 heures et ¼ du 27_ 7ᵇʳᵉ 1759. le Mariage de Jean harrison et Denise Marie Rou.

JEAN CARLE Past.

Bateme—Aujourdhuy Cinquieme octobre apres le Sermon de preparation a la Stᵉ Cene, Jour de Vendredy a Eté Baptisé par moy Pasteur Soussigné frederick Marchand fils naturel et Legitime d'abel Marchand et de Marie Madelaine Marchand sa femme, presenté au Sᵗ Bapteme par le dᵗ Marchand Pere et Parain, et par madame frederica Ozy Maraine, l'Enfant Est né le 25ᵉ jour du mois de 7ᵇʳᵉ dernier. fait en Consistoire le dᵗ Jour 5ᵉ 8ᵇʳᵉ 1759.

JEAN CARLE Past.   ABEL HENRY MARCHAND
VALLADE   FREDIKA ONY
                           CHARLES JANDIN

Bateme—Aujourdhuy Cinquieme octobre Jour de Vendredy aprés le Sermon de preparation a la Stᵉ Cene a Eté Baptizé par moy Pasteur Soussigné Jean Pierre fils naturel de margueritte Sandoz* presente au Sᵗ Bapteme

---

* Mariée avec Pino. le dit enfant est Naturel selon l'Evangile parce que la dite Marguerite Sando et son frere, m'ont declaré que la dite Marguerite Sando avoit un Mari vivant en Europe, mais le Sus dit enfant est legitime selon les lois de ce Pais, parcequ'il n'ont eu aucune Nouvelle du Mari de Marguerite Sando, depuis plus d'année que la loy de ce Pais ne demande pour permettre le Mariage a ds gens ds ce Cas ce que je déclare P. servir come de Besoin sera. fait a la Nouvelle York le jour et an cy dessus.

JEAN CARLE Pasteur.

par Jean Pierre Vauty et Elizabeth Sandoz parain et maraine, L'anfant Est né le 25ᵉ du mois de 7ᵇʳᵉ dernier. fait en Consistoire le dᵗ Jour 5ᵉ 8ᵇʳᵉ 1759.

JEAN CARLE Past. Marque *ip V* de PIERRE VAUTY Parain
    VALLADE an. ELIZABHET SANDOT
    CHARLES JANDIN

Bateme—Aujourdhuy 24ᵉ octobre 1759. aprés la priere du Mecredy a Eté Baptisé par moy pasteur soussigné Pierre fils Naturel et Legitime de Leonard Sandoz et de Marie Sandoz sa femme, presenté au Sᵗ Bateme par Pierre Quidor Parain, et Elizabeth Vautie Maraine L'enfant né le 22ᵉ du present mois, fait en Consistoire le dᵗ Jour 24ᵉ 8ᵇʳᵉ 1759.

    JEAN CARLE Past. LEONARD SANDOTS
        PIERRE QUEDOR
        ELIZABHET VOTIE

Enterremᵗ —Le 27ᵉ 8ᵇʳᵉ 1759. a Etée Enterrée dans le Cimetiere de cette Eglize Madame Marie Garreau decedée Le 26ᵉ du Courant, fait en Consistoire New York 28ᵉ 8ᵇʳᵉ 1759.

    JEAN CARLE Past. VALLADE ancien.
        JAQUES BUVELOT

Bateme—Aujourdhuy 30ᵉ Jour du mois de Janvier apres La Priere du Mecredy, a Etée Batisée par moy Pasteur soussigné Marie Galaudet fille naturelle et Legitime de mʳ Elisée Galaudet et Jeanne Dubois sa femme, presentée au Sᵗ Bateme par Mʳ Pierre Vallade et Madᵉ Marie Vallade Parain et Maraine, l'anfant Est né le 24ᵉ du present mois, fait en Consistoire le dᵗ Jour 30ᵉ Janvier 1760.

    JEAN CARLE Pasteur. ELISHA GALLAUDET
        Pᴿᴱ VALLADE
        MARIE VALLADE

Mariage—En vertu d'une Licence de James de Lancey Lieut. gouverneur, datée le 20 mars 1760. etant la 33ᵉ année du Regne de George 2, Jay beni dans ma Chambre, en presence de 4 temoins, le 20ᵉ Mars 1760 a 7 heures du soir, le Mariage de Jean george gressand et Catherine Brand.

    JEAN CARLE, Pasteur.

Bateme—Aujourdhuy Sixieme jour d'avril apres léxercisse du soir, à ete Baptisé par le Ministre soussigné, pierre Rougeon fils naturel et Legitime de pierre Rougeon et Marie aymar sa femme, presenté au Sᵗ Bapteme par Daniel Ravau parain et Marie Ravau sa femme maraine, l'anfant est né le 24ᵉ Jour du mois de mars dernier. fait en Consistoire le dᵗ Jour 6ᵉ avril 1760.

    J. P. TÊTARD   PEIR ROUGON
    CHARLES JANDIN   DANIEL RAUO
    JAQUE DESBROSSES
        Marque ordinaire┼de MARIE RAVAU.

Bateme—Aujourdhuy Septieme Jour d'avril 1760. après Lexercisse et Sermon du Lundy matin, a Eté Baptisé par moy Pasteur soussigné pierre Lagear, fils naturel et Legitime de pierre Lagear, et de Madelaine sa femme, presenté au Sᵗ Bapteme par Jacque Balme Parain et Jeanne Marie Balme sa femme marain, l'anfant est né le 26ᵉ Mars dernier. fait en Consistoire le dᵗ Jour 7ᵉ avril 1760.

    JEAN CARLE Pasteur.   PIERR LAGEAR
    VALLADE an.   JAQUES BALME
    CHARLES JANDIN   JANNE BALME
    JAQUE DESBROSSES

Bateme—Aujourdhuy 27ᵉ avril 1760. apres Léxércisse du soir a etée Baptisée par moy pasteur soussigné Catherinne Chapelle fille Naturelle et Legitime de Pierre

Chapelle et Catherine Chapelle sa femme, presentée au
S! Bateme par Jean Henry Tiers parain, et Catherinne
Tiers sa femme maraine, Lanfant Est Né le 15! du
Courant. 'fait en Consistoire a la nouvelle York le
d! Jour 27! avril 1760.

JEAN CARLE Pasteur.   JEAN PIERRE CHAPPELLE
VALLADE a.   JEAN HENRI TIER
CHARLES JANDIN   Marque ord!ᵉ ✕ de CATHERINNE TIER
JAQUE DESBROSSES   maraine

*Bateme—*New York le 30! Avril 1760. Aujourdhuy
apres lexercisse du Mecredy, a etée Batisée par moy
Pasteur soussigné Catherinne Belair, fille naturelle et
Legitime de Jean Belair, et de Claudine Belair, presentée
au S! Bateme par Pierre Durand Parain et Catherinne
Jamar Maraine, Lanfant est né hier au soir 29! du
Courant. fait en Consistoire a la Nouvelle York le d!
Jour 30! avril 1760.

JEAN CARLE Pasteur. Marque ord!ᵉ ✕ de JEAN BELAIR
   VALLADE   P. DURAND
   CHARLES JANDIN

*Bateme—*Aujourdhuy 22! Juin 1760 apres Lexercisse
du soir á Etée Batisée par moy Pasteur soussigné anne
Dominique fille naturelle et Legitime de françois Dominique et Margueritte Blanchard sa femme, presentée
au S! Bateme par Jacque Blanchard Parain, Et Elizabeth Buau maraine. fait en Consistoire a la Nouvelle
York le d! Jour 22! Juin 1760.

   JEAN CARLE Past.   FRANCIS DOMINICK
   VALLADE an.   JAMES BLANCHARD
   JAQUE DESBROSSES ELIZABETH BEAU
                CHARLES JANDIN

*Bateme—*Aujourdhuy 12! Jour D'octobre 1760. après
Léxèrcisse du soir á Eté Batisé pierre Grod Jean, fils
naturel et Legitime d'andré Gros Jean et de anné marie

Gros Jean sa femme presenté au St Bateme par pierre Vallade faisant pour le Reverand Jean pierre Tetard Parain, et anne Catherine Resh Maraine, l'anfant a Eté Baptisé par Le ministre soussigné faisant léxércisse de Ce jour, l'anfant est né le premier du Courant, fait en Consistoire le d^t Jour 12e 8bre 1760.

J: P: Têtard Min: Marque du pere AYJ de L'anfant
Charles Jandin   Marque χ de la maraine
Vallade an.

Bateme—Aujourdhuy 15e 8bre 1760. apres Lexercisse du Mecredy, a etée Batisée par moy Pasteur soussigné, Judith Bourdet, fille naturelle et Legitime de Samuel Bourdet et   sa femme, presentée au St Bateme par Mr Benjamin Blagge parain et Dem^{lle} Elizabeth Hail Maraine, L'anfant est né le 8e du Courant, fait en Consistoire a la nouvelle York le d^t Jour 15e 8bre 1760.

Jean Carle Past.
Vallade an.

Bateme—A la Nouvelle York le 5e 9bre 1760. Apres la Priere du Mecredy a Eté Batisée par Moy pasteur soussigné Elizabeth Ravau fille Naturelle et Legitime de Daniel Ravau, et de Marie Raven sa femme, presentée au St Bateme par ses pere et mere, parain et Maraine L'anfant Est né le .... du mois d'octobre dernier, fait en Consistoire le d^t Jour 5e 9bre 1760.

Jean Carle Past.
Vallade an.

Enterrem^t —Le 14e 9bre 1760. a eté Enterré dans le Cimetiere de L'Eglize Françoise, Jacques Le Roy, dit La Rejouie, Sergant dans les troupes de la marine du Canada, prizonnier de guerre En Cette ville, decedé a la prison de Cette ville hier matin 13e du Courant vers les six heures du matin. fait a la Nouvelle York le d^t Jour 14e 9bre 1760.

Vallade ancien.

Bateme—Aujourdhuy 26º 9ᵇʳᵉ 1760. a eté Batisé par Moy Pasteur soussigné, Jean Marsden, fils Naturel et Legitime de Mʳ Louis Pintard et de Demoizelle Suzanne son Epouze; presenté au Sᵗ Bateme par Mʳ Jean Pintard parain et Demoizelle abigail Stockton Maraine L'anfant est né le 17º du present mois, Et le Bateme luy a eté administré dans la Maison a Cauze du mauvois temps, sans tirer a Consequ'ance pour Lavenir, fait a la Nouvelle York le dᵗ Jour 26º 9ᵇʳᵉ 1760.

JEAN CARLE Pasteur.   LOUIS PINTARD.
VALLADE an.

Bateme—A la Nouvelle York le 17º Xᵇʳᵉ 1760. Aujourdhuy aprés la Priere du Mecredy â Eté Batisé par moy Pasteur Soussigné Joseph Pelletreau, fils naturel et Legitime de Mʳ Elie Pelletreau et de Rachel Baal son Epouse, presenté au Sᵗ Batéme par Mʳ John Harison Parain et Demˡᵉ Denize Rou son Epouze Maraine; l'anfant est Né le 5º du present mois, fait en Consistoire le dᵗ Jour 17º Decembre 1760.

JEAN CARLE Pasteur.   ELIE PELLETREAU
VALLADE ancien.   JOHN HARRISON

Bateme—Aujourdhuy 7º Janvier 1761. apres la priere du Mecredy a êté Batisé par moy Pasteur Soussigné Jean Harison fils Naturel et Legitime de Mʳ Jean Harison et de Madˡˡᵉ Denize Rou son Epouze, presenté au Sᵗ Bateme par Mʳ Guillaume Richard Parain, et Madº Marie Rou son Epouze Maraine; l'anfant est né le 29º Jour du Mois de Decembre dernier. fait en Concistoire le dᵗ Jour 7º Janvʳ 1761.

JEAN CARLE Past.   JOHN HARRISON
VALLADE an.   WILLᴹ RICHARD

Bateme—Aujourdhuy Dimanche 16º fevrier 1761. aprés L'exércisse du soir, á êté Batisé par moy Pasteur soussigné Elie Erouard, fils naturel et Legitime de Jacques

Erouard et de Jeanne Jabouin sa femme, presenté au St Bâtéme par Mr Elie Desbrosses Parain, et Mad^{lle} Madelaine Desbrosses Maraine, L'anfant Est né le 12e du Courant; fait en Consistoire le d^t Jour 15e fevrier 1761.

JEAN CARLE Past.
VALLADE an.

Mariage—En vertu dune Licence de Cadwallader Colden president dans le gouvernement de la Nouvelle york datée le 12e Mars 1761. etant la 1e Année du Regne de George 3e notre legitime Souverain. Jay beni le Mariage de Guillaume Lucy et Elisabet hatier le 12 mars 1761. a 7 heures du soir ; dans la Maison de m^r hatier, en presence de la famille hatier, m^r et Mad^e Bontecou, Basset gendre de m^r hatier, et m^r Rivet officier d̲s̲ le regiment Royal americain.

JEAN CARLE Pasteur.

Bateme—Aujourdhuy 8e avril 1761. a ete Baptisé par Moy ministre soussigné philipe Parisien fils Naturel et Legitime de Mr Otho Daniel parisien et de Hester Sicard son Epouze, Lanfant est né le 30e du mois de mars dernier et a été presenté au St Bapteme par m^r thomas hamersley parain et Mad^e Marie Vallade maraine ; Lanfant a ete Baptisé dans la maison du pere sans tirer a Consequ'ance pour lavenir. fait a la nouvelle York le d^t Jour 8e avril 1761.

J: P: TÊTARD V. D. M :   O. D. PARISIEN
VALLADE ancien.   THO. HAMERSLEY
          MARIE VALLADE

Bateme—A la Nouvelle York le 3e May 1761. Aujourd'huy 3e May Jour de Dimanche aprés L'exercisse de laprés midy á eteé Baptizée par moy Pasteur Soussigné Catherine, fille naturelle et Legitime de Pierre Goux habitant de Clavrock Comté d'albanie, et de

Catherine vaugi sa femme attuellement en Cette ville,
L'anfant est né le 12ᵉ mars dernier, et presenté au Sᵗ
Bapteme par pierre Durand, et Clemence Durand sa
femme ; fait En Consistoire le dᵗ Jour 3ᵉ May 1761.

JEAN CARLE Past.   VALLADE an.   P. DURAND

Bateme—Aujourdhuy 21ᵉ Juin 1761. apres Lexercisse
de laprés midy, á êtée Baptisée par moy Pasteur soussigné, Jeanne Gandal fille naturelle et legitime de Guillaume Gandal et de Marianne Marchand sa femme ; presentée au Sᵗ Bapteme par Mʳ Dice parain et Madˡˡᵉ Jeanne
Buau maraine, L'anfant est né le 7ᵉ du Courant, fait en
Consistoire a la nouvelle York le dᵗ Jour 21ᵉ Juin
1761.

JEAN CARLE Past.   VALLADE an.   MATTHEW DIES

Bateme—Aujourdhuy 15ᵉ Juillet 1761. apres la priere
du Mecredy à etée Batisée par moy Pasteur soussigné,
anne Marie Sandoz, fille naturelle et Legitime de Leonard
Sandoz et de Marie chavel sa femme presentée au Sᵗ Bapteme par Pierre Vautié et Marie Sandoz femme de Pierre
quidor, L'anfant est né le 24ᵉ Juin dernʳ fait en Consistoire le dᵗ Jour 15ᵉ Juillet 1761.

JEAN CARLE Past.   LEONARD SANDOTS
VALLADE an.   PIERRE UAUTIE
Marque ╫ de MARIE SANDOZ
femme de PIERRE QUIDOR

Bateme—Aujourdhuy 26ᵉ Jour de Juillet 1761. aprés
L'exercisse de laprés midy, á Etée Baptisée par moy
Pasteur Soussigné, Elizabeth françoise fille agée d'Environ douze ans, laquelle á etée Enlevée dans son anfance
par les Indiens Cannadiens Ignorant qui sont ses peres
et meres, et le Lieu de sa naissance, Ignorant pareillement Sy elle a Cy devant Eté Batisée, Nous luy avons, a
la Requizition de Madame Williamo qui Cest chargée

d'Elle, administré le St Bateme, soux Condition quelle ne leut deja recu, presentée par M.^r françois De Ruine Cap.^{ne} dans les troupes, parain, et Madame Elizabeth Williamus Maraine. fait en Consistoire a la nouvelle York le dit Jour 26.e Juillet 1761.

JEAN CARLE Pasteur.   VALLADE.   E. WLLYAMOT

Mariage—En vertu dune Licence de l'honorable Cadwallader Colden Lieutenant gouverneur de la province de la Nouvelle York, jay Marie le 3.e Aoust 1761. a 9 heures du soir, dans la Maison de m.^r Blanchard Pere, george Dominique et Elisabet Blanchard, en presence de Mr Blanchard Pere et sa femme, trumeau et sa femme, françois dominique et sa femme, les 2 fils de Mr Blanchard et quelques autres personnes. Enregistré le 19 Aoust 1762 a la N York.

JEAN CARLE Pasteur.*

Bateme—Aujourdhuy 27.e 7bre 1761. après le sermon de laprés midy, a Etée Batisée par moy Pasteur Soussigné, Jeanne Durand, fille Naturelle et Legitime du sieur pierre Durand et de Clemance Durand, sa femme ; presentée au St Bâteme par le Reverand Jean Pierre Tetard Ministre du St Evangille, Parain, et Demoiselle Jeanne Buau, Maraine ; Lanfant Est Né le 22.e du present mois de Septembre. fait en Consistoire le d.^t Jour et an Cy dessus.

JEAN CARLE Past.   VALLADE   P. DURAND

J : P : TÊTARD

Mariage—En vertu d'une Licence de l'honorable Cadwallader Colden Lieutenant gouverneur de cette province; jay marié le 15.e 8bre 1761 a 7 heures du Soir dans la

---

* This and the following two marriages are recorded by themselves at the date given ; they are here restored to their proper places.

Maison de Mad? de Joncourt Mere ; Antoine Wheelock
Esquier, et Jeanne delorais de Joncourt, en presence
de Mad? de Joncourt Mere, M: Cromelin et sa femme,
M: Valade, Mesdemoiselles Rachel de Joncourt et Catherine Smith.

JEAN CARLE Past.

Bateme—Aujourdhuy Dimanche 14ᵉ fevrier 1762. apres
le sermon de lapres midy a etée Batisée par moy Pasteur
soussigné Margueritte morel, fille naturelle et Legitime
de mathieu morel, et Jeanne Marie sa femme, née ozias,
presentée au S: Bateme par Daniel Tiers parrain et Margueritte Chapelle Maraine, L'anfant Est Né le 7ᵉ Courant,
fait en Consistoire le d: Jour 14ᵉ fev: 1762.-

JEAN CARLE Past.   MATHIEU MOREL
JAQUE DESBROSSES   DANNEL TIERS
DANIEL BONIET
            Marque ord.ʳᵉ ⊥ de MARGUERITTE CHAPELLE,

    VALLADE   maraine.

Bateme—A la Nouvelle York le 14ᵉ fev: 1762. Aujourdhuy apres le sermon de laprés midy á êtée Batisée
par moy Pasteur soussigné, anne Lodz, fille naturelle et
Legitime de Raynald Lodz et de Elizabeth sa femme, née
martin, presentée au S: Bateme par Jean Loreillard
parain, et anne Clemence Durand Maraine, Lanfant est
né le 7ᵉ du Courant. fait en Consistoire le d: Jour 14ᵉ
fevrier 1762.

JEAN CARL Past.   REINNOLD LODZ
JAQUE DESBROSSES   JEAN LORILLIARD
DANIEL BONIET
            Marque ord.ʳᵉ ɣ⋁ de ANNE CLEMENCE DURAND

    VALLADE   maraine

Bateme—Aujourdhuy 21ᵉ Mars 1762. apres le sermon de l'apres Midy, a Etée Batisée par moy Pasteur Soussigné Blanche Dominick, fille naturelle et Legitime de francois Dominick et de Margueritte Blanchard son Epouze, presentée au Sᵗ Bateme par Jean Blanchard parain, et Blanche Buau Maraine, Lanfant est né le . . .
. . . . . . fait en Consistoire a la Nᴵˡᵉ York le dᵗ Jour 21ᵉ Mars 1762.

JEAN CARLE P.   VALLADE a
                                JAQUE DESBROSSES

Bateme—Aujourdhuy 24ᵉ Mars 1762. apres la priere du Mecredy, a Eté Batisé par moy pasteur soussigné Hester Harison fille naturelle et Legitime de Mᵣ Jean Harison et de Dᴵˡᵉ Denize Rou son Epouze, presentée au Sᵗ Bateme par Mᵣ Morly Harison parrain et Demoizˡᵉ Hester Rou Maraine, L'anfant est né le 12ᵉ Courant. fait en Consistoire a la nouvelle York le dᵗ Jour 24ᵉ Mars 1762.

JEAN CARLE Past.   JOHN HARRISON
JAQUE DESBROSSES   MORLEY HARISON
VALLADE   ESTHER ROU

Bateme—Aujourdhuy Vendredy Sᵗ Neufieme Jour d'avril après La priere de laprès midy, a Eté Batisé par moy pasteur soussigné Jean fortin fils naturel et Legitime de Mᵣ Joseph fortin et de Sarah Membrut sa femme, né le Cinquieme du Courant, presenté au Sᵗ Bapteme par Mᵣ Pierre Vallade parrain, et Demˡᵉ Blanche Buau Maraine, fait en Consistoire a la nouvelle York le dᵗ Jour 9ᵉ avril 1762.

JEAN CARLE Pasteur.   VALLADE

Bateme—Aujourdhuy 18ᵉ avril 1762. apres Lexercice de Laprés Midy a Ete Batizé par moy Ministre Soussigné, Charles Guilhaume fils de Marie De Laurier, veuve a ce quelle nous a declaré de Jean De Laurier Cydevant Habitant du Canada, presenté au St Bateme par Mr Charles Demuy Parain, et Demoizelle Rachel Dejoncourt Maraine, Lafant est né En Cette ville le 31e mars dernier, auquel le Bateme a êté administre a la Requizition de la mere de L'anfant, fait en Consistoire le d^t Jour 18e avril 1762.

J: P: Têtard Min.   Vallade   Rachel Dejoncourt

Mariage—En vertu d'une Licencè de l'honorable Cadwallader Colden Lieutenant gouverneur de la province de la Nouvelle York, jay Marié dans la Maison de m^r Ravau grand Pere le 16e may 1762 a Environ 8 heures ½ du Soir Jean Aimar tonelier, et Jeane ravau, en presence de m^r Ravau grand Pere, de son fils et sa belle fille Pere et Mere de Jeanne Ravau, de Mad^e la Ve aimar Mere de Jean Aimar et d'autres personnes.

Jean Carle Past.

Bateme—Aujourdhuy 30e may 1762. apres Lexercisse du soir á Etée Batizée par moy Pasteur soussigné Elizabeth Dominick, fille naturelle et Legitime de george Dominick et de Elizabeth Blanchard sa femme, presentée au St Bateme par françois Dominick et Margueritte Blanchard sa femme, parain et Maraine, L'anfant Est né le 22e du present Mois de may, fait en' Consistoire le d^t Jour 30e may 1762.

Jean Carle Past.   Vallade anc.

Bateme—Aujourdhuy 16e Aoust 1762 la femme de Pierre lajard notre Soneur de Cloche, A fait par une fausse Couche un enfant de cinq mois, bien formé et ayant vie, auquel jay administré le St Bateme dans la Maison du Pere et de la Mere ; et ay nomé cet enfant qui etoit une fille, Marie : il n'a eu ni Parain ni Maraine. fait en Consistoire ce Sus dit 18 Aoust 1762.

Jean Carle Pasteur
Vallade ancien.

Bateme—Aujourdhuy 12ᵉ 7ᵇʳᵉ 1762. aprés Léxércisse du soir á êté Batisé par moy Pasteur soussigné Daniel Chapelle fils naturel et Legitime de Jean Pierre Chapelle, et de Catherinne Chapelle sa femme, presenté au Sᵗ Bateme par Henry Tiers Parain et Madelaine Tiers Maraine, L'anfant est nè le.........fait en Consistoire le dᵗ Jour 12ᵉ 7ᵇʳᵉ 1762.

JEAN CARLE Past.

VALLADE ancien

Bateme—Aujourdhuy 24_ 9ᵇʳᵉ 1762 a été batisée par moy Ministre Sousigné, Jeanne Charlotte fille de Jean et Angelique Smith. la dite fille est née le........et a eté presentée au Sᵗ Bateme par Daniel Robertson et Charlotte Gerome. fait en Consistoire ce Sus dit jour 24. 9ᵇʳᵉ 1762 a la Nouvelle york.

J: P: TÊTARD Min.

Bateme—Aujourdhuy 24_ 9ᵇʳᵉ 1762 apres la priere du Mercredi a été Batisée par moy Pasteur Sousigné, Zoanna fille naturelle et legitime de mᵣ Albrespic et Anne Bourdet sa femme. la dite fille est née le 16_ 9ᵇʳᵉ Courant, et a eu pour Parain et Maraine, que jay accepté pour tels, Samuel Bourdet et Madᵉ Loou née Bourdet oncle et tante de l'enfant, la Maraine n'ayant pas presenté l'enfant, mais une de ses Soeurs tante de l'enfant. fait en Consistoire a la Nouvelle york ce Sus dit jour 24_ 9ᵇʳᵉ 1762.

JEAN CARLE Pasteur

VALLADE anc.

Bateme—Aujourdhuy 9ᵉ Janvier 1763. apres lexercisse de L'aprés midy a Etee Batisee par moy Pasteur soussigne anne Louise Gauthey fille naturelle et Legitime de Michel Gauthey et de Apellone Greewallden sa femme, presentée au Sᵗ Bateme par le Reverand Jean Pierre Têtard, ministre du Sᵗ Evangille Parain, et demoizelle anne Jacquery née Dupuy maraine, lanfant est né le 5ᵉ du Courant a 5 heures du matin, fait en Consistoire le d.^t Jour 9e Janvier 1763.

JEAN CARLE Past.   MICHEL GAUTHEY

VALLADE   J: P: TÊTARD

                   ANNE SOPHIE JAQUERI

Bateme—Aujourdhuy 2e fevrier 1763. apres la priere du Mecredy, a eté Batisé par moy Pasteur soussigné Jean Pierre Parisien fils naturel et Legitime de Otho Daniel Parisien et de Hester Sicard sa femme, lanfant est né le 21e Janv.^r dernier presenté au St Bateme par Mr Jean Miller Parain et par Marie halsop Maraine, fait a la nouvelle York le d.^t Jour 2e fev.^r 1763.

JEAN CARLE Past.   VALLADE an.   OTTO PARISIEN

Bateme—Aujourdhuy 6e fevrier 1763, apres lexercisse du soir a Etée Batisée par moy Pasteur soussigné anne Marie fille naturelle et Legitime d'andré Grosjean et de anne Marie medelaine Grosjean sa femme, née Valerin, l'anfant Est né le 27e Janvier dernier, presenté au St Bateme par Jean frederick Parain, et anne marie Velerin Maraine, fait en Consistoire le d.^t jour 6e fev.^r 1763.

               Marque *A y j* d'ANDRÉ GROSJEAN pere de

JEAN CARLE Past.   l'anfant.

VALLADE ancien.   JOHANN FRIEDEL

        Marque *uff* de ANNE MARIE VELERIN, maraine

Bateme—Aujourdhuy 16e fevrier 1763, apres Lexercisse du Mecredy a Etée Batisée par moy Pasteur soussigné Marie Elizabeth Pelletreau fille naturelle et Legitime de Mr Elie Pelletreau, et Dem.^{lle} Rachel Baal son Epouze, née le 27e Janvier dernier, presentée au St Bateme par Mr William Richard Parain et Madame son Epouze Maraine, fait en Consistoire le d.^t Jour 16e fev.^r 1763.

JEAN CARLE Past.   ELIE PELLETREAU

VALLADE an.   WILL.^M RICHARDS

                  MARIE ELIZ.TH RICHARDS

Bateme—Aujourdhuy 25ᵉ Jour d'avril 1763. apres lexercisse du Dimanche apres midy a etée Batisée par moy Pasteur Soussigné Margueritte Blanchard fille Naturelle et legitime de Jean Blanchard et de . . . . sa femme, presentée au Saint Bateme par Jacque Blanchard Parain, et Margueritte Dominick Née Blanchard Maraine; L'anfant est né le . . . . fait en Consistoire ce Sus dit 25 avril 1763.

JEAN CARLE Past.
VALLADE an.

Bateme—Aujourdhuy 15ᵉ Jour de May 1763. apres L'exercisse du Dimanche aprés midy a êtée Batisée par moy Pasteur Sousigné, Jeanne trumeau fille Naturelle et Legitime de Pierre trumeau et de . . . . Blanchard sa femme presentée au Saint Bateme par George Dominick Parain et Elizabeth Blanchard sa femme Maraine, L'anfant est né le . . . . fait en Consistoire ce Sus dit 15ᵉ may 1763.

JEAN CARLE Past.
VALLADE an.

Bateme—Aujourdhuy Lundy de pentecoste 23ᵉ May 1763. apres le sermon du Matin a etée Batisée par moy Pasteur Soussigné Esther Eroward fille naturelle et Legitime de Jaque Eroward et de Jeanne Jabouin sa femme, presentée au Sᵗ Bateme par Louis Riviere et Jeanne Eroward sa femme parain et Maraine, L'anfant est né. a quequicut dans Ce Gouvernement le 30ᵉ avril dernier, fait en Consistoire le dᵗ Jour 23ᵉ May 1763.

JEAN CARLE Past.   LOUIS RIUIERE
VALLADE an.   Marque ordʳᵉ X de JEANNE RIVIERE
JAQUE DESBROSSES   née EROWARD
DANIEL BONIET

Bateme—Aujourdhuy 17ᵉ Juillet 1763 a eté Batisé par moy Pasteur Sousigné, apres le Sermon de l'apres midi; Marie fille naturelle et legitime de Jean aimar et Jeanne ravau sa femme. cette fille est née le 27ᵉ Juin 1763 et a eté presentée au Sᵗ Bateme, par Daniel ravau, Parain, et Judith alexandre Maraine. fait en Consistoire ce Sus dit 17 Juillet 1763.

JEAN CARLE Pasteur. JEAN AYMAR
VALLADE an. DANIEL RAUO

Ceci ✕ est la marque de la maraine, ne sachant pas ecrire.

Bateme—Aujourdhuy 31ᵉ Juillet 1763. apres Léxércisse de lapres Midy, a Etée Batisée par moy Pasteur Soussigné Marie Jamar fille naturelle et Legitime de Nicolas Jamar et de Catherine Jamar, sa femme, Presentée au Sᵗ Bateme par Pierre Durand Parain, et Margueritte Paran faisant pour Marie Paran sa fille maraine, lenfant est né le 29ᵉ Courant, fait a la nouvelle York le dit Jour 31ᵉ Juillet 1763

JEAN CARLE Past. Marque ordᵣ̇ᵉ ✕ de NICOLAS JAMAR
VALLADE an. P. DURAND
Marque ordᵣ̇ᵉ ✕ de MARIE PARAN

Bateme—Aujourdhuy 18ᵉ Septembre 1763. Apres le sermon du Dimanche aprés midy á Etée Batisée par moy Pasteur soussigné Marie Lajear fille naturelle et Legitime de Pierre Lajear et de Madelaine Lajear sa femme, presentée au Sᵗ Bateme par pierre Chapelle fils, Parain, et par Margueritte Chapelle fille, Maraine, L'anfant est né le............fait a la Nouvelle York le dᵗ Jour 18ᵉ Septembre 1763.

JEAN CARLE Past. PIERR LAGEAR
VALLADE an. J. PIERRE CHAPELLE le jeune
Marque ordᵣ̇ᵉ –|– de MARGUERITE LA CHAPELLE maraine

Bateme—Aujourdhuy 2ᵉ octobre 1763. apres le sermon du Dimanche après midy Jour de Communion, a Eté Bâtisé par Moy Pasteur Soussigné Samuel Pintard fils Naturel et Legitime de Mʳ Louis Pintard et de Madᵉ Sushannah Stockton son Epouze, presenté au Sᵗ Bateme par Mʳ Pierre Vallade Parain et par Madᵉ Marie Vallade son Epouse Marainne, L'anfant Est né le 24ᵉ Septᵇʳᵉ dernier, fait en Consistoire a la Nouvelle York le dit Jour 2ᵉ 8ᵇʳᵉ 1763.

JEAN CARLE Past. LOUIS PINTARD
VALLADE
MARIE VALLADE

Bateme—Aujourdhuy 16ᵉ 8ᵇʳᵉ 1763. apres Lexercisse de Lapres midy a Etée Batisée par moy Pasteur Soussigné Marie Lodz fille Naturelle et legitime de Renold Lodz et Elizabeth Lodz sa femme, presentée au Sᵗ Bateme par Pierre Durand Parain et Clemence Durand sa femme maraine, L'anfant Est né le 23ᵉ Septembre dernier, fait a la Nouvelle York le dit Jour 16ᵉ octobre 1763.

JEAN CARLE Past. P. DURAND
VALLADE anc. Marque *C ℋ* de CLEMENCE DURAND

Bateme—Aujourdhuy 23ᵉ octobre 1763. aprés Lexercisse de laprés midy á Etée Batisée par moy Pasteur soussigné anne Ravo fille Naturelle et Legitime de Daniel Ravo, et Marie Raven sa femme, presentée au Sᵗ Bateme par le dit Daniel Ravo parain, et Jeanne Borch, Née Raven, Maraine; L'anfant est né le 19ᵉ du present mois, fait a la nouvelle York le dᵗ Jour 23ᵉ 8ᵇʳᵉ 1763.

JEAN CARLE Past. DANIEL RAUO
VALLADE ancien. Marque ordʳᵉ ⊣⊢ de JEANNE BORCH

Bateme—Aujourdhuy 30ᵉ 8ᵇʳᵉ 1763 apres Léxércisse de laprès Midy á Eté Batisé Jean Rougeon fils naturel et Legitime de Pierre Rougeon et de Marie Pauzer sa femme, presenté au Saint Bateme par Micheal Housewel parain et Elizabeth Parcot Maraine, L'anfant est né le 15ᵉ du Courant, fait a la Nouvelle York le dᵗ Jour 30ᵉ 8ᵇʳᵉ 1763.

Batisé par moy Pasteur JEAN CARLE. PEIR ROUGONT VALLADE ancien.

Marque ordʳᵉ |ᵛ|–|\/\/ de MICHEL HOUSWEL

Marque *nn a u ℓi* ꞵ d'ELIZABETH PARCOT maraine

Bateme—Aujourdhuy 6ᵉ Novembre 1763. apres léxércisse de Lapres midy a Eté Baptisé par moy Pasteur Soussigné Pierre René Riviere fils naturel et Legitime de Louis Rivierre et Jeanne Erouard sa femme, presenté au Sᵗ Bapteme par Mʳ Pierre Vallade et madᵉ Marie Disleau, Parain et marraine; L'anfant est né le 28ᵉ 8ᵇʳᵉ dernier, fait a la nouvelle york le dit Jour 6ᵉ Novembre 1763.

JEAN CARLE Past. LOUIS RIUIERE VALLADE

Mariage—Le 23 Aoust 1763 entre midi et une heure, jay marié par Licence dans la Maison de mʳ Paystre située dans la borée,* et tenue a louage par le Sieur Moore; Pierre l'oreillard et Catherine Moore; en presence des familles l'aureillard et Moore, de mʳ de Paystre et sa Soeur, Madᵉ dilo, et Madˡˡᵉ fanchon Moyon. enregistré par moy Pasteur Soussigné, ce 12ᵉ 9ᵇʳᵉ 1763.

JEAN CARLE Pasteur.

---

* Bowery.

Mariage—Le meme jour 23ᵉ àoust 1763, entre midy et une heure, jay marié par Licence dans la Maison de mͬ Paystre, située dans la borée,* et tenue a louage par le Sieur Moore; Jean l'Aureillard et Anne Moore; en presence des familles l'Aureillard et Moore, de mͬ de Paystre et sa Soeur, Madᵉ dilo, et Madˡˡᵉ fanchon Moyon. enregistré par moy Pasteur Sousigné ce 12ᵉ 9ᵇʳᵉ 1763.

JEAN CARLE Pasteur.

Bateme—Aujourdhuy premier Janvier 1764 apres Léxércisse du Dimanche apres midy á eté Baptisé par moy Pasteur Soussigné francois Dominick fils Naturel et Legitime de francois Dominick et de Marguerite Blanchard sa femme, presenté au Sͭ Bapteme par George Dominick et demoizelle Jeanne Buau parain et Maraine, Lanfant est né le 21ᵉ Decembre dernier 1763. fait a la Nouvelle York le dit Jour premier Jour de Janvier 1764.

JEAN CARLE Past.
VALLADE an.

Bateme—Aujourdhuy 8ᵉ Janvier 1764 apres Léxércisse du soir a Etée Batisée par moy Pasteur soussigné Jeanne Marie fille Naturelle et Legitime de Jean Belair et de Claudine Belair sa femme, presentée au Sͭ Bateme par Michel Gauthay Parain et Jeanne Marie Morel maraine, L'anfant Est Née le 7ᵉ Decembre dernier, fait a la Nouvelle York le dit Jour 8ᵉ Janvͬ 1764.

JEAN CARLE Past.   Marque ordͬᵉ –|– de JEAN BELAIR
VALLADE an.   MICHEL GAUTHEY

Mariage—Le 6ᵉ Xᵇʳᵉ 1763, environ 6 heures du soir, jay marié par Licence de Son honeur Cadwallader Colden Lieutenant gouverneur de cette province ; jay dis je Marié Peter White habitant de cette ville, Matelot, avec

---

* Bowery.

Jeanne Orchard de la Conté de Westchester. le dit Mariage a eté beni dans ma Chambre, en presence de John Orchard pere de la Mariée, Pierre Wilson et Jane Staimes. enregistré par moy Pasteur Sousigné, aujourdhuy 23 Janvᵣ 1764.

JEAN CARLE Pasteur.

*Enterrem*ᵗ —Aujourd'huy 2ᵉ Jour du Mois de Mars 1764. a Eté Enterré dans le Simetiere de l'Eglise françoise reformée de la Nouvelle York, Louis Lambert, Natif de Lapointe boy prés de Quebec En Canada, Decedé le premier du present mois, chés Madame Dejoncourt, en foy de quoy Nous En faisons Minutte sur le Registre de notre Eglise pour y avoir Recours En Cas de Bezoin, fait a la Nouvelle York le dit Jour 2ᵉ Mars 1764.

TEMOINGS, Rieux   B. MONTANY   VALLADE ancien

Bateme—Aujourdhuy 15ᵉ Mars 1764. a Etée Baptisée par moy Pasteur soussigné Renée Marie Harisson fille naturelle et Legitime de Jean Harrisson et Denize Rou sa femme, presentée au Sᵗ Bapteme par Roger Richard parain et Renée Elizabeth Harrison, Née Rou, Maraine, Lanfan Est Né le 28ᵉ Janvier dernier, et a eté Baptizée dans la Maison du pere Sictuée dans le Broadway pour Cause dune maladie appellée Lesprew,* et Cella sans Tirer a Consequence pour Lavenir, fait a la Nouvelle York le dᵗ Jour 15ᵉ Mars 1764.

JEAN CARLE Pasteur.
VALLADE an.

Mariage—Le 20ᵉ Mars 1764 a environ 6 heures du Soir ; jay marié, par Licence de Son honeur Cadwallader Colden Lieutenant gouverneur de cette province ; jay dis je marié, Mathias thiers forgeron et Marrechal ferrant, et marguerite Chapelle, tous les deux habitans de cette

---

* For " sprew," or thrush.

ville, et Comuniant de notre Eglise francoise. jay beni ce Mariage dans la Maison de Chapelle Pere, en presence des familles de thiers et Chapelle, et autres. enregistré dans ce livre, par moy Pasteur Sousigné, a la Nouvelle York le 28ᵉ Mars 1764.

JEAN CARLE Pasteur.

Bateme—Aujourdhuy 29ᵉ avril 1764. après Léxércisse de lapres midy a Eté Baptisé par moy Pasteur Soussigné Pierre Sandoz fils Naturel et Legitime de Leonard Sandoz et de Marie Chavel sa femme, presenté au Sᵗ Bapteme par Jean Pierre Vauthie Parain, et Catherinne Tiers Maraine, Lanfant est Né le 23ᵉ du Courant, fait a la nouvelle York le dit Jour 29ᵉ avril 1764.

J: P: TÊTARD Past.   LEONARD SANDOTS
VALLADE an. Marque ordʳᵉ ℏ de JEAN PIERRE VAUTHIER.

Bateme—Aujourdhuy 20ᵉ May 1764. apres Léxércisse de lapres midy a Eté Baptisé par moy Pasteur soussigné Pierre Durand, fils Naturel et Legitime de Pierre Durand et de Clemence Durand sa femme, presenté au Sᵗ Bateme par pierre Loreillard parain et Elizabeth Isellin Maraine ; Lanfant est né le 17ᵉ du present Mois, fait a la Nouvelle York le dit Jour 20ᵉ May 1764.

J: P: TÊTARD Past.   P. DURAND
VALLADE an.   P. LAURILLIARD

Bateme—Le dit Jour a étée Batisée Marie madelaine Jourdan fille Naturelle et Legitime dEstienne Jourdan et de margueritte sa femme née le 27ᵉ avril dernier, presentée au Sᵗ Bateme par Pierre Lagear et madelaine sa femme Parain et maraine.

J: P: TÊTARD Past.   MADELARGAR

Bateme—Aujourdhuy 20ᵉ May 1764. Aprés l'Exercisse de laprés midy a Etée Baptisée par moy Pasteur soussigné Marie Sarah Jourdan, fille Naturelle et Legitime

de Jean Jourdan et de Barbara Jourdan sa femme, presentée au S.ᵗ Bâteme par Jean Pierre Chapelle le Jeune
parain, et Madelene Tiers Maraine, Lanfan est Né au
dessus dalbanie Le 19.ᵉ aoust de l'annee 1760. N'ayant
peu Etre Bâtisé plus tot faute d'occazion Suivant Ce que
le pere et Mere ont declaré fais.ᵗ leurs demeure en
Becmans Clofs au fichcil,* au dessus d'albanie, fait en
Consistoire a la nouvelle York le dit Jour 20.ᵉ May 1764.
J: P: Têtard Past.   Vallade an.

JEAN PIERRE CHAPPELLE

Bateme—Aujourdhuy 20.ᵉ May 1764. apres l'exercisse
de lapres midy a Eté Baptisé par moy Pasteur soussigné
Mathieu Jourdan, fils Naturel et Legitime de Jean Jour-
dan et de Barbara Jourdan sa femme, presenté au S.ᵗ
Bateme par Mathieu Tiers Parain, et Margueritte Cha-
pelle sa femme Maraine, L'anfan est Né a Becmans Clofs
au fichcil † audessus d'albanie, le 1.ʳ Mars de l'année
1763. Nayant peu Recevoir le Bateme Jusques a Ce
Jour faute doccazions, fait en Consistoire le dit Jour 20.ᵉ
May 1764.
J: P: Têtard Past.
Vallade an.

Mariage—Le 3.ᵉ May 1764, Vers les huit heures du
soir, en vertu d'une Licence de M.ʳ Le Lieutenant Gouverneur, a eté Beny par moy Pasteur soussigné Le Mariage
de M.ʳ Isaac Noble et de Mad.ˡˡᵉ Rachel Dejoncourt, en
presence de M.ʳ et Mad.ᵉ Cromelin, Pierre Vallade et
autres amis, dans la Maison de Mad.ᵉ V.ᵉ Dejoncourt mere
de la Mariée, fait a la N.ˡˡᵉ York le 3.ᵉ May 1764.
J: P: Têtard Past.   ISAAC NOBLE
Vallade   RACHEL DEJONCOURT
                          J. DE JONCOURT

---

* According to Mr. F. Fernow, who adds that Frenchmen were living on
the Saratoga patent in 1689, this place was near the present Schuylerville,
at the mouth of the Fishkill, outlet of Saratoga Lake.

† See note to preceding entry.

Bateme—Aujourdhuy 15ᵉ Juillet 1764. après léxércisse de laprès midy a Eté Batisé par moy Pasteur soussigné, Pierre Loreillard fils Naturel et Legitime de pierre Loreillard, et de Catherine moore sa femme, Lafant etant Né le 9ᵉ du present Mois et presenté au Sᵗ Bâteme par Jean George Loreillard et Catherine Loreillard sa femme parain et Maraine, fait a la Nouvelle York le dit Jour 15ᵉ Juillet 1764.

J: P: Têtard Past.   P. Lourilliard
Vallade an.   J. G. Leaurilliard

Batemes—Je soussigné Ministre du Sᵗ Evangille et Pasteur de l'Eglize francoize reformée de la Nouvelle York, Certiffie avoir administré le Sᵗ Bateme aux trois anfans suivants dans la Maison de Ryne Low Sictuée dans la Bowry, distante de quartre mille ou Environ de la ville, a la Requizition de Samuel Collins, et de Rilha Collins pere et mere des anfands, Scavoir, Ignorant Leurs ages Etant grands,

Jamine Collins, presentée au Sᵗ Bapteme par Laurand Hardman Parain et Sarah Hardman sa femme Maraine, Guillaume Collins, presenté au Sᵗ Bateme par Ryne Low Parain, et Elizabeth Low sa femme Maraine,

Marie Collins, presentée au Sᵗ Bateme par Jean andré Castor Parain, et Elizabeth Kerr, Maraine ; Certiffiant leurs avoir administre le Bateme le 26ᵉ Jour du mois de may dernier En foy de quoy Je les Enregistre pour y avoir Recours en Cas de Bezoin, fait a la nouvelle York le 15ᵉ Juillet 1764.

J: P: Têtard Past.

Mariage—Aujourdhuy 22ᵉ Juillet 1764. Vers les huit heures du soir, Jay Marié Mʳ Jacques Buvelot et Marie Bonnet (Veuve), Tous les deux de Cette ville, et Membres de L'Eglise francoize ; Beny le dit Mariage en vertu d'une Lissence de Mʳ le Lieutenant Gouverneur de Cette province En datte du 9ᵉ du Courant, et dans la Maison

de la ditte Dame Marie Bonnet, En presence de Messrs
Daniel Bontecou, John Hastier, Daniel Bonnet, et Mad.^e
Mary Elizabeth Basset ; fait a la Nouvelle York le dit
Jour 22.e Juillet 1764.

J: P: Têtard Past.

Bateme—Aujourdhuy 12.e aoust 1764. apres léxércisse
de Laprés Midy á Etée Batisée par moy Pasteur soussigné Jeanne Marie Chapelle fille Naturelle et Legitime
de Jean Pierre Chapelle et de Catherinne (née Don) sa
femme, presentée au St Bateme par Mathieu Morel
parain et sa femme (née ozias) Maraine, fait a la Nouvelle
York le d.^t Jour 12.e aoust 1764.

J: P: Têtard Past.   Jean Pierre Chappelle
Vallade an.

Bateme—Aujourdhuy 12.e aoust 1764. apres léxércisse de l'aprés midy à etée Batisée par moy pasteur
soussignée Margueritte Curié fille Naturelle et Legitime
de Jacque Curié et de Margueritte sa femme, presentée
au St Bateme par Pierre quidor parain et Marie femme
de Leonard Sandoz Maraine, L'anfant est né le 9.e du
courant, fait en Consistoire a la Nouvelle York le dit
Jour 12.e aoust 1764.

J: P: Têtard Past.   Jacque curie
Vallade an.

Enterrem.^t —Aujourdhuy 29.e aoust 1764. le Corps de
feue Mad.^e Marianne Cebez a eté Enterré dans le Simetiere
de l'Eglize francoize, Etant decedée le 28.e chés le S.^r . . . .
Brower de Cette ville demurand dans le Broad Way, M.^r
Daniel Bonnet setant Chargé de faire faire l'Enterement
et les fraix aux depend de l'Eglize, fait a la Nouvelle
York le d.^t Jour 29.e aoust 1764.

Vallade ancien.

Bateme—Aujourd'huy 7ᵉ octobre 1764. apres léxércisse du dimanche aprés Midy a Eté Batisé par Moy Pasteur soussigné Jean Basset fils Naturel et Legitime de Mᵣ Jean Basset et de Helenne Evout sa femme, presenté au Sᵗ Bâteme par Mᵣ francois Basset Parain et Marguerite Basset Maraine, L'anfant est né le 27ᵉ Septembre dernier, fait a la Nouvelle York en Consistoire le dit Jour 7ᵉ 8ᵇʳᵉ 1764.

    J: P: Têtard Past.   Vallade an.

Bateme—Je soussigné Ministre du Sᵗ Evangille et Pasteur de l'Eglise françoise reformée de la Nouvelle York Certiffie avoir administré le Sᵗ Bâteme a Jacob Shareman fils legitime de Jacob Shareman et de Jeanne Callo sa femme, presenté au Sᵗ Bateme par Jean Cortright et Alida Vermilie sa femme parain et Maraine lanfant Etant agé dEnviron douze ans et Batisé a Pont du Roy* le 17ᵉ 7ᵇʳᵉ 1764. porte sur le present Registre a la Nouvelle York le 7ᵉ octobre 1764.

    J: P: Têtard Past.

Bateme—Aujourdhuy Dimanche 21ᵉ Octobre 1764. aprés Léxercisse de laprès midy a Etée Batisée par moy Pasteur soussigné Marie Margueritte Cloux fille naturelle et Legitime de Jean Cloux et de Jeanne Margueritte Paran sa femme presentée au Sᵗ Bateme par Nicolas Jandher Parain et Margueritte sa femme Maraine, L'anfant Est né le 3ᵉ du present Mois, fait a la Nouvᵉ York le dit Jour 21ᵉ 8ᵇʳᵉ 1764.

    J: P: Têtard Past.   Vallade an.

Bateme—Aujourdhuy 25ᵉ 9ᵇʳᵉ 1764. apres lexercisse de laprés midy a Etée Batisée par moy Pasteur Soussigné anne Blanchard fille Naturelle et Legitime de Jean Blanchard et de . . . . sa femme, presentée au Sᵗ

---

  * Apparently King's Bridge, Manhattan Island.

Bateme par Jean Blanchard le pere de L'anfant et par. . . . . Maraine L'anfant est né le. . . . . fait en Consistoire a la Nouvelle York le dit Jour 25ᵉ 9ᵇʳᵉ 1764.

J: P: Têtard Past. Vallade an

Bateme—Aujourdhuy 25ᵉ 9ᵇʳᵉ 1764. après lexercisse de lapres midy a etée Batisée par moy Pasteur soussigné françoize aymar fille Naturelle et Legitime de Jean Aymar et de Jeanne Ravo sa femme presentée au Sᵗ Bateme par francois Many Parain et par Marie Raven femme de Daniel Ravo Maraine, Lanfan est Né le. . . . . fait en Consistoire a la nouvelle York le dit Jour 25ᵉ 9ᵇʳᵉ 1764.

J: P: Têtard Past. Vallade an.

Bateme—Aujourdhuy 2ᵉ Decembre 1764. après lexercisse de laprés Midy a Etée Batisée par moy Pasteur soussigné Marie francoise fille naturelle et Legitime de francois Gautey et de appelonne sa femme, presenté au Sᵗ Bateme par Pierre Durand parain, et Jane Marie Morel Maraine, Lanfant est né le 27ᵉ 9ᵇʳᵉ dernʳ fait a la Nouvelle York le dit Jour 2ᵉ Xᵇʳᵉ 1764.

J: P: Têtard Past. en Gauthy
Vallade P. Durand

Bateme—Aujourdhuy 16ᵉ Decembre 1764. apres léxércisse de lapres midy a Etée Batisée par moy pasteur Soussigné Marie françoise fille de Jean Pommant et de Marie sa femme tous les deux Etrangers de L'Eglise, presentée au Sᵗ Bateme par francois Girard Parain et Marie Spies Maraine, lanfant est Né le 13ᵉ du Courant, fait a la nouvelle York le dit Jour 16ᵉ Xᵇʳᵉ 1764.

J: P: Têtard Past. Jean pommant
Vallade Francois Girard

Bateme—Aujourdhuy 25ᵉ Jour de Decembre 1764. apres Midy á Etée Batisée par moy Pasteur Soussigné Henriette Parisien fille Naturelle et Legitime de Mᵣ Otho Parisien et de Esther sa femme, presentée au Sᵗ Bateme par Elisée Galaudet Parain et par Elizabeth Pelletreau Maraine Lanfant est né le 17ᵉ du present Mois. le Sᵗ Bateme luy ayant Eté administre dans la Maison du pere de Lanfant a Cause de la Severitté du froit, sans Tirer a aucune Consequ'ance pour Lavenir, fait a la nouvelle York le dit Jour 25ᵉ Decembre 1764.

J: P: Têtard Past.   Vallade ancien.

Bateme—Aujourdhuy 17 Fevrier 1765 apres Midy a Etée Batisée par moy Pasteur soussigné Isaac Baudouin fils Naturelle et Legitime de Mᵣ Jeremie Baudouin et de Anne Baudouin sa femme, presentée au Sᵗ Bateme par Isaac Noble Parain et par Rachelle Noble son Epouse Marraine, Lanfant est Né le 5ᵉ du present Mois, fait a la Nouvelle York le dit Jour 17ᵉ fevrier 1765.

J: P: Têtard Past.   L. Pintard, ancien.
Isaac Noble   Jaque Desbrosses
Rachel Noble

Bateme—Aujourdhuy 24 fevrier 1765 apres l'exercisse de l'apres midy a Etée Batisée par moy Pasteur Soussignée Catherine Pintard fille Naturelle et Legitime de Louis Pintard et Susanne sa femme, presentée au Sᵗ Bateme par Henry Gerbeaux et Marie Disleau parain et Maraine, l'anfant est Née le 10ᵉ Janvier dernier a onze heure apres midy. fait a la Nouvelle York le dit Jour 24 fevᵣ 1765.

J: P: Têtard Past.   Ueue Disleau   H. Gerbeaux
                                           L: Pintard

Bateme—Aujourd'huy 24ᵉ Mars 1765. a êté Batisé par moy Pasteur soussigné Jean françois Perot fils de Jean Perot absent et êtranger et de Louise Cadet êtrangere qui a dit etre sa femme, lenfant etant ne suivant la declaration de la Mere le 8ᵉ du Courant, presenté au Sᵗ Bateme par Mʳ Jean francois Malvisin Capⁿᵉ de Navire et La mere de l'anfant, le tout quoy est Enregistré pour y avoir Recours Ci Besoin est, fait a la Nouvelle York le dit Jour 24ᵉ Mars 1765.

J: P: Têtard Past.

Bateme—Aujourdhuy 31ᵉ Mars 1765. apres lexercisse de laprés midy a été Baptisé par moy Pasteur soussigné Jean Henry Tiers fils naturel et Legitime de Daniel Tiers et de Susanne sa femme presenté au Sᵗ Bateme par Pierre Chapelle et Catherinne Tiers Parain et Maraine, L'anfant est Né le........ fait a la Nouvelle York le dit Jour 31ᵉ Mars 1765.

J: P: Têtard Past.

Bateme—Aujourdhuy 19ᵉ Juillet 1765. a été Bâtisé par Moy Pasteur soussigné Robert Noble fils naturel et Legitime de Mʳ Isaac Noble et de Rachel De Joncourt son Epouze, né le 7ᵉ du Courant, Le Bateme luy à été administré dans la maison pour la Crainte de la petite verole, sans Tirer a Consequ'ence pour Lavenir, presente au Sᵗ Bateme par Mʳ Robert Cromelin Parain, et Madᵉ Jeanne Dejoncourt Maraine, fait a la nouvelle York le dit Jour 19ᵉ Juillet 1765.

J: P: Têtard Past.   Isaac Noble
                     Jeanne De Joncourt

Enterremᵗ —Aujourdhuy 16ᵉ Septembre 1765. a été Enterré dans le Cimetiere de l'Eglise françoise reformée de la Nouvelle York, feu Henry Gerbeaux, Capⁿᵉ de Navire Natif de Sᵗ Surin dan la province de Xaintonge Royaume de france, décédé le jour de hier a 7 heures du matin ches Monsʳ Pierre Vallade son amy qui a signé le present auec le Pasteur et les Anciens de l'Eglise, fait a la Nouvelle York le dit Jour 16ᵉ 7ᵇʳᵉ 1765.

J: P: Têtard Past.   F. blanchard an
Jaque Desbrosses an.   Isaac Noble
                       Vallade

Bateme—Aujourdhuy 22ᵉ 7ᵇʳᵉ 1765. à été Batisé par Moy Pasteur soussigné Rachel Harison fille, Naturelle et Legitime de Jean Harison, et de Denize Rou sa femme, L'anfant êtant né le 19ᵉ Aoust dʳ et presentée au Sᵗ Bateme par Jean Bᵗᵉ Rieux et le pasteur soussigné Parains, et par Madˡˡᵉ Esther Rou Maraine ; Le Bateme luy ayant été administré dans La Maison pour Cause de Maladie qui na pas permis de L'apporter a L'Eglise sans Danger, sans Tirer a Consequ'ance, fait a la Nouvelle York le dit Jour.

J: P: TÊTARD Past.   RIEUX D

Bateme—Aujourdhuy 6ᵉ 8ᵇʳᵉ 1765. apres lexercisse de L'apres midy à étée Batisée par moy Pasteur Soussigné Jeanne Lagear fille naturelle et Legitime de Pierre Lagear et de Madelaine Lagear sa femme presentée au Sᵗ Bateme par Mathieu Morel Parain et Jeanne Marie Morel sa femme Maraine, Lanfant est Né le 20ᵉ 7ᵇʳᵉ dernier, fait a la Nouvelle York le dit Jour 6ᵉ 8ᵇʳᵉ 1765.

J: P: TÊTARD Past.

Mariage—Aujourdhuy 6ᵉ Octobre 1765. Le Pasteur soussigné a Beny le Mariage de Jacque Blanchard et de Elizabeth Ezlang tous les deux de Cette ville Membres Communians de l'Eglise françoise, le dit mariage a ete Beny dans la Maison de francois Blanchard pere du Marie en vertu dune Lissence De son honneur Le Lieutenant Gouverneur de Cette province en datte du 3ᵉ Courant, fait a la Nouvelle York le dit Jour 6ᵉ 8ᵇʳᵉ 1765.

J : P. TÊTARD Past.

Mariage—Aujourdhuy 27ᵉ octobre 1765. à eté Beny par le Pasteur soussigné, Le Mariage de John Moffatt et de Charlotte Aimar, En vertu dune Licence de son honneur Le Lieutenant Gouverneur en datte du 24ᵉ du Courant, La Celebration S'estant faitte dans la maison du sieur Pierre Many Jeune, En presence de la mere, freres, soeurs et autres Parans de la mariée, fait a la Nouvelle York le dit Jour 27ᵉ 8ᵇʳᵉ 1765.

J : P : Têtard Past.

Bateme—Aujourdhuy 10ᵉ Novembre 1765. aprés L'Exercisse de laprès midy á êtée Batisée par Moy Pasteur soussigné Margueritte Belair fille Naturelle et Legitime de Jean Belair et de Claudinne Valet sa femme, presentée au Sᵗ Bateme par Mathieu Morel Parain et Jeanne Marie sa femme faisant ponr Margueritte Clou Maraine ; fait a la Nouvelle York le dit Jour 10ᵉ 9ᵇʳᵉ 1765.

J : P : Têtard Past.
Jaque Desbrosses
francois blanchard
Isaac Noble

Bateme—Aujourdhuy 16ᵉ fevrier 1766. apres Le sermon de l'aprés midy á été Batisé par moy pasteur soussigné Louis fougere fils Naturel et Legitime de Mʳ Louis fougere et de Eve sa femme presenté au Sᵗ Bateme par Jâque Blanchard et Elizabeth sa femme parain et maraine Lanfant est Né le 2ᵉ du present mois, fait a la nouvelle York le 16ᵉ fevʳ 1766.

L. Faugeres

J : P : Têtard Past.
Jaque Desbrosses
francois blanchard
Isaac Noble

Bateme—Aujourd'hui 23ᵉ fevrier après le sermon de l'apres midy a été Batisé par moi Pasteur soussigné Catherine Lodz fille naturelle et legitime de Réné Lodz et Elizabeth sa femme presenté au Sᵗ Batême par Pierre Lorillard et Catherine sa femme Parain et Maraine. L'Enfant est né le 23ᵉ du mois de Janvier. Fait a la Nouv: York le 23ᵉ fevrier 1766.

Reinnold Lodz
P. Lourillard

J : P : Têtard Past.
Jaque Desbrosses
francois blanchard
Isaac Noble

Mariage—Aujourd'hui Jeudy 27ᵉ Mars 1766. Jay Marié Martin Brardt et Magdelaine Trumeau (Veuve) tous les deux de cette Ville et membres de l'Eglise Francoise. Beny le dit Mariage en vertu de la Publication qui en a été faitte dans l'Eglise Allemande Reformée de cette ville, ainsi qu'appert par un Certificat de Monsʳ J. Michel Kern Pasteur de ditte Eglise Signé en datte du 3ᵉ fevrier 1766. Le dit Couple a eté Marié chez moi Pasteur soussigné en presence de Mᵉ Marie Elliton, Demoiselle Marthe Perot, Madᵉ Françoise Têtard et Demoiselle Anne Soph: Jaquery. Fait à la N. York le dit jour 27ᵉ Mars 1766.

J: P: Têtard Past.

Mariage—Aujourd'hui 1ʳ Avril 1766 J'ay marié Jaques Noblot et Anne Deakins en Vertu de la publication qui en a été faite dans l'Eglise Francoise.

Mariage—Aujourd'hui 27ᵉ Avril 1766. J'ay Marié Jean Christophle Originaire de Toulon, et Marguerite Como fille de Joseph Como Acadien, Tous les deux habitans à la Nouvelle York. J'ay Beni le dit Mariage en vertu de la publication qui en a été faite par moi dans l'Eglise Françoise. Le dit Couple a été Marié chez moi Pasteur soussigné en prèsence de la Famille et de Jean Batiste Bomon Témoin. Fait a la Nouv: York le dit jour 27ᵉ Avril 1766.

J: P: Têtard Past.

Bateme—Aujourd'hui 1ᵉʳ Juin 1766. après le sermon de lapres midy a eté batisé par moi Pasteur soussigné Jean Daniel Tiers fils de Matthieu Tiers le Jeune et de Marguerite Tiers sa femme, presenté au Sᵗ Bâteme par Jean Pierre Chapelle le Jeune et Magdelaine Tiers parain et Maraine l'Enfant est né le 23ᵉ May fait a la Nouv: York le jour que dessus.

J: P: Têtard Past.
Franc: Blanchard
Isaac Noble

Bateme—Aujourd'hui 8ᵉ Juin 1766. Apres le sermon de l'apres midy a étè batisé par moi Pasteur soussigné Catherine Chapelle fille de Jean Pierre Chapelle le Jeune et de Françoise sa femme. Presenté au Sᵗ Batême par Matthieu Tiers le jeune et Marguerite sa femme Parain et Maraine. L'Enfant est né le 1ᵉʳ Juin 1766. Fait à la Nouv: York le jour et an que dessus.

J: P: Têtard Past.
FRANC: BLANCHARD
Isaac Noble

Bateme—Aujourd'hui 4ᵉ d'Août 1766. J'ay batisé en chambre (l'enfant se trouvant malade) Jaques Brard né le dernier de Juillet passé, fils de Martin Brard et de Madeleine Ci devant Veuve Trumeau, sa femme, presenté au Sᵗ Batême par Nicolas Toulon et Debora son Epouse, Parain et Maraine. Fait à la Nouvelle York le jour et an que dessus.

J: P: Têtard.

Bateme—Aujourd'hui 29ᵉ fevrier 1767 J'ay batisé Louis Baudouin fils de Jeremie Baudouin et d'Anne sa femme, presenté au Sᵗ Batême par Pierre Durand et Clémence sa femme. L'Enfant est né le 19ᵉ du dit Mois.

J: P: Têtard.

Bateme—Aujour 4ᵉ 7ᵇʳᵉ 1766 J'ay batisé François Jean Blanchard fils de Jean et de Marie Blanchard et presenté par Pere et Mere. l'Enfant est né le 29ᵉ Août 1766.

J: P: Têtard *

---

* Between this and the next record there is left in the original sufficient blank space for one or two entries.

Bateme—Aujourd'hui le 17ᵉ 7ᵇʳᵉ 1766. a été batisé en chambre par moi Pasteur soussigné, Pierre Jaquin fils de Jean George Jaquin et de Catherine sa femme. Presenté au Sᵗ Bateme par Pierre Frederic Durand et Anne Clémence sa femme Parrain et Marraine. L'Enfant est né le 13ᵉ Juin. Fait à la Nouv: York le jour et an que dessus.

J. P. TÊTARD Past.
F. DURAND *

Bateme—Aujourd'hui le 10ᵉ May 1767. a été batisé en chambre par moi Pasteur soussigné, Jean Du Clou fils de Jean Du Clou, et de Marguerite Parent son Epouse. Presenté au Sᵗ Bateme par Jean Plantin et Joseph Towers Parains, et Elizabeth Plantin Marraine. L'Enfant est né le 16ᵉ Avril 1767. Fait à la Nouvelle York l'an et jour que dessus.

JEAN PLANTIN	J. P. TÊTARD, Past.
⊘ sa marque	DECLOUS PÉRE
	JOSEPH TOWERS †

Enterremᵗ —Aujourd'hui 26ᵉ Avril 1768 Jay enterré au Cémetiére de l'Eglise Françoise de cette ville le Corps du Sᵗ Jean Raoult, natif François de la ville de la Rochelle en Aunix ci devant Négotiant à Sᵗ Domingue, décedé en cette Ville la nuit précédente, âgé d'environ quarante six ans.

JEAN PIERRE TÊTARD Pasteur

Bateme—Aujourd'hui 18ᵉ 8ᵇʳᵉ Jay Batisé Anthoine Jaques Blanchard fils de Jean et Marie Blanchard, presenté par Pére et Mére. L'Enfant est né le 21 Aout 1768.

J. P. TÊTARD.

---

* After this entry occurs in the original a full blank page.

† After this entry about three and two-third pages are left in blank.

AU NOM DE DIEU SOIT FAIT. AMEN.

EXTRAIT DU LIVRE DES BATEMES DE LA NOUVELLE ROCHELLE, ANEXE DE L'EGLISE FRANCOISE REFORMÉE DE LA NOUVELLE YORK.*

Bateme—Aujourdhuy 4e Avril 1755 apres l'Exercice du Soir, a eté Batisé par moy Pasteur Sousigné, Madelaine, fille Naturelle et legitime de Jacob Coutan et Jeanne Renaud sa femme. le dit enfant est né le 5e mars 1755. et a eté presenté au St Bateme par son Pere Jacob Coutan et madelaine Renaud Maraine. le dit enfant a eté nommé Madelaine. fait en Consistoire, (a la Nouvelle Rochelle) le 4e Avril 1755, et par transport de livre (celuy ou ce bateme etoit enregistré ayant eté perdu) le 23 avril 1756.

    JEAN CARLE Past.   Signé dans loriginal,
                                   JACOB COUTAN

Bateme—Ce Sus dit jour 4e Avril 1755 apres l'exercice du Soir, a eté Batisé par moy Pasteur Sousigné, Salomon, fils naturel et legitime de Jacques Sicard et de Madelaine Badau sa femme. le dit enfant est né le 9e Mars 1755 et a eté presenté au St Bateme par Pierre Badau Parain, et Catherine Coutan sa femme Maraine. le dit enfant a eté nomé au St Bateme Salomon. fait en Consistoire le 4e Avril 1755. et par transport de livre le 23 avril 1756.

    JEAN CARLE Past.   Signé dans l'original,
                                  PETER BEADEAU

---

* In order not to interrupt too much the order of the dates, these records are given here, instead of being relegated to the end of the volume. A few leaves of the original register of the New Rochelle "annexe" are now in the library of the New York Historical Society. They begin with the baptism of April 16th, 1762, and end with that of July 7th, 1764—the latter entry, and the two immediately preceding it, not being contained in the register of the mother church. The several duplicate records which thus exist serve to show that the transcription was accurately made.

Bateme—Aujourdhuy 23 Avril 1756 apres l'exercice du Soir, a été Batisée par moy Pasteur Sousigné, Marie, fille Naturelle et legitime de Jean Parcot et Jeane Ravau sa femme. elle a eté presentée au S: Bateme, par David guyon Parain et Ester Parcot fille du Sus dit Parcot, et femme du S: David guyon Maraine. l'enfant est né le 23 feu: 1756 et a eté nomé au S: Bateme Marie. fait en Consistoire ce Sus dit jour 23 Avril 1756.

JEAN CARLE Past. Signé dans l'original,
                        DAVID GUION
                        ESTER GION
                        JAN PARCOT

Bateme—Ce Sus dit jour 23 avril 1756 apres l'exercisse du Soir, a eté batisée par moy Pasteur Sousigné, Judit fille naturelle et legitime de Jonatan Wémen et Elisabet dubois sa femme. le dit enfant est né le 12 avril 1756 et a eté presenté au S: Bateme par m: Jean Parcot Parain et Jeañe Ravau sa femme Maraine. l'enfant a eté nomé Judit. fait en Consistoire ce 23 avril 1756.

JEAN CARLE Past. Signé dans l'original,
                        JEAN PARCOT
                        JEAÑE PARCOT
        ○ Ceci est la marque qu'a mis dans l'original
                WÉMEN Pere de l'enfant

Bateme—Aujourdhuy 23 Avril 1756 apres l'exercice du Soir, a eté batisé par moy Pasteur Sousigné, Esaie fils naturel et legitime d'Isaac Coutan et francoise Badau sa femme. le dit enfant est né le 10° Jan: 1756 et a eté presenté au S: Bateme par Pierre Badau Parain et Ester Coutan Maraine. l'enfant a eté nomé Esaie. fait en Consistoire ce Sus dit 23 avril 1756.

JEAN CARLE Past. Signé dans l'original
                        PETER BEADEAU
                        ISAAC COUTAN
        ⌒ la dite marque est Celle de la Maraine
                ESTER COUTAN

Bateme—Aujourdhuy 9ᵉ. 8ᵇʳᵉ 1757. apres l'exercice du Soir a eté batisé par moy Pasteur Sousigné, Aimée fille naturelle et legitime de Jacques Stuart et de Ester Asirs qui ont eté Parain et Maraine, a la Maniere et selon la discipline de l'Eglise Chretienne reformée d'Ecosse. la dite fille est née le 3ᵉ. 7ᵇʳᵉ dernier. fait en Consistoire le 9ᵉ. 8ᵇʳᵉ 1757.

> JEAN CARLE Past. *J* . Ceci est la marque du Pere qui
> n'a pas peu Signer a Cause
> d'une fievre tremblante qu'il
> avoit alors.
> —|– Marque de la femme qui ne Savoit point ecrire.

Bateme—Aujourdhuy 9ᵉ. 8ᵇʳᵉ 1757 apres le Sermon d'action de grace, a eté batisé par moy Pasteur Sousigné, Samuel fils naturel et legitime de Ruben olivier et d'Ester galodet. le did enfant est né le 17ᵉ. 7ᵇʳᵉ 1757 et a eté presenté au Sᵗ bateme par Jacque Parcot Parain et Lea galodet Maraine. fait en Consistoire ce 9ᵉ 8ᵇʳᵉ 1757.

> JEAN CARLE Past.　　　　Signé dans l'original
> 　　　　　　　　　　　REUBEN OLIVER
> *O* Marque de JACQUES PARCOT ne sachant pas ecrire
> 　　　Est ∽ in la marque be LEA GALODET

Bateme—Aujourdhuy 9ᵉ. 8ᵇʳᵉ 1757 a été batisé apres le Sermon d'action de grace, par moy Pasteur Sousigné, Etienne fils naturel et legitime de Jacques Siccard et Madelaine Badau. le dit enfant est né le 20ᵉ Aoust 1757 et a eté presenté au Sᵗ bateme, par Jacob Coutan Parain, et Madelaine Parcot Maraine. fait en Consistoire ce 9ᵉ 8ᵇʳᵉ 1757.

> JEAN CARLE Past.　　　　Signé dans l'original
> 　　　　　　　　　　　JACOB COUTAN
> 　　　　　　　　　　　MADELAINE PARCOT

Bateme—Le 2e feur 1758 a été presenté au St Bateme, Jacques, fils d'Isaac Coutan et de francoise Badaud son Epouse, par son Pere et Mariane Coutan sa tante. attesté par J. P. Têtard Ministre.

ISAAC COUTAN
MARIANE COUTAN

Bateme—Le meme jour que devant, a été aussi presenté au St Sacrement du Bateme, Madelaine fille de Jacob helicom et de Marie Badaud son Epouse, par Jean Badaud son grand Pere, et Susanne Bely. attesté par J. P. Têtard Ministre. Signé dans l'original

JEAN BADAUD
SUSANNE BAYLEY

Bateme—Du meme jour que devant, Cest a dire du 12e * feur 1758. a été presenté au St Bateme, Elizabeth fille de Benjamin flandreau, et d'Ester Badau son Epouse, par Jean Badaud son grand Pere et Ester Badaud sa Mere. attesté et enregistré par J. P. Têtard Ministre.

Signé JEAN BADAUD
ESTER BADAUD

Bateme—Aujourdhuy 31 mars 1758. a été Batisé par moy Pasteur Sousigné, george fils naturel et legitime de oulric Springer, et anne Marie Jeri-werst de la Conté des deux Ponts, et le Pere du Canton de Zuric. il a été presenté au St Bateme, par Daniel tiers Parain et Marie Conte Maraine. lenfant a eté Batisé apres le Sermon de preparation. fait en Consistoire ce 31e mars 1758.

Signé dans l'original

JEAN CARLE Past.† DANIEL TIERS
MARIE TIERS

---

* There is a mistake or an omission here somewhere, upon which the context throws no light.

† Le Pere etant malade n'a point fait de marque, mais la Mere a fait une Crois ne Sachant pas Signer.

Bateme—Aujourdhuy 2ᵉ avril apres le Sermon du Soir a eté Batisé par moy Pasteur Soussigné, Jean Coutan fils naturel et legitime d'henry Coutan, et d'Elisabet Chadaine sa femme. il a eté presenté au Sᵗ Bateme par henry Coutan Pere de l'enfant et Ester Langevin Maraine. fait en Consistoire a la Nouvelle Rochelle ce Sus dit 2ᵉ Avril 1758.

JEAN CARLE Past. Signé dans l'original
HENRY COUTANT
ESTER LANGEVIN

Bateme—Aujourdhuy 7ᵉ Juillet 1758 apres le Sermon de preparation a la Sᵗᵉ Cene, a eté baptisé par moy Pasteur Sousigné, Jacob Badau fils naturel et legitime de Pierre Badau et de Catherine Coutan sa femme. le dit enfant qui est né le 12 Avril derʳ, a eté presenté au Sᵗ Bateme par Pierre Badau Pere et Parain, et Ester Erouard Maraine. fait en Consistoire ce Sus dit 7ᵉ Juillet 1758.

JEAN CARLE Past. Signé dans l'original
PETER BEADEAU et ESTER
EROUARD, Maraine a fait une marque

Bateme—Aujourdhuy 6ᵉ 8ᵇʳᵉ 1758 apres le Sermon de preparation a la Sᵗᵉ Cene, a eté batisé par moy Pasteur Soussigné, Josué fils naturel et legitime d'abel des veaux et de Marie Soulis sa femme. le dit enfant qui est né le 20ᵉ Aoust 1758 a été presenté au Sᵗ bateme par son Pere et sa Mere qui luy ont Servi de Parain et Maraine. fait en Consistoire ce Sus did jour 6ᵉ 8ᵇʳᵉ 1758.

Signé dans l'original
JEAN CARLE Past.   ABEL DESVEAUX Junior
JEAN BADEAU   ⎫   La Mere a Signé par une Croix
SAMUEL GILLOT   ⎬ anciens.   ne Sachant pas Ecrire
MICHEL HONORÉ   ⎭

Bateme—Aujourdhuy apres le Sermon d'Action de grace pour la Comunion, a été batisé par moy Pasteur Sousigné, Jeanne, fille naturelle et legitime de Jacques Stuart et d'Ester asiers sa femme. la dite fille est née le 14 mars 1759 et a été presentée au S.ᵗ bateme par le Pere et la Mere de la dite fille. fait en Consistoire le 22 avril 1759.

JEAN CARLE Past.   Le Pere et la Mere ne Sachant point
                              ecrire ont fait des marques
Signé dans l'original MICHEL HONORÉ

Bateme—Aujourdhuy 12ᵉ 8ᵇʳᵉ 1759 apres le Sermon de preparation a la S.ᵗᵉ Cene, a été batisé par moy Pasteur Sousigné, David fils naturel et legitime de Jacques Siccard et de Madelaine Badau; le dit enfans est né le 2ᵉ Aoust 1759 et a eté presenté au S.ᵗ bateme par abel des veaux et sa femme Parain et Maraine. fait en Consistoire ce Sus dit jour 12ᵉ 8ᵇʳᵉ 1759.

JEAN CARLE Past.   Signé dans l'original
JEAN BADEAU   ⎱ anciens.   ABEL DES VEAUX Junior
SAMUEL GILLOT ⎰
                      MAD.ᴱ DES VEAUX Maraine ne sachant
                          point Signer a fait une marque.

Bateme—Aujourdhuy 12ᵉ 8ᵇʳᵉ 1759 apres le Sermon de preparation a la S.ᵗᵉ Cene, a été batisé par moy Pasteur Sousigné, Catherine fille naturelle et legitime de Pierre Beadeaux et Catherine Coutan sa femme. la dite fille est née le 17ᵉ Aoust 1759 et a eté presentée au S.ᵗ Bateme, par Charles Erouard et Catharine Coutan grand Mere de la Sus dite fille Parain et Maraine. fait en Consistoire ce Sus dit jour 12ᵉ 8ᵇʳᵉ 1759.

                              Signé dans l'orginal
JEAN CARLE Past.   PETER BEADEAU
JEAN BEDEAU   ⎱ anciens.   CHARLES EROUARD
SAMUEL GILLOT ⎰   CATHERINE COUTENT

Bateme—Aujourdhuy 11ᵉ avril, apres le Sermon de preparation a la Sᵗᵉ Cene, a eté batisée par moy Pasteur Sousigné, Ester fille Naturelle et legitime de Jacob Coutan et de Jeanne Ravau sa femme. la dite fille est nee le 23 mars derᵗ et a eté presentée au Sᵗ Bateme, par Bernard Railander Parain et Ester Erouard Maraine fait en Consistoire ce 11ᵉ avril 1760.

Signée dans l'original

JEAN CARLE Past.   JACOB COUTANT

JEAN BADEAU. ⎫   BERNARD RYNLANDER
JEAN PARCOT ⎭ anciens.

ESTER EROUARD a fait une marque

Bateme—Aujourdhuy 11ᵉ avril, apres le Sermon de preparation a la Sᵗᵉ Cene, a eté batisé par moy Pasteur Sousigné, madelaine fille naturelle et legitime de benjamin flandrau et Ester Badeau sa femme. la dite fille est née le 29ᵉ 9ᵇʳᵉ 1759. et a eté presentée au Sᵗ bateme, par Pierre Badeau Parain et Blanche Bueau Maraine. fait en Consistoire ce 11ᵉ avril 1760.

JEAN CARLE Pasteur   Signé dans l'original

SAMUEL GILLOT ⎫   PETER BEADEAU
MICHEL HONORÉ ⎭ anciens.   BLANCHE BUEAU

Bateme—Aujourdhuy 13ᵉ avril 1760. a eté batisé par moy Pasteur Sousigné, Jean Marquis Negre esclave fils naturel de Pierre Negre esclave du Sieur Riché et d'Anne Negresse esclave de mᶦˡᵉ Marie Bely, avec la permission de la Sus dite Marie Bely Maitresse de l'enfant Jean Marquis. je lai batisé dans leglise francoise de la Nouvelle Rochelle, apres le Sermon d'action de grace pour la Comunion. le dit Jean Marquis a eu pour Parain Marquis esclave de demoiselle le Conte Negre Batisé, et Marie Negresse esclave de Madᵉ la Vᵉ Mercier Negresse batiseé, et qui a Comunie. fait a la Nouvelle Rochelle ce Sus dit 13 avril 1760.

JEAN CARLE Past.   MARY BESLY

Mariage—Aujourdhuy 12 Avril 1760 a eté Marié par moy Pasteur Sousigné, André de Bonrepos et Marie Clark, dont les Anonces avoient eté publiées 3 dimanches de Suite dans l'Eglise Anglaise de la Nouvelle Rochelle, Come il paroit par les deux temoins Sousignés. en Consequence de quoy je les ai Maries, Selon la liturgie du Mariage des Eglises reformées de france. fait en Consistoire ce 12 avril 1760.

JEAN CARLE Past.   Signé dans l'original
                         ANDRÉ DE BONREPO
     l'Epouse ne sachant point ecrire a fait une marque.
MICHEL HONORÉ }   temoins
JEAN PARCOT   } anciens   MARY BESLY
                              JAMES SICARD

Bateme—Aujourdhuy 7ᵉ 7ᵇʳᵉ 1760 a eté batisé par moy Pasteur Sousigné Pierre fils d'henry Coutan et Elisabet Chadaine sa femme. le dit Pierre est né d'un legitime Mariage, et a eté presenté au Sᵗ Bateme par Charles Erouard et abigail Baret femme de Pierre hally Parain et Maraine. le Bateme luy a eté administré apres le Sermon du Soir. fait en Consistoire le Sus dit jour 7ᵉ 7ᵇʳᵉ 1760.   Signé dans l'original

JEAN CARLE Past   CHARLES EROUARD
MICHEL HONORÉ a.   ABIGAIL HALLEE
JEAN BEAUDEAU a.   HENRY COUTAN

Bateme—Aujourdhuy 10ᵉ 8ᵇʳᵉ 1760. apres le Sermon de preparation, a été batisé par moy Pasteur Sousigné, benjamin fils naturel et legitime d'abel des veaux et Marie Soulis sa femme. le dit enfant a eté presenté au Sᵗ Bateme par Jean Badau et Ester Soulis Parain et Maraine. il est né le 8ᵉ 7ᵇʳᵉ derᵣ fait en Consistoire ce Sus dit 10ᵉ 8ᵇʳᵉ 1760.

JEAN CARLE Past.   Signé dans l'original
MICHEL HONORÉ anc.   ABEL DESVAUX Junior
JEAN PARCOT anc.   ESTER SOULIS
                        JEAN BADAU Parain et ancien

Bateme—Aujourdhuy 12ᵉ 8ᵇʳᵉ 1760. apres le Sermon d'Action de grace, a eté batisé par moy Pasteur Sousigné, Moyse fils naturel et l'Egitime de Nicolas toulon et debora de Sᵗᵉ Croix. le dit enfant a été presenté au Sᵗ Bateme par Moyse de Sᵗᵉ Croix et Marie gauré sa femme Parain et Maraine, et en meme temps grand Pere et grand Mere du Sus dit enfant. l'enfant est né aujourdhuy 12ᵉ 8ᵇʳᵉ 1760. Avant que de luy administrer le Bateme, ignorant la religion du Pere qui etoit absent, nous avons demandé au grand Pere et Parain de l'enfant, Si le Pere du Sus dit enfant aprouvoit que le Bateme luy fut administré par nous Pasteur Sousigné ? il nous a repondu qu'ouy ; en foy de quoy nous luy avons administré le Bateme, Conoissant le Parain et Maraine pour Protestant. fait en Consistoire ce Sus dit 12ᵉ 8ᵇʳᵉ 1760.

JEAN CARLE Pasteur	Signé dans l'original
SAMUEL GILLOT anc.	MOYSE DE Sᵀᴱ CROIX
JEAN BADEAU anc.	MARIE DE Sᵀᴱ CROIX

Bateme—Nous Sousigné Pasteur, nous trouvant a la Nouvelle Rochelle notre anexe, Avons batisé dans la Maison de monsieur honoré, un des anciens de l'Eglise francoise de ce bourg (les membres de la dite Congregation ne pouvant point etre assembles dans l'Eglise, a Cause des travaux de la Campagne) Avons dis je, batisé dans la Sus dite Maison aujourdhuy 20 Janʳ 1761. Clarkson fils legitime de Charles Erouard et Ester Coutan sa femme. le dit enfant est né le 27₋ 9ᵇʳᵉ 1760 et a eté presente au Sᵗ Bateme par Louis Clarkson et Marie Richard Parain et Maraine. fait en Consistoire le jour et an que dessus.

JEAN CARLE Past.	Signé dans l'original
MICHEL HONORÉ anc.	CHARLES HEROUAR Pere
SAMUEL GILLOT anc.	LEU CLARKSON
	La Mere a fait une marque

Bateme—Aujourdhuy 12 Avril apres le Sermon d'action de grace, a eté batisée par moy Pasteur Sousigné, francoise fille naturelle et legitime d' Isaac Coutan et francoise Badau sa femme. le dit enfant est né le 17 Jan.ʳ 1761 et a eté presenté au Sᵗ Bateme, par Jean Parcot et sa femme. fait en Consistoire a la Nouvelle Rochelle ce 12ᵉ avril 1761.

JEAN CARLE Pasteur.   Signé dans l'original
JEAN PARCOT ancien.   ISAAC COUTAN
JEAN BADEAU ancien.   JEANNE PARCOT

Bateme—Aujourdhuy 12 Avril 1761. apres le Sermon d'Action de grace, a eté batisée par moy Pasteur Sousigné, Catherine fille naturelle et legitime de Pierre Rochar et Jeanne Badeau sa femme. le Sus dit enfant est né le 29 mars dernier, et a eté presenté au Sᵗ Bateme, par Jean Badeau et Catherine Coutan, Parain et Maraine. fait en Consistoire a la Nouvelle Rochelle ce 12 avril 1761.

JEAN CARLE Past.   Signé dans l'original
SAMUEL GILLOT anc.   PIERRE ROCHAR
MICHEL HONORE anc.   JEAN BADEAU
                         CATHERINE COUTAN

Bateme—Aujourdhuy 10ᵉ Juillet 1761. apres le Sermon de preparation a la Sᵗᵉ Cene, a eté batisé par moy Pasteur Sousigné, Jacques fils naturel et legitime de Pierre Badeau, et Catherine Coutan sa femme. le dit enfant est né le 4 mars der.ʳ, et a eté presenté au Sᵗ Bateme par Jean Parcot et Jeanne Ravau sa femme. fait en Consistoire a la Nouvelle Rochelle ce Sus dit 10 Juillet 1761.

JEAN CARLE Past.   Signes dans l'original
MICHEL HONORÉ anc.   PETER BEADEAU
JEAN BADEAU anc.   CATHERINE BADAU
                         JEAN PARCOT
                         JEANNE PARCOT

Bateme—Aujourdhuy 9ᵉ 8ᵇʳᵉ 1761. apres le Sermon de preparation, a eté batisée par moy Pasteur Sousigne, francoise fille naturelle et legitime de Benjamin flandreau et Ester Badeau. le dit enfant est né le 25_ 7ᵇʳᵉ 1761. et a eté presenté au Sᵗ Bateme, par Jacob Coutan et francoise Badeau. fait en Consistoire, a la Nouvelle Rochelle ce Sus dit 9ᵉ 8ᵇʳᵉ 1761.

JEAN CARLE Past　　　　　Signes dans l'original
JEAN BADEAU anc.　　　　　JACOB COUTAN
MICHEL HONORÉ anc.
　　　　　　La Maraine a Signé par une Marque

Bateme—Aujourdhuy 16 Avril 1762. apres le Sermon de preparation a la Sᵗᵉ Cene, a eté Batisée par moy Pasteur Sousigné, Susanne fille naturelle et legitime de guilhaume halé et Mariane Coutan sa femme. la dite fille [est née le] 10ᵉ feuʳ 1762 et a eté presentée au Sᵗ Bateme par Isaac Coutan Parain, et Vᵉ Susanne Bely Maraine. fait en Consistoire le 16 avril 1762.

JEAN CARLE Past.　　　　　Signes dans l'original
JEAN BADEAU anc.　　　　　ISAAC COUTAN
JEAN PARCOT anc.　　　　　SUSANNA BAYLEY

Bateme—Aujourdhuy 16ᵉ Avril 1762 apres le sermon de preparation a la Sᵗᵉ Cene a eté Batisé par moy Pasteur sousigné André fils d'andré Mercine et de Susanne née gindra. le dit enfant est né le 28ᵉ novembre 1761 et a eté presenté au Sᵗ Bateme par Jean Parcot Parain et Marie Gillot Maraine. je dis lenfant né le 28ᵉ novembre 1761. fait en Consistoire ce su dit 16 Avril 1762.

JEAN BADEAU　　　　　JEAN CARLE Past.
JEAN PARCOT　　　　　JEAN PARCOT

Bateme—Aujourdhuy 10ᵉ 8ᵇʳᵉ apres le sermon d'action de grace a eté batisé par moy Pasteur sousigné, Susanne fille naturelle et legitime d'abel des veaux le jeune et Marie Soubise sa femme. le dit enfant est né le 29ᵉ Juin

1762 et a eté presenté au S<u>t</u> Bateme par henry Coutan Parain et Marie des veaux Maraine. fait en Consistoire ce su dit jour 10<u>e</u> 8<u>bre</u> 1762.

JEAN CARLE Pasteur.   ABEL DEVAUX
SAMUEL GILLOT   HENRY COUTANT
JEAN BADEAU   her
                     MARY X DEVAUX *
                     mark

Bateme—Aujourdhuy 9<u>e</u> 9<u>bre</u> 1762 a été batiscé par moy Ministre sousigné, Madelaine, fille naturelle et legitime de Pierre Badeau et Catherine Coutan sa femme, la dite fille est née le 4<u>e</u> 9<u>bre</u> Courant, et a été presentée au S<u>t</u> Bateme par le Pere et la Mere de la dite fille. fait a la Nouvelle Rochelle ce sus dit 9<u>e</u> 9<u>bre</u> 1762.

                 J. P. TÊTARD Min:

Bateme—Aujourdhuy 8<u>e</u> Avril 1763 apres le sermon de preparation a eté batisé par moy Pasteur sousigné Jean fils naturel et legitime de Jean Barait et Elisabet d'Axen sa femme ; le dit enfant est né le 4<u>e</u> 8<u>bre</u> 1762 et a eté presenté au S<u>t</u> Bateme par Jean Barait et Judit des veaux sa femme grand Pere et grand Mere de l'enfant. fait en Consistoire ce 8<u>e</u> Avril 1763.

JEAN CARLE Pasteur   ceci est la marque de
JEAN BADEAU   X JEAN BARAIT Parain
JOHN PARCOT   et cette marque est Celle
                    X de la maraine JUDIT
                      DES VEAUX

Bateme—Aujourdhuy 8<u>e</u> Avril 1763 apres le sermon de preparation a la S<u>te</u> Cene a eté Batisé par moy Pasteur sousigné Guilhaume fils naturel et legitime d'henry

---

* Tout ce qui est Contenu dans ce livre, jusqu'ici, a eté transporté par moy dans le livre de registre de l'Eglise française Reformée de la Nouvelle york. Jean Carle Pasteur.

Coutan et Elisabet Chadaine sa femme. le dit enfant est né le 11ᵉ fevr. 1763 et a eté presenté au S. Bateme par abel des veaux Parain Jeanne Angevin Maraine. fait en Consistoire ce sus dit jour 8ᵉ Avril 1763.

HENRY COUTANT	JEAN CARLE Pasteur.
JEAN BADEAU	✕ ceci est la marque de
JOHN PARCOT	JEANNE ANGEVIN Maraine

Bateme—Aujourdhuy 8ᵉ Juillet apres le Sermon de preparation a la Stᵉ Cene a eté batisé par moy Pasteur Sousigné, benjamin flandreau, fils naturel et legitime de Benjamin flandreau et Ester Badau Pere et Mere de l'enfant, qui est né le 17 Juin 1763 et a eté presenté au St Bateme par Jean Parcot Parain, et Jeanne ravau sa femme Maraine. fait en Consistoire a la Nouvelle Rochelle ce sus dit 8 Juillet 1763.

JEAN CARLE Pasteur.

Bateme—Aujourdhuy 8ᵉ Juillet 1763 apres le sermon de préparation a la Sainte Cene, a eté batisé par moy Pasteur sousigné, Catherine Claret fille naturelle et legitime d'Isaac Coutan et francoise Badeau sa femme Pere et Mere de l'enfant. la dite fille est née le 11ᵉ avril dernier, et a eté presentée au St Bateme par Michel honoré Parain et Catherine Claret Badeau Maraine. fait en Consistoire a la Nouvelle Rochelle ce sus dit 8ᵉ Juillet 1763.

JEAN CARLE Pasteur.

Mariage—Aujourdhuy 14ᵉ auril, jay Marié par une licence de M. Cadwallader Colden Lieutenant Gouverneur, en datte du 1ᵉʳ Juillet 1763. jay dis je Marié Peter flandreau et Anne le Conte dans la maison de la dite demoiselle le Conte, en presence de Mʳ et Madᵉ guerinau les frere et soeurs Mʳ Besly et sa fille Manon, la belle fille Besly, Mʳ et Madᵉ alaire, et Autres. enregistré aujourdhuy 15ᵉ avril par moy, JEAN CARLE Pasteur.

Bateme—Aujourdhuy 7ᵉ Juillet 1764 apres le Sermon de preparation a la Sᵗᵉ Cene a eté batisé par moy Pasteur sousigné Jean fils naturel et legitime de Jacob Hillicourt et de Marie Badeau sa femme. le dit enfant est né le 24ᵉ 9ᵇʳᵉ 1763. A eté presenté au Sᵗ Batême par Jean Guérineau et Marie Glover. fait en Consistoire le sus dit jour.   J. P. TÊTARD Pasteur

anciens   Parain JEAN GUÉRINO
JEAN BADEAU   Maraine MARY GLOVER
MICHEL HONORÉ

Bateme—Du même jour que dessus a eté batisé par moy Pasteur Sousigné Madelaine fille naturelle et légitime de Jaques Sicard et de Madelaine Badeau sa femme. le dit enfant est né le 4ᵉ de May 1764. Et a été présenté au Sᵗ Batême par Jean Badeau et Marie Haskall. fait en Consistoire le sus dit jour.

JEAN BADEAU   J. P. TÊTARD Pasteur
MICHEL HONORÉ   Parain JEAN BADEAU
                 Maraine MARY HASKALL

AU NOM DE DIEU.*

Bateme—Willemeyntje, Fillie du Sieur Frederick Basset et de Dame Jannatje Vreidenburgh son Epouse ; Née le 29ᵉ de Juillet 1765. a etè Batizèe le 5ᵉ d'Aoust de la même Annèe dans la Maison paternelle, par moy Soussignè et a etè presentèe au Sᵗ Batème par le sieur William Vreidenburgh et Dame Willemeyntje Nack son Epouse, Ses Grands Pere et Mere Maternels. En foy dequoi j'ay Signès les presantes a la Nouvelle York l'an de grace 1765 le Cinquième Aoust. JACOB DALLER Ministre du Sᵗ Evangile.

> WILLIAM VREDENBURGH
> WILLEMEYNTIJE VREDENBURGH
> FREDRICK BASSETT

Nous les Soussignès, Ancien et Diacres, de l'Eglise Françoise Certifions que l'Extrait cy dessus, a ètè Copiè mot a mot et tirè du Certificat que Monsʳ Jacob Daller ; Ministre du Sᵗ Evangile ; a donnè du Sᵗ Batème qu'il a Administrès à la fillie de Msʳ Frederick Basset, en foy de quoy nous avons Signès le present, a la Nouvelle York le 10 May 1767.

> JAQUES BUVELOT ancien.
> FRANCIS BASSETT ⎫ diacre
> PETER VERGEREAU ⎭

Batême—Dans l'Eglise françoise Reformèe de la Nouvelle York, en l'Exercice de l'après-midy du Dimanche 10ᵉ de May 1767, le Sᵗ Sacrement du Batême à ètè administrè par Monsieur Abraham Ketletas Ministre du Sᵗ Evangile à Matthieu, fils de Mʳ Etienne Jourdan et de Margueritte Bellonne son Epouse ètant Nez le 5ᵉ d'Avril

---

* Here begins the second register, which bears this title : "Livre de Registre des Batêmes de l'Eglise Françoise Reformèe de la Nouvelle York. Commencé le 10ᵉ de May, 1767."

l'an de grace 1767 à ètè presantè au S̲ṭ Batême par Msͬ
Matthieu Morel, et Jeanne Marie son Epouse.

M̲athieu M̲orel, E̲tienne J̲ordan; A̲braham K̲ateltas
J̲eanne M̲arie M̲orelle nee o̲ziaz.   V. D. M.

Batême—Elsje, Fillie du Sieur Frederick Basset et de
Dame Jannatje Vreidenburgh, son Epouse Née le 13ͤ de
Juin 1767 à ètè Batizèe le Dimanche 21ͤ de Juin de la
même Annèe dans l'Eglise Françoise, par Monsͬ Abraham
Ketletas, Ministre, et a etè presantèe, au S̲ṭ Batême par
Msͬ françois Basset, et Mad̲ˡˡᵉ Margueritte Basset qui à
tenu l'Enfant pour sa Soeur, Dame Marie Basset Epouse
de Msͬ Samuel Waldron.

F̲redrick B̲assett   A̲braham K̲eteltas
F̲rancis B̲assett   V. D. M.

Batême—Corneille Tebaut, fils du Sieur Mathieu Tiers
et de Margueritte Chappelle son Epouse ; Nè a la Nouvelle York le 17ͤ de Septembre 1767 et a été Batizè le
Dimanche 27ͤ de Septembre de la même Annèe, par Monsieur Abraham Keteltas, Ministre, dans sa Maison ; et a
été presanté au S. Batême par le Sͬ Corneille Tébaut et
Dame Madeleine Tier son Epouse ses Parain et Maraine.

M̲atlieu T̲ier   A̲braham K̲eteltas V. D. M.

Batême—Françoise ; fillie du Sͬ Jean Aymar et de
Jeanne Raveaux son Epouse, Nèe à la Nouvelle York
le 30ͤ de Decembre 1767, à etè Batizèe Le Dimanche
17ͤ de Janvier 1768 dans l'Eglise francoise par Msͬ Abraham Kelteltas Ministre ; ayant ètè presantèe au S̲ṭ
Batême par Mͬ Jaques Aymar, et Madeleine Lagear, ces
Parain et Maraine.

                     sa
M̲adeleine × L̲agear   J̲ean A̲ymar   A̲braᴹ K̲eteltas
          Marque   J̲ames a̲mar

Batême—Louis ; Fils du Sieur Louis Riviere et de Jeanné Heroy son Epouse ; Nè a la Nouvelle York le premier jour de Janvier 1768, a ètè Batizè le Dimanche 17ᵉ de Janvier de la même Annèe dans l'Eglise françoise, par Mʳ Abrahᵐ Keteltas, Ministre, et a ètè presanté au Sᵗ Bateme, par Msʳ Louis Riviere et Jeanne Heroy ses Pere et Mere.

LOUIS RIUIERE   ABRAHAM KETELTAS

Batême—Jeanne Margueritte ; fillie de Leonnard Wilmet, et d'Anne Judick Parens ; son Epouse, Nèe a la Nouvelle York, le 12ᵉ de Janvier, 1768 a ètè Batizèe le Dimanche 17ᵉ de Janvier de la même Annèe dans l'Eglise francoise par Msʳ Abraham Keteltas Ministre, et a ètè presantèe au Sᵗ Batême par Jean Pierre Vautier, et Jeanne Margueritte Carty ses parins et Maraine.

sa   ABRAHAM KETELTAS
LEONNARD —┼— WILMET   sa
mark   JEAN PIERRE ✕ VAUTIER
mark

Batême—George ; Fils du Sieur françois Dominick et de Dame Margueritte Blanchard, son Epouse Nè a la Nouvelle York le 20ᵉ de Janvier 1768 ayant êtè Batizè le Dimanche 14ᵉ de fevrier de la même Annèe dans l'Eglise françoize, par Monsieur Abraham Keteltas Ministre et a êtè presenté au Sᵗ Bateme, par le Sieur George Dominick et Dame Blanchard son Epouse.

ABRAHAM KETELTAS

Bateme—François fils de Leonard Willemet et de Judith Perron sa femme, né le 6 Octobre 1765, a ètè Batizè par moi Soussigné dans la Maison de son Pere, le 13 Octobre de la même Annèe, et presentè au S. Batême par Nicholas Jandur et Margueritte Gogger, En foy dequoi j'ay Signé les presents, à la Nouvelle York le 30 Mars 1766.

sa   JACOB DALLER Ministre

LEONARD −|− WILMET
Marque

Nous les Soussignès Ancien et Diacre de l'Eglise françoise Reformèe de la Nouvelle York, Certifions que le Certificat cy dessus, a eté Copiè mot a mot, et tirè dehors du Certificat, que Ms.ʳ Jacob Daller, Ministre du S.ᵗ Evangile, à donnè du S.ᵗ Batême, qu'il a Administrès au fils de M.ʳ Leonard Willmet, et reconnoissons être son Ecrìture, et son Seing, En foy de quoy nous avons Signès le present, et Enregistrè le 13.ᵉ de Mars 1768.

JACQUES BUVELOT
FRANCIS BASSETT

Batême—Jaques, fils de Jaques Cury, et de Margueritte Cury sa Veuve, Nè le 15.ᵉ de Mars 1768 a etè Batizé par Ms.ʳ Abrah.ᵐ Keteltas Ministre, dans l'Eglise françoise, le Dimanche 20.ᵉ de Mars de la même Annèe, et a etè presenté au Saint Sacrement du Batême, par M.ʳ Jaques Vautier, et Judith femme de L'Eonard Willmot. Ces Parrain et Maraine.

JAMES VAUTIE   ABRAHAM KETELTAS

Batême—Pierre, Fils du Sieur Pierre Graim et de Dame Marie Ravo son Epouse, Nè a la Nouvelle York le 15.ᵉ de May 1768 ayant êtè Batizè le Dimanche 22 de May de la même Annèe, dans l'Eglise françoise par Monsieur Abraham Keteltas Ministre, ayant êtè presentè au Saint Sacrement du Batême par le Sieur Daniel Ravo et Dame Marie Raven son Epouse, ses grands Pere et Mere Maternels.

DANIEL RAVO   ABRAHAM KETELTAS

sa

MARIE −|− RAVEN
marque

Bateme—Anne fillie du Sieur Martin Brard, et de Dame Madeleine Blanchard son Epouse ; Nèe a la Nouvelle York le 26 de Juillet 1768 à ètè Batizèe ce Dimanche 31 de Juillet de la même annèe, dans l'Eglise françoise par Msʳ Abrahᵐ Keteltas, Ministre, ayant ètè presenté au Sᵗ Sacrement du Bateme par le Sieur Louis Riviere et Marie Blanchard, ses Parins et Maraine.

MARTIN BRARD   sa   ABRAHAM KETELTAS
     MARIE –|– BLANCHARD
LOUIS RIUIERE   Marque

Baptême—Pierre, fils de Bertholemi Rosel et de Marie Jaque Sᵗ Pierre, sa femme, né a la Nouvelle York le 24 de Juillet 1768, a ètè Batizè en l'Eglise françoise, par Monsʳ Abrahᵐ Keteltas, Ministre, Le Dimanche 31ᵉ de Juillet, de la même Année, ayant ètè presenté au Sᵗ Batême, par Pierre Quidord et Elizabeth Vautiè ses parain et Maraine.

    sa   PIERRE QUIDOR   ABRAHAM KETELTAS
BARTH. × RUSEL   Pasteur
    marque   ELIZABHET VOTIE

Batême—Jean François, fils de Jean Christopher, et de Margueritte Commeau, son Epouse, nè a la Nouvelle York le 18ᵉ d'Aoust 1768. à ètè Batizé en l'Eglise françoise par Msʳ Abraham Keteltas, Ministre, le Dimanche 28 d'Aoust de la même année, ètant presenté au Sᵗ Batême par Msʳ françois Girrad, et Treize, son Epouse, ses parains et Maraine.

FRANCOIS GIRARD   ABRAHAM KETELTAS
    sa
JEAN –|– CHRISTOPHER
    marque

Batême—Louis, Fils de Jaques Heroy et de Jeanne Jaboin son Epouse, Nè a la Nouvelle York le 25 de Juin 1768, ayant ètès Batizè dans l'Eglise françoise le Dimanche 28 d'Aoust, de la même Annèe par Monsieur Abrah^m Keteltas, Ministre, ayant ètè presenté au Saint Sacrement du Batême par le Sr Martin Brard et Madeleine Blanchard son Epouse, ses Parain et Maraine.

MARTIN BRARD ABRA^M KETELTAS

Batême—Madeleine; Fillie, de Daniel Tier, et de Susanne, née Balme, son Epouse; nèe a la Nouvelle York le 11e d'Octobre 1768, a etè Batizée dans l'Eglise françoise, Le Dimanche 16e de Octobre de la même Annèe, par Ms^r. Abraham Keteltas, Ministre, ayant ètè presentée au St Bateme, par Mr Jean Tier et Madeleine Chappelle, ses Parain et Maraine.

DANE TERS ABRA^M KETELTAS
JOHN TEARS
            sa
MADELEINE ✕ CHAPPELLE
     Marque

Batême—Judith, Fillie de M^r. Jean Pierre Chappelle, le Jeune, et de françoise Hutcheson son Epouse; nèe a la Nouvelle York le 16e de Novembre 1768 ètant Batizèe en l'Eglise françoise, ce jourd'huy Dimanche 27 de Novembre de la même annèe, par Ms^r Abrah^m Keteltas, Ministre du St Evangile, ayant ètè presentée au St Sacrement du Batême par Mr Jean Tier, et Madeleine Chappelle ses Parain et Maraine.

J. PIERRE CHAPPELLE ABRA^M KETELTAS
JOHN TEAR
            sa
MADELEINE ✕ CHAPPELLE
     Marque

Batême—Charlotte, Fillie de M.ʳ Jean Pommant et de Charlotte Pommant son Epouse; nèe a la Nouvelle York le 27 de Novembre 1768 ètant Batizée en l'Eglise françoise ce jourd'huy Dimanche 11.ᵉ de Decembre de la méme annèe par Ms.ʳ Abrahᵐ Keteltas Ministre et ayant ètè presentèe au S.ᵗ Batême par M.ʳ Jaques Vautiè et Ms.ʳˢ Treize Girard ses Parain et Maraine, aussi bien que Marie De Klyn, Maraine.

JEAN POMMAT   ABRAHAM KETELTAS
JAMES VAUTIE

Batême—Margueritte, Fillie de M.ʳ Andrè Souliers, et de Marie Prignon son Epouse; Nèe a la Nouvelle York le 31.ᵉ d'Octobre 1768 ayant ètè Batizeè en l'Eglise françoise, ce jourd'huy Dimanche 11.ᵉ de Decembre da la méme Annèe, par M.ʳ Abraham Keteltas, Ministre du S. Evangile, et ayant ètè au S.ᵗ Sacrement du Batême par M.ʳ Henry Rossel et Margueritte Tier, ses Parain et Maraine.

HANDAY ROSSEL   ABRAHAM KETELTAS

Batême—Elizabeth, Fillie de M.ʳ françois Humbert et de Elizabeth Melik, son Epouse; Neè a la Nouvelle York le 12.ᵉ de Janvier 1769, ètant Batisèe, en l'Eglise françoise, ce jourd'huy Dimanche 29 de Janvier de la méme Annèe, par Ms.ʳ Abraham Keteltas Ministre, etc, ètant presentèe au S.ᵗ Sacrement du Batême par M.ʳ Christian Smith et Elizabeth Smith son Epouse, ses Parain et Maraine.

CHRISTIAN SMIDT   ABR.ᴹ KETELTAS
       sa
ELIZABETH × SMITH
       marque
FRANÇOIS HUMBERT

Batême—Jean François, fils de Jean Lopey et de Susanne Quointar son Epouse, Nè a la Nouvelle York le 27 de Janvier 1769, ayant ètè Batizè en l'Eglise françoise ce jourd'huy Dimanche 26 de fevrier de la même Annèe par Mr Abrah^m Keteltas Ministre du St Evangile et ayant ètè presentè au St Sacrement du Batême par M^r françois Girard, et Jeanne Callin ses Parain et Maraine.

JEAN LOPEY   ABRAHAM KETELTAS

JEAN FRANCOIS GIRARD

sa

JEANNE 7 CALLIN

Marque

Batême—Anthoine, fils de Mr Anthoine Derochés et de Margueritte Denies son Epouse, Nè a la Nouvelle York le 18 de Juillet 1769, ayant ètè Batizè en l'Eglise françoise ce jourd'huy Dimanche 20e d'Aoust de la même Annèe, par Mr Keteltas Ministre du St Evangile, et ayant ètè presentè au St Sacrement du Batême, par M^r françois Willmy, et Marie Pommant ses Parain et Maraine.

sa

FRANÇOIS ✕ WILLMY   ABRAHAM KETELTAS.

Marque

sa

ANTHOINE –|– DEROCHÈS

Marque

Batême—Margueritte, fillie de Mr Etienne Jordan et de Margueritte Belon, son Epouse, Nèe a la Nouvelle York le troisieme d'Aoust l'An de grace mille sept Cent soisante et neuf, ètant Batizèe en l'Eglise françoise ce jourd'huy 20e d'Aoust de la même Annèe par M^{sr} Abrah^m Keteltas, Ministre du St Evangile, et ètant presentèe au. St Sacrement du Batême par Mr Pierre Quidort, et la femme de Mr Jaques Pino ses Parain et Maraine.

PIERRE QUIDOR   ABRAHAM KETELTAS

sa

ETIENNE ✕ JORDAN

Marque

Batême—Abraham Baudouin, fils dè M.ͬ Jeremie Baudouin et d'Anne Pomiè son Epouse, Nè a la Nouvelle York le 10ͤ de Novembre 1769 ayant ètè Batizè le Dimanche 10ͤ de Decembre de la même Année, dans l'Eglise françoise, par Ms.ͬ Abͬah.ᵐ Keteltas, Ministre, ayant ètè presentè au S.ͭ Sacrement du Batême par le sieur Jeremie Baudouin et Dame Pommiè son Epouse ses Pere et Mere.

JEREMIE BAUDOUIN   ABRAHAM KETELTAS

Batême—Marie Madeleine, Fillie de Mattheu Tier le Jeune, et de Margueritte Chappelle son Epouse, Nèe a la Nouvelle York le 8ͤ de Decembre 1769, ayant ètè Batizèe, en l'Eglise. françoise le Dimanche 10ͤ de Decembre de la même' Annèe, par Mons.ͬ Abraham Keteltas Ministre du S.ͭ Evangile, ayant ètè presentèe, au S.ͭ Sacrement du Batême, par M.ͬ Jean Tier, et Madeleine Chappelle, ses parain et Maraine.

ses   MATHIEU TIER,   ABRAHAM KETELTAS
MADELEINE ✕ CHAPPELLE   JOHN TEARS
marque

Batême—Pierre, Fils de M.ͬ Jean Aymar et Dame Jeanne Ravo son Epouse, Nè a la Nouvelle York le 14ͤ de Decembre 1769 ayant ètè Batizè en l'Eglise françoise, le Dimanche 24ͤ de Decembre de la même Annèe, par Ms.ͬ Abraham Keteltas Ministre, du S.ͭ Evangile, ayant ètè presentè au S.ͭ Sacrement du Batême, par M.ͬ Daniel Aymar et Dame Anne Many son Epouse, ses Parain et Maraine.

JEAN AYMAR   ABRAHAM KETELTAS
DANIEL AYMAR
ANN AYMAR

Batême—Margueritte, fillie de Jean Christopher et de Margueritte Commeau, son Epouse, Nèe a la Nouvelle York le 4ͤ de fevrier 1770. ayant ètè Batizèe en l'Eglise françoise, par Monsieur J. de Martel, Ministre du S̪ᵗ Evangile, le Dimanche 11ᵉ de fevrier de la même annèe, êtant presentèe au S̪ᵗ Batême par M̪ʳ Barthelemy Labuzan, et Margueritte Matsson, Ces Parains et Maraine.

BARTHELEMY LABUZAN J. ADAM, DE MARTEL
MARGARET MATSSON   Ministre etc.

   sa
JEAN -|- CHRISTOPHER
 Marque

Batême—Pierre, fils de M̪s̪ʳ Louis Faugere et de Dame Eve Remsen son Epouse, Nè a la Nouvelle York le 20ᵉ de Mars L'an de grace, Mille Sept Cent et Septante, ayant êtè Batizè en l'Eglise françoise par M̪s̪ʳ J̪s̪ Adam de Martel, Ministre du S̪ᵗ Evangile, Le Dimanche premier jour d'Avril de la même Annèe, ètant presenté au S̪ᵗ Batême par M̪s̪ʳ Louis faugere et Dame Eve Remsen Ces Pere et Mere.

   J. ADAM, DE MARTEL, Ministre etc.

Mariage—Le Lundy 14ᵉ de May 1770, ont êtez Mariez, a la Nouvelle York, dans la Maison de M̪s̪ʳ Dupuy, le Sieur Barthelemy Labusant, fils de Arnaud Labusant son Pere, et Catherine Dubos sa Mere ; nè a Bordeaux paroisse S̪ᵗ Remy, agès de 25 ans, d'une part, et Margueritte Marchand fille de George Marchand, et de Madeleine Marchand, ses Pere et Mere, Nèe en Pensilvanie, Agèe de 16 annèes, d'autre part, le Mariage, ayant êtè Beny ; le sus dit Jour; par M̪s̪ʳ Jaq̪s̪ Adam de Martel, Ministre, les Annonces ayant êtès Publièes auparavant; En l'Eglise françoise Reformèe de la Nouvelle York; pendant trois Dimanches Consecutifs en la forme prescrite, sans Opposition, Mariès en presence des tèmoins Soussignès.

   J. ADAM, DE MARTEL, Ministre* etc.

---

* No signatures of witnesses are given ; there is left, however, almost sufficient blank space for another entry.

Bateme—Jean Nicolas, fils de M.ʳ françois Jandur et de Marie forman son Epouse, Nè a la Nouvelle York, le Lundy 23.ᵉ de Juillet, L'an de grace 1770. êtant Batizé en l'Eglise françoise, par Ms.ʳ Jaques Adam, de Martel, Ministre du S.ᵗ Evangile ; ce Dimanche 29 de Juillet, de la même Annèe êtant presentè au S.ᵗ Batême par M.ʳ Nicolas Jandur et Anne forman, Ces Parains et Maraine.

la	
FRANÇOIS ╳ JANDUR	J. ADAM, DE MARTEL, Ministre.
marque de	NICOLA JEANDUR

Batême—Marie Charlotte, fillie du Sieur Bartelemy Roussel, et de Marie S.ᵗ Pierre, son Epouse, Nèe a la Nouvelle York le 14.ᵉ d'Aoust 1770 ayant êtè Batizèe, en l'Eglise françoise, par M.ʳ Ja.ˢ Adam, de Martel, Ministre, ce jourd'huy Dimanche matin, 19.ᵉ d'Aoust de la même Annèe ; ayant êtè presentèe au S.ᵗ Batême par M.ʳ Jean Christopher, et Marie Charlotte la Vigne, ses Parain et Maraine.

sa
JEAN –|– CHRISTOPHER   J. ADAM, DE MARTEL, Ministre &c.
marque

sa
BARTELEMY –|– ROUSSEL
marque

Batême—Elizabeth Edward, fillie du sieur Guillaume La Croix et de Dame Elizabeth Jonston son Epouse, Nèe a la Nouvelle York le 30.ᵉ de Juillet 1770, a êtè Batizèe le 8 de Septembre de la même annèe, dans la Maison Paternelle, par Ms.ʳ Jaq.ˢ Adam de Martel, Ministre, et ayant êtè presentèe au S.ᵗ Batême, par le Sieur Guillaume La Croix, et Dame Elizabeth Johnston, ses Pere et Mere, l'esquels ont Repondu, dèlever l'Enfant a la Religion Protestante.

GUILLAUME LACROIX   J. ADAM, DE MARTEL, Ministre &c.

Batême—Pierre, fils de Leonard Willmet, et de Judith Paren son Epouse, Nè a la Nouvelle York, le Lundy 17ᵉ de Septembre L'an de grace, 1770, êtant Batizè en l'Eglise françoise par Mˢ͓ᵣ Jaques Adam de Martel Ministre, du Sͭ Evangile, ce jourd'huy Dimanche 30ᵉ de Septembre, de la même annèe et presentè au Sͭ Batême par Mͬ Pierre Quidord, et Jeanne Margueritte Paren, ses Parain et Maraine.

la
LEONARD × WILMET   J. ADAM, DE MARTEL, Ministre.
Marque   PIERRE QUIDOR

Batême—Elizabeth, fillie de Mͬ Jean Pomment, et de Charlotte la Vigne son Epòuse, Nèe a la Nouvelle York le 13ᵉ d'Octobre, l'an de grace 1770, êtant Baptisèe en l'Eglise françoise, pendant l'Exercice de l'après-midy; par Mˢ͓ᵣ Jaques Adam, de Martel ; Ministre; le Dimanche 21ᵉ d'Octobre de la même annèe, et êtant presentèe au Sͭ Batême par Mͬ Charles Louis Point Clous, et Madᵐᵉ Prudence Labat, ses Parain et Maraine.

J. ADAM, DE MARTEL, Ministre
JEAN POMMANT   POINCLOU
PRUDENCE LABAT

Bateme—Jean Matthieu, fils de Jean Matthieu Tier et de Sara Casting son Epouse, Nè a la Nouvelle York le 9ᵉ d'Octobre, l'an de grace 1770 ayant êtè Batizè en la Maison Paternelle, par Mˢ͓ᵣ Jaques Adam de Martel, Ministre, le 18 d'Octobre de la même Annèe, et ayant êtè presentè au Sͭ Batême par Mͬ Matthieu Tier, le jeune, et Margueritte Chappelle son Epouse, ses Parain et Maraine.

J. ADAM, DE MARTEL, Ministre.   JOHN MATTEAW TEARS
MATHIEU TIER

Batême—Catherine, fillie de Daniel Tier et de Susanne Balme, son Epouse, Nèe à la Nouvelle York le Lundy

26ᵉ de Novembre l'An de grace 1770 ètant Batizeè en l'Eglise françoise, le Dimanche 2ᵉ de Decembre, de la même Annèe par Msʳ Jaques de Martel, Ministre, et ayant êté prèsentèe au Sᵗ Batême par Mʳ Jean Harbin, et Catherine Tier; ses Parain et Maraine.

J. ADAM, DE MARTEL, Ministre.
JOHN HARPEIN

sa
CATHⁿᴱ –|– TIER
Marque
DANEL TERS

Bateme—Madeleine, fillie de Jaques Heroy et de feû Jeanne Jaboin; cy devant son Epouse, depuis peu Decedèe; Nèe à la Nouvelle York le 21ᵉ de Janvier, L'an de grace, Mille Sept Cent Septente et un. ètant Batizèe en l'Eglise françoise ce jourd'huy Dimanche 4ᵉ de fevrier de la même Annèe, après l'Exercice du matin, par Msʳ Jaques Adam, de Martel, Ministre du Sᵗ Evangile, et êtant presentée au Sᵗ Batême, par Mʳ Jaques Heroy le jeune, et Catherine Mᶜ Katy son Epouse, ses Parain et Maraine.

J. ADAM, DE MARTEL, Ministre.

JAMES HARWAY

la
JAQUES × HEROY Sigʳ
Marque

Bateme—Françoise, fillie de Mʳ Jean Pierre Chappelle, le jeune, et de Dᵐᵉ Hutcheson son Epouse, nèe a la Nouvelle York le 5ᵉ de fevrier L'an de grace Mille sept Cent Septante et un, êtant Batizèe en l'Eglise françoise, par Msʳ de Martel Ministre du Sᵗ Evangile, ce jourd'huy Dimanche 10ᵉ de fevrier la même Année, en l'Exercice de l'après midy, et êtant presentèe au Sᵗ Sacremᵗ du Batême, par Mʳ Daniel Tier et Susanne Balme son Epouse ces Parain et Maraine.

DANEL TERS   J. ADAM, DE MARTEL, Ministre
J. PIERRE CHAPPELLE

sa
SUSANNE × TIER
Marque

Batême—Pierre, fils, du Sieur Pierre Quidort, le jeune et de Elsy Trucman son Epouse, Nè à la Nouvelle York le 9ᵉ de fevrier L'an de grace, Mille Sept Cent Septante et un, ayant êtè Batizè en l'Eglise françoise, le Dimanche 17 de fevrier de la même Annèe, en l'Exercice de l'après-midy, par Msʳ Jaques Adam, de Martel, Ministre du Sᵗ Evangile et ayant êtè presentè au Sᵗ Sacremᵗ du Batême par le Sieur Pierre Quidort et Marie Sandos, son Epouse ses grands Pere et Mere Paternels.

PIRRE QUIDOR   J. ADAM, DE MARTEL, Ministre &c.
PIERRE QUIDOR

Batême—Elizabeth, fillie de françois Humbert, et de Elizabeth humbert son Epouse, Nèe à la Nouvelle York le 23ᵉ d'Avril, L'an de grace, Mille Sept Cent Septante et un. êtant Batizèe en l'Eglise françoise par Msʳ Jaques Adam, de Martel, Ministre du Sᵗ Evangile, ce jourd'huy Dimanche 28ᵉ d'Avril de la même Anneè en l'Exercice de l'après-midy ; et êtant presentèe au Sᵗ Sacrement du Batême par le Sʳ Jaques Blanchard et Dame Marie Coulbac, son Epouse ; Ces Parain et Maraine.

J. ADAM, DE MARTEL, Ministre &
FRANÇOIS HUMBERT   JAMES BLANCAARD

Batême—François, fils de Jean Lampey et de Josephe Piquet sa femme, Nè à la Nouvelle York le 20ᵉ d'Avril L'an de grace Mille Sept Cent Septante et un, ayant êtè Batizè, en Chambre, le 19ᵉ de May de la même Annèe, par Msʳ Jaques Adam de Martel Ministre, et ayant êtè presentè au Sᵗ Batême par le Sieur françois Girard et Treize Piquet sa femme Ces Parains et Maraine.

J. ADAM, DE MARTEL, Ministre.

Batême—Girard, fils du sieur Pierre Rochar et de Jeanne Bado son Epouse, Nè à la Nouvelle York le 18 de May L'an de graces Mille Sept Cent Septante et un, ayant êtè Batizè en Chambre, par Msʳ de Martel, Ministre, le 2ᵉ de Juillet de la même Annèe et ayant êtè presenté au Sᵗ Sacrement du Batême par Msʳ Girard Bekeman et Dame Blanche Beau, ces Parain et Maraine.

J. ADAM, DE MARTEL, Ministre.
BLANCHE BEAU   PIERRE ROCHAR.

Bateme—Abraham, fils de Jean Aymar et de Jeanne Raveau son Epouse, Nè à la Nouvelle York le 25 Juillet L'an de grace Mille Sept Cent septante et un. ètant Batizè en l'Eglise françoise le Dimanche 4 d'Aoust de la même Annèe, par Msʳ Jaques Adam, de Martel, Ministre, et ayant êtè presentè au Sᵗ Batême par Mʳ Jaques La Masney et Marie Aymar son Epouse, ces Parain et Maraine.

JEAN AYMAR   J. ADAM, DE MARTEL, Ministre
JAMES LEMASNY
MARIE LE MASNEY

Batême—Pierre, fils du sieur Jean Vautiè et de Catherine Cury son Epouse, nè à la Nouvelle York le 27 de Juillet L'an de grace Mille sept Cent Septante et un. ètant Batizè en l'Eglise françoise ; par Msʳ Jaques Adam, de Martel, Ministre, le Dimanche 4ᵉ d'Aoust de la même Annèe, et ayant êtè presentè au Sᵗ Bateme par le sieur Pierre Vautiè, son grand Pere ; paternel ; et Margueritte Morloc ; sa grand Mere Maternel ; et Parain et Maraine.

pour le pere   J. ADAM, DE MARTEL Ministre &c
JEAN VAUTIÈ

Batême—Susanne, fillie de Matthieu Poitevin et de Jeanne Genicou, son Epouse, nèe à la Nouvelle York le 3ᵉ de Juillet L'an de Grace, Mille Sept Cent Septante et un, ètant Batizèe ; en Chambre ; le onzième d'Aoust de la même annèe, par Msʳ Jaques Adam de Martel, Ministre, et ayant êtè presentèe au St Sacrement du Batême par le Sr Pierre Mery, et Susanne Sabadin ses Parain et Maraine.

Batême—Jeanne, fillie du Sieur Louis Riviere, et de Dame Jeanne Heroy son Epouse, nèe à la Nouvelle York le 28 de Septembre, L'an de grace Mille Sept Cent Septante et un, êtant Batizèe en l'Eglise françoise de la Nouvelle York le Dimanche 20e d'Octobre de la même annèe par Ms^r Abraham Keteltas, Ministre, en l'Exercice de l'après midy, ayant êtè presentèe au St Sacrem^t du Batême par le Sieur Louis Riviere, et Catherine heroy, ses Parain et Maraine.

LOUIS RIUIERE   ABRAHAM KETELTAS Pasteur

Batême—Arondius, Fils du sieur Jean Tier, et de Dame Margueritte Le Rou son Epouse, nè à la Nouvelle York le 12e de Novembre L'an de grace Mille Sept Cent Septante et un, ayant êtè Batizè en l'Eglise françoise, le Dimanche, premier jour de Decembre de la même Annèe, par Ms^r Abrah^m Keteltas Ministre ; en l'Exercice de l'après-midy ; êtant presentès au St Sacrement du Batême, par le Sr Jacob Tier et D^{me} Margueritte Tier. ces Parain et Maraine.

JOHN TEAR   ABRAHAM KETELTAS Pasteur.
son
JACOB $\times$ TIER
mark
MARGARIT $\times$ TIER
mark

Batême—Susanne, fillie du Sieur George Alizon et de Marie Elizabeth Williamise, son Epouse ; Nèe à la Nouv^{lle} York, le 30e de Janvier, L'an de grace Mille Sept Cent Septante et deux, ayant êtè Baptizèe en l'Eglise françoise, par Ms^r Abrah^m Keteltas, Ministre, le Dimanche 2e de fevrier, en l'Exercice de l'après-midy,

êtant presentée au S? Sacrement du Batême par le S?
Jean Pierre Vautiè et Marie Cury, ces Parain et
Maraine.

GEORGE ALISON   ABRAHAM KETELTAS
               son
    JEAN PIERRE ✕ VAUTIE
               mark
               son
    SUSAN: M —|— CURIE
               mark

Batême—Elizabeth, fille du Sieur Matthieu Mostey, et
de Marie Vautiè son Epouse, nèe à la Nouvelle York le
16? d'Avril L'an de grace, Mille Sept Cent Septante et
deux, ètant Batizèe en l'Eglise françoise ce jourd'huy
Dimanche 19? d'Avril de la même Annèe, par Ms?
Abrah.ᵐ Keteltas, Ministre, en l'Exercice de l'après
midy, ètant presentèe au S? Sacrement du Batême par le
S? Pierre Vautiè et Elizabeth Sandos son Epouse, ces
Parain et Maraine.

    PIERRE VEAUTIE   AB.ᴹ KETELTAS.
    MATTHIEU MOSTEY

Batême—Jaques, fils du sieur Daniel Tier, et de
Susanne Balme son Epouse, nè à la Nouvelle York le 4?
d'Aoust, L'an de grace, Mille Sept Cent Septente et
d'eux, ayant êtè Batizè en l'Eglise françoise le Dimanche
16? d'Aoust de la même Annèe, en l'Exercice de l'après
midy, par Ms?. Abrah.ᵐ Keteltas, Ministre du S? Evangile,
et ayant êtès presentèe au S? Sacrement du Batême, par
le S? Jean Erbin et Catherine Tier son Epouse, ses Parain
et Maraine.

                    ABRAHAM KETELTAS M.ᵗʳᵉ

Batême—Marie, fillie du S? Anthoine Derochè et de
Margueritte feney son Epouse, nèe à la Nouvelle York,
le 19? de Septembre, L'an de graces, Mille Sept Cent
Septente et deux, ayant êtè Batizèe en l'Eglise françoise

le Dimanche 27 de Septembre de la même annèe, par Ms.ͬ Abrah.ͫ Keteltas Ministre du S.ͭ Evangile, et elle à êtè presentée au S.ͭ Sacrement du Batême, par le S.ͬ Jean Sales et Marie Crate ses parain et Maraine.

        son
ANTHOINE –|– DEROCHE   ABR.ͫ KETELTAS
    marke
     son
MARIE –|– CRATE
   marke
    son
JEAN –|– SALS
  mark

Batême—Margueritte, fillie de Ms.ͬ Fredrick Basset et de Susanne Buvelot son Epouse, nèe à la Nouvelle York le 19.ͤ de Mars, L'an de grace, Mille Sept Cent Septante et trois, ayant êtè Batizèe, en l'Eglise françoise le Dimanche 28 de Mars, de la même Annèe, en l'Exercice de l'après midy, par Ms.ͬ Abrah.ͫ Keteltas Ministre du S.ͭ Evangile, et êtant presentèe au S.ͭ Sacrem.ͭ du Batême, par le S.ͬ Jaques Buvelot, et Mademoiselle Margueritte Basset ses Parain et Maraine.

JAMES BUVELOT   ABRAHAM KETELTAS Pasteur.
FREDRICK BASSETT

Batême—Marie Madelène, fillie de Ms.ͬ Jean Pierre Chappelle, Jun.ͬ et de françoise son Epouse, Neè a la Nouvelle York le 9.ͤ d'Avril, L'an de grace Mille Sept Cent Septente et trois, ayant êtè Batizèe, en l'Eglise françoise le Dimanche 11.ͤ d'Avril de la même Annèe, par Ms.ͬ Abrah.ͫ Keteltas Ministre du S.ͭ Evangile, ayant êtè presentée au S.ͭ Sacrement du Batême, par le sieur Germain Chappelle et Catherine Schlegel, ses parain et Maraine.

GERMAIN CHAPPELLE   ABRAHAM KETELTAS
    her
CATHERINE × SCHLEGEL   J. PIERRE CHAPPELLE
   Mark

Batême—Jean, fils du sieur Jean Pommant et de Charlotte Laving, son Epouse, Nè à la Nouvelle York le 14ᵉ de May, l'An de grace Mille Sept Cent Septante et trois ayant êtè Batizè en l'Eglise françoise, le Dimanche 23ᵉ de May, de la même Annèe, en l'Exercice de l'après-midy, par Msʳ Abraham Keteltas, Ministre du Sᵗ Evangile, et ayant êtè presentè au Sᵗ Sacrement du Batême, par le sieur Jean Christophe, et Margueritte Christophe son Epouse, ses Parain et Maraine.

JEAN POMMANT   ABRAHAM KETELTAS
JEAN CRISTOPHE –|– sa marc

Bateme—Catherine, fille du Sʳ Barthelemy Rossel et de Marie Sᵗ Pierre son Epouse, Nèe à la Nouvelle York le 5ᵉ d'Aoust l'An de grace Mille sept Cent septante et trois, ayant êtè Batizèe en l'Eglise françoise le Dimanche 15ᵉ d'Aoust de la même annèe, en l'Exercice de l'après-midy, par Msʳ Abrahᵐ Keteltas, ministre du Sᵗ Evangile, et ayant êtè presentèe au Sᵗ Sacrement du Batême par le Sʳ Louis Marain d'Almagne, et Catherine Jean D'heur ces Parain et Maraine.

son
LOUIS –|– MARAIN   ABRAHAM KETELTAS
Marke

son
BARTHELEMY –|– ROSSEL
Marke

Batême—Elizabeth, fille de Msʳ Jean Aymar et de Dame, Jeanne Raveau, son Epouse, Nèe à la Nouvelle York le 19 d'Aoust l'An de grace Mille Sept Cent septante et trois, ayant êtè Batizèe en l'Eglise francoise le Dimanche 29 d'Aoust de la même Annèe, en l'Exercice de l'après-midy, par Msʳ Abrahᵐ Keteltas, ministre du Sᵗ Evangile, et êtant presentèe au Sᵗ Sacrement du

Batême par M.ʳ Jean Girault, et Dame Jeane Worthman, ses Parain et Maraine.

JEAN AYMAR   ABRAHAM KETELTAS
JAN GIRAULT   son
           JEANE –|– WORTHMAN
           mark

Batême—Jaques, fils de Jean Vautiè et de Catherine Curey son Epouse, nè le 30.ᵉ d'Aoust, a la Nouvelle York, l'An de grace, Mille sept Cent septante et trois, êtant Batizè, en l'Eglise françoise le Dimanche 12.ᵉ de Septembre de la même annèe, par Ms.ʳ Abr.ᵐ Keteltas, ministre du S.ᵗ Evangile, et êtant presentè au S.ᵗ Sacremt du Batême p.ʳ le sieur Jaques Durand et Marie Curey, ses Parin et Maraine.

     son
JEAN X VAUTIE   J. DURAND   ABRAHAM KETELTAS
   marke

Batême—David, fils de M.ʳ Jaques Durand et d'Eleonore Monnie son Epouse, nè à la Nouvelle York le 15.ᵉ d'Octobre, L'An de grace Mille Sept Cent Septante et trois, ayant êtè Batizè en l'Eglise françoise le Dimanche 17 d'Octobre, de la même annèe, en l'Exercice de l'après-midy, par Ms.ʳ Abraham Keteltas Ministre du S.ᵗ Evangile, et ayant êtè presentès au S.ᵗ Sacrement du Batême, par le S.ʳ Pierre Conrad et Catherine Banvard ses Parain et Maraine.

J. DURAND   ABRAHAM KETELTAS
PETER CONRAD

Batême—Catherine, fille de Matthieu Tier, et de Margueritte Chappelle son Epouse nèe à la Nouvelle York le 6.ᵉ de Janvier L'an de grace Mille sept Cent septante et quatre, ayant êtèe Batizèe en l'Eglise françoise par M.ʳ abrah.ᵐ Keteltas Ministre du S.ᵗ Evangile le Dimanche 16 de Janvier, de la même Annèe et ayant

êtèə presentèe au S⊧ Sacrement du Batême par M⸴ Jean
Pierre Chappelle le jeune et françoise son Epouse, ses
Parain et Maraine.

ABRAHAM KETELTAS

Batême—Isaac, fils, D Isaac Garnier le jeune et
d'Elizabeth fletcher, son Epouse, Nè à la Nouvelle York
le 9ᵉ de fevrier L'an de grace Mille Sept Cent Septante
et quatre ayant êté Batizé en l'Eglise françoise le
Dimanche 13ᵉ de Mars de la même Annèe, en l'Exercice
de l'après midy par Msʳ Abraham Keteltas, et ayant êtè
presentès au S⊧ Sacremᵗ du Batême, par Mʳ Isaac Garnier Sigʳ et Marie Garnier son Epouse, ces grand Pere et
Mere, et Parain et Maraine.

ISAAC GARNÉR Siner   ABRAHAM KETELTAS

Bateme—Jean, fils d'Etienne Jordan et de Margueritte
Belonne, son Epouse, Nè a la Nouvelle York le 31 de
Mars, L'an de graces Mille sept Cent Septante et quatre,
ayant êtè Batizè en l'Eglise françoise, par Monsʳ Abraᵐ
Keteltas, le Dimanche 3ᵉ d'Avril de la meme Annèe,
ayant êtès presentès au S⊧ Sacrement du Batême par le
sieur Jean Sanders et Margueritte Tier, son Epouse, ses
Parain et Maraine.

JOHN SANDERS   ABRᴹ KETELTAS

Batême—Marie, fille de Mʳ Pierre Quidor et de Elsy
Trewman son Epouse, nèe à la Nouvelle York le 19 de
Mars, L'an de grace Mille Sept Cent Septante et quatre,
ayant êtè Batizèe en l'Eglise françoise, par Msʳ Abraham
Keteltas, Ministre du S⊧ Evangile, le Dimanche 3ᵉ d'Avril
de la meme Annèe, et ayant êtè presentèe at S⊧ Sacrement
du Batême, par Mʳ George Quidor, et Marie Curie, ses
Parain et Maraine.

PIERRE QUIDOR   ABRᴹ KETELTAS
GEORGE QUIDOR

Batême—Pierre, fils de M.ʳ françois humbert et d'Eliza-
beth son Epouse, nè à la Nouvelle York le 15.ᵉ de May,
L'an de grace Mille sept Cent septante et quatre, ayant
êtè Batizè en l'Eglise françoise par Ms.ʳ Abraham Keteltas
Ministre du S.ᵗ Evangile, le Dimanche 19 de Juin de la
même Anneè, et êtant presentè au S.ᵗ Sacrement du
Batême par M.ʳ Pierre Forgeaut et Mad.ᵐᵉ Catherine son
Epouse ses Parain et Maraine.   ABR.ᴹ KETELTAS
   P. FORGEAUD   FAMME FORGEAUD
          FRANÇOIS HURBERS DE LAROCHE

Batême—Margueritte, Fille de M.ʳ Daniel Tier et de
Susanne Balme son Epouse, Nèe à la Nouvelle York le
17 de Juin L'an de grace Mille sept Cent septante et
quatre, entant Batizèe en l'Eglise françoise, le Dimanche
3.ᵉ de Juillet de la même Annèe, par Ms.ʳ Abrah.ᵐ Keteltas,
Ministre du S.ᵗ Evangile, et êtant presentèe au S.ᵗ Sacrement du Batême, par M.ʳ Jean Sander et Margueritte Tier
son Epousse, ses parain et Maraine.
   DANEL TER   ABR.ᴹ KETELTAS
   JOHN SANDERS
              her
   Marque: –|– SANDERS
              mark

Batême—Marie Magdeleine, Fillie de M.ʳ Jean Tier et
de Margueritte, son Epouse, Nèe à la Nouvelle York le
9.ᵉ de Juillet, L'an de grace Mille Sept Cent Septante et
quatre. êtant Batizeè en l'Eglise françoise, le Dimanche
17.ᵉ de Juillet de la même annèe, par Ms.ʳ Ab.ᵐ Keteltas
Ministre du S.ᵗ Evangile, et êtant presentèe au S.ᵗ Sacrement du Batême, par M.ʳ Matthieu Tier, et Marie Mag-
Deleine Tibeaut, ses Parain et Maraine.
   JOHN TEAR   ABRAHAM KETELTAS
   MATHIEU TIER
              her
   MARIE MAGD: ✕ TEBEAUT
              mark

Batême—Daniel Matthieu, fils de Jean Sanders et de Margueritté Tier son Epouse, nè à la Nouvelle York le 29 de Septambre l'An de grace Mille sept Cent septante et quatre, ayant êtè Batizè en l'Eglise françoise, le Dimanche 2⁰ d'Octobre, de la même Annèe en l'Exercice de l'après-midy, par Mꜱʳ Abrᵐ Keteltas Ministre du Sᵗ Evangile, et ayant êtè presentè au Sᵗ Sacrement du Batême par le Sieur Daniel Tier et son Epouse, ses Parain et Maraine.

DANEL TER   son   ABRAHAM KETELTAS
           SUSAN: ✕ TIER
JOHN SANDERS   marke

Batême—Pierre, fils de Matthieu Mostè et de Marie Votiè son Epouse, nè à la Nouvelle York le 5⁰ de Novembre Mille sept Cent septante et quatre, êtant Batizè en l'Eglise françoise le 13 dit, dernier, par Mꜱʳ Abᵐ Keteltas ministre du Sᵗ Evangile, êtant presentè au Sᵗ Sacremᵗ du Batême, par le Sʳ Pierre Votiè et Dᵐᵉ Marie Pinaux, ses parain et Maraine.

         son
MATHIEU ✕ MOSTE   ABRAHAM KETELTAS
      marke
         son
JEAN PIERE ✳ VOTIÈ
      marke
    son
MARIE 𝑊 PINAUX
      marke

Batême—Elsje, fille de Mꜱʳ Fredrick Basset et de Dᵐᵉ Susanne Buvelot son Epousse, Nèe à la Nouvelle York le Mardy 13⁰ de Decembre, L'an de graces Mille Sept Cent Septante et quatre, êtant Batizèe en l'Eglise françoise, le Dimanche 25 dit de la même annèe, en l'Exercice de l'après midy, par Mꜱʳ Abrᵐ Keteltas, Ministre du Sᵗ Evangile, et êtant presentèe au S. Sacrement du Batême par Ms.ʳ Fredrick Basset et Dame Ellenor Basset ; le jour de Noël ; ses Parain et Maraine.

FREDRICK BASSETT   ABRAHAM KETELTAS
ELNOR BASSETT

Batême—Madelaine, fillie de Ms.ʳ Jean Aymar et de D.ᵐᵉ Jeanne Raveau son Epouse, nèe à la Nouve.ˡᵉ York le 26 de Janvier L'an de grace Mille sept Cent septante et cinq, êtant Batizeè en l'Eglise francoise, par M.ʳ Abrah.ᵐ Ketteltas Ministre du S.ᵗ Evangile, le Dimanche 26.ᵉ de fevrier de la même Annèe, en l'Exercice de l'apres midy et êtant presentèe au S.ᵗ Sacrem.ᵗ du Batême par Ms.ʳ Jean Aymar et Dam.ᵉ Jeanne Raveau son Epouse, ces Pere et Mere, et ses Parain et Maraine.

JEAN AYMAR   ABRAHAM KETELTAS

Batême—Nicolas, fils du sieur Jacob Brower et de Dame Catherine Jeandur son Epouse, nè à la Nouvelle York le sixième d'Aoust, L'An de grace Mille Sept Cent Septente et cinq, êtant Batizè en l'Eglise françoise, le Dimanche 20.ᵉ d'Aoust de la même Annèe par Ms.ʳ Abrah.ᵐ Keteltas Ministre, du S.ᵗ Evangile et êtant presentè au S.ᵗ Sacrement du Batême p.ʳ le Sieur J. Nicolas Jeandur, et Margueritte Goguel son Epouse ses Parins et Maraine.

JACOB BROUWER   ABRAHAM KETELTAS V. D. M.
NICOLA JEANDE.

Batême—Susanne, fille du S.ʳ Jean Pierre Vautiez et de Dame Catherine Curie son Epouse, nèe à la Nouvelle York le 16.ᵉ d'Aoust l'An de grace Mille Sept Cent Septante et cinq et êtant Batizèe en l'Eglise françoise le Dimanche 20.ᵉ d'Aoust de la la même Anneè par Ms.ʳ Abraham Keteltas Ministre du S.ᵗ Evangile. ayant êtè presentèe au S.ᵗ Sacrement du Batême par le sieur Pierre Vautiez et Margueritte Morlot Veuve de Jaques Curie, ses grand Pere et grand Mere, et Parain et Maraine.

PIERRE VAUTIEZ   ABRAHAM KETELTAS V D M
JEAN PIERRE VAUTIEZ

Batême—Margueritte, fillie de Jean Bomon et Charlotte Boman son Epouse, nèe à la Nouvelle York, le 26ᵉ de Septembre, l'An de grace Mille Sept Cent septante et cinq êtant Batizeè en l'Eglise françoise le Dimanche 1ᵉ d'Octobre de la même Annèe, par Msʳ. Abrahᵐ Keteltas Ministre ; du Sᵗ Evangile; et êtant presentèe au Sᵗ Sacremᵗ du Batême par le Sʳ Jean Christopher et Margueritte Christopher ses parins et Maraine.

JEAN BOMON   ABRᴹ KETELTAS
JEAN CHRISTOPHE

Batême—Guilliaume, Fils du sieur Jean Pierre Chappelle et de Françoise son Epouse, Nè a la Nouvelle York le 10ᵉ de Janvier, l'an de graces Mille Sept Cent septante et six, êtant Batizè en l'Eglise françoise le Dimanche 14ᵉ de Janvier de la même Anneè, par Msʳ. Abrahᵐ Keteltas, ministre du Sᵗ Evangile, êtant presentè au Sᵗ Sacrement du Batême, par le Sieur Guilleaume Leonard, et Jeanne Marie, son Epouse ses Parains et Maraine.

J. PIERRE CHAPPELLE   ABRᴹ KETELTAS
                                WILLIAM LEONARD

Batême—Jaques, Fils du Sieur Pierre Quidor et de Elsy Trewman son Epouse, Nèe à la Nouvelle York le 2. d'Avril L'an de grace Mille Sept Cent Septante et six ayant êtê Batizeè, en L'Eglise françoise, par Monsʳ Abra: Keteltas, Ministre du Sᵗ Evangile, le Dimanche 21. d'Avril, de la même Anneè, et ayant êtè presentée au Saint Sacrement du Batême, par Monsʳ Jaques Pino et Margueritte Pino, Ses Parains et Maraine.

PEIRRE QUIDOR   ABRAHAM KETELTAS
        son
JAQUES –|– PINO
      marke

Batême—Madelaine Fillie de M.ʳ Lewis Fortie et de Marie Pino son Epouse, Nèe à la Nouvelle York le 29: d'Fevrier L'an de grace Mille sept Cent, Quatre vint Sais, ayant eté Batizèe en L'Eglise Allemande Reformee Protestante, par Mons.ʳ T. Louis Duby Ministre du S.ᵗ Evangile le Dimanche 28. d'Mars de la même annèe, presentée au Saint Sacrement du Batême par le Pere et Mere, ses Parains et Maraine.

son
LEWIS –|– FORTIE   T. LOUIS DUBY
marke

son
MARIE × FORTIE
marke

Mariage—L'an mille sept cent quatre vingt seize et le 20.ᵉ Avril ont été mariés par moi Ministre du S.ᵗ Evangile Soussigné, Jean Sutter, Bourgeois de Stocke Bailliage de Thun Canton de Berne en Suisse et citoyen des Etats-Unis de l'Amerique d'une part; et Claudine Pointet d'Echandens Bailliage de Morges Canton de Berne d'autre part; tous deux majeurs, dans l'appartement de Madame la V.ᵉ Rosset à Brooklyn dans l'Ile-Longue, en presence de Urbain Dibart et de Jacques Benjamin Roulez lesquels ont signè sur l'original.

T. LOUIS DUBY Min.ᵉ

REGISTRE DE BAPTÊMES DE L'EGLISE REFORMÉE PROTESTANTE FRANÇAISE À NEW YORK.*

Baptême—Jaques, fils de Pierre Jérémie Durand et d'Elizabeth Iselin, né le 16ᵉ Août, 1797, fut baptisé par Pierre Antoine Albert, min., le 3ᵉ Sepᵇʳᵉ, 1797, ayant eu pour parrain Jaques Durand et pour marraine Marie Curie.

Baptême—Marie Adelaïde Daniel, fille de Pierre Daniel Bidetrenoulleau et de Marie Françoise Jeanne Larroque, née le 11ᶻᵉ Juin, 1797, fut baptisée par Pierre Antoine Albert, min., le 2ᵉ Octᵇʳᵉ, 1797, ayant eu pour parrain Raymond Paul Lourde Martignac et pour marraine Marianne Antoinette Larroque.

Mariage† –Le 12ᵉ. May, 1798, Pierre Antoine Albert bénit le mariage d'Etienne Richard, fils de Nicolas Richard, de Genève, et d'Anne Claudine Philipine, fille de Philippe Faucogney de Corsier sur Vevey.

Baptême—Pierre, fils de Jean et de Catherine Votié, né le 27ᵉ. Mars, 1799, fut baptisé par Pierre Antoine Albert, min., le 7ᵉ. Avril, 1799, ayant en pour parrain Pierre Knoc et pour marraine Marie Ford.

Baptême—Susanne, fille de Sigismond Hugget et de Susanne Marguerite Peitronat, née le 16ᵉ Mars, 1798, fut baptisée par Pierre Antoine Albert, min., le 8ᵉ May, 1799, ayant eu pour parrain Doctor Jean Kemp et pour marraine Elisabeth Dods.

---

* Here begins the third register. The records are tabulated in the original, and as they could not be published here in that form, the necessary words are added to render them intelligible. The baptism of October 24th, 1802, is the last entry made before the Society became an Episcopal Church.

† This and the following marriage are taken from the "Registre de Mariages."

Baptême—George Louis Emil, fils d'Etienne Richard et de Philippine Faucogneÿ, né le 31ᵉ Mars, 1799, fut baptisé par Pierre Antoine Albert, min., le 12ᵉ May, 1799, ayant eu pour parrain George Rossier et pour marraine Louise Rossier et Emilie Roulet.

Baptême—Louis Charles, fils d'Auguste Parise et d'Elizabeth Randel, né le 4ᵉ Février, 1797, fut baptisé par Pierre Antoine Albert, min., le 26ᵉ May, 1799, ayant eu pour parrain Charles Eustache Faitot et pour marraine Marguerite Barne.

Baptême—Jean Claude, fils d'Auguste Parise et d'Elizabeth Randel, né le 3ᵉ May, 1799, fut baptisé par Pierre Antoine Albert, min., le 26ᵉ May, 1799, ayant eu pour parrain Jean Claude Parisot et pour marraine Marie Reine Lagrange.

Baptême—Jean Francois Dupan, fils de J. Dupan et de Rose Justine Ramadou, né le 25 Novᵇʳᵉ, 1799, fut baptisé par Pierre Antoine Albert, min., le 15ᵉ Decᵇʳᵉ, 1799, ayant eu pour parrain Jean Francois Dupan, representé par Gabriel Barrisir.

Baptême—Sara Quidor, fille de George Quidor et d'Elizabeth Meche, née le 23 Juin, 1787, fut baptisée par Pierre Antoine Albert, min., le 8 Juin, 1800, ayant eu pour parrain Louis Farquin et pour marraine Catherine Alizon.

Baptême—Eliza Gervais, fille de Pierre Gervais et de Charite Cammel, née le 6ᵉ Janvier, 1800, fut baptisée par Pierre Antoine Albert, min., le 9ᵉ Février, 1800, ayant eu pour parrain Martin Le Buroir et pour marraine Eliza Walker.

Baptême—Anna Theresa, fille d'André Matthieu et d'Anna Devis, née le 15ᵉ Decʳ, 1799, fut baptisée par

Pierre Antoine Albert, min., le 15ᵉ, Decʳ, 1800, ayant eu pour parrain Simon Leinche et pour marraine Eunice Rackleff.

Mariage—Le 26ᵉ Janvier, 1801, Pierre Antoine Albert, min., bénit le mariage de Jean Baptiste Rebout et d'Elizabeth Pease, née Hurtin, ayant eu pour témoins André Matthieu et Rene Bis.

Baptême—Jean, fils de Jean Daniel Estrée et de Catherine Lomen, né le 1ᵉ May, 1801, fut baptisé par Pierre Antoine Albert, min., le 10ᵉ May, 1801, ayant eu pour parrain Jean Lomen et pour marraine Anne Marie Vovere.

Baptême—Emilie Mary Pauline Josephine, fille d' Etienne et de Philippine Richard, née le 27 Janv., 1801, fut baptisée par Pierre Antoine Albert, min., le 20ᵉ Août, 1801, ayant eu pour parrains Paul Baudolet et Josephe Mouchet et pour marraines Jeanne Mary Boulet, Mary Baudolet et Emilie Roulet.

Baptême—Jules Theodor Frederick, fils de Frederick François Tavel et de Jeane Marie Elizabeth Mount, né le 11 Juin, 1801, fut baptisé par Pierre Antoine Albert, min., le 3ᵉ Juin, 1802, ayant eu pour parrains Jules Tavel et Theodor Sorrel et pour marraine Ursule Elizabeth Bize.

Baptême—Charles Gustave, fils de Charles Lotiv, et de Sarah Johnston, né le 20ᵉ May, 1802, fut baptisé par Pierre Antoine Albert, min., le 6ᵉ Juin, 1802, ayant eu pour parrain et pour marraine ses père et mère.

Baptême—André Augustin Louis, fils d'André Mathieu et d'Anna Devis, né le 24ᵉ Février, 1802, fut baptisé par Pierre Antoine Albert, min., le 24ᵉ Oct., 1802, ayant eu pour parrain Louis Francois Bailly de Moisemont et pour marraine Reinne La Grange Bailly.

ADDENDA.

Enterrement—Pierre Nicolet; qui étoit de la Principanté de Polentou; est mort; à la Nouvelle York; le Samedy 7ᵉ de Decembre 1754 environ midy; il a été enterré le dimanche 8ᵉ dit au Cemettière de l'Eglise Françoise, & par Mᵣˢ les Anciens.*

Enterrement—Mʳ Pierre Vergereau, cy devant, ancien de l'Eglise françoise de la Nˡᵉ York est decedé le Samedy 12ᵉ Juillet 1755. il a été enterré, le Lundy an soir 14 ᵈⁱᵗ an Cemettiere de l'Eglise Engloise avec leurs Cermonies accoutumée Engloise.*

---

* These two records were found, after the others had been printed, in a small account book, kept by Mr. Jacques Buvelot, one of the treasurers of the Church, and who was in the habit of noting, alongside of his accounts, all sorts of passing events.

INDEX.

This index comprises only the names found in the records here published. Every name, with the exception of some possible oversights, is indexed, first, when it occurs for the first time; secondly, when an important event, such as a birth, marriage, death or abjuration, is recorded; thirdly, when the reference throws any light upon the orthography of the name or the relationship of the person; and, fourthly, frequently when the name occurs for the last time.

Of the abbreviations used, a. stands for abjures; b. for baptized; d. for dies or dead; f. for father; m. for mother; mar. for marries; o. for officiates; s. for sponsor, and w. for witness.

Notice that married women are referred to, except in a few cases, under their maiden names; that the orthography of the Christian names has been modernized; and that no attempt has been made to indicate the relationship of every person named.

A closer comparison of the names has suggested the following changes:

For Boysllaud, p. 2, last line, read Boybellaud;
For Hek, p. 21, line 23, read Heck;
For Carretié, p. 24, line 19, read Carrelié;
For P., p. 46, line 6, read S.;
For Bauard, p. 83, line 5, read Rauard;
For Vallema, p. 89, line 27, read Valleua;
For Gernereau, p. 95, line 11, read Geruereau;
For Danall, p. 109, line 20, read Davall;
For James, p. 111, last line, read Jannes;
For Bené, p. 115, line 16, read René;
For Gervereau, p. 123, lines 18 and 21, read Geruereau;
For Roeerts, p. 147, line 16, read Roberts;
For Faveau, p. 156, line 11, read Taveau;
For G., p. 158, last line, read J.;
For Trucman, p. 309, line 2, read Trueman.

FINIS.